共建共想 同心同得

"十三五"规划问计求策优秀建言选编

GONGJIAN GONGXIANG TONGXIN TONGDE

SHISANWU GUIHUA WENJI QIUCE YOUXIU JIANYAN XUANBIAN

国家发展和改革委员会发展规划司◎编

人民出版社

编者的话

2016 年 3 月 16 日，第十二届全国人大第四次会议审查通过了《中华人民共和国国民经济和社会发展第十三个五年规划纲要》（以下简称《纲要》）。《纲要》勾画了我国未来五年经济社会发展的宏伟蓝图，是市场主体的行为导向，是政府履行职责的重要依据，也是全国各族人民的共同愿景。

按照李克强总理"聚众智编规划、汇众力建小康"和"开门编规划"的要求，我委于 2015 年 11 月开始了以"共建共想 同心同得"为主题的"十三五"规划问计求策活动，请全国人民共谋发展之道，共商发展之计，共献发展之力。为了更广泛地听取社会各界的意见建议，我们开辟了多种渠道。除了召开座谈会、设立网络建言平台、开通信箱及电子邮箱等传统做法外，还采取了一些新措施。一是发挥系统联动作用，请各省（区、市）发展改革委协助收集建议；二是走进基层面对面听取建议，与清华大学学子、北京市青联委员等进行直接交流；三是首次开设微信公众号，方便大家手机建言。问计求策活动得到了全国人民的积极响应。在两个半月的活动时间里，共收到社会各界 1.6 万人次提出的 3 万多条建议。这些意见建议集中反映了人民群众关心的热点、难点、焦点问题，其中许多富有针对性和建设性，为编制好"十三五"规划《纲要》奠定了坚实基础，也在《纲要》中得到了充分体现。

为使这些意见建议能为社会所共享，我们选择其中优秀部分编辑成书，公开出版发行。在编辑过程中，我们充分尊重作者原意，仅对文字做了简单编辑，尽量保持了原汁原味。需要说明的是，这些建议仅代表作者个人观点，不代表本书编者观点，也不一定代表社会共识。

在本书出版发行之际，谨对参与国家"十三五"规划问计求策活动的单位和个人表示衷心的感谢！一分部署，九分落实，我们也期待与社会各界一起，为"十三五"规划的实施，为全面建成小康共同奋斗。

国家发展和改革委员会发展规划司

2016 年 5 月 4 日

"十三五"规划纲要
总览图解

2016~2020年

历史定位

"十三五"时期是全面建成小康社会决胜阶段。"十三五"规划紧紧围绕实现全面建成小康社会的宏伟目标,对未来五年经济社会发展作出总体部署和统筹安排。

发展环境

"十二五"成就:我国 **经济实力、科技实力、国防实力、国际影响力** 又上了一个大台阶。

"十三五"环境:我国发展仍处于可以大有作为的重要战略机遇期,也面临诸多矛盾叠加、风险隐患增多的严峻挑战。

阶段特征:经济发展进入新常态

风险挑战:防止陷入"中等收入陷阱"

指导思想

统筹推进"五位一体"总体布局:
经济建设、政治建设、文化建设、社会建设、生态文明建设

坚持"四个全面"战略布局:
全面建成小康社会、全面深化改革、全面依法治国、全面从严治党

坚持"六个原则":
坚持人民主体地位、坚持科学发展、坚持深化改革、坚持依法治国、坚持统筹国内国际两个大局、坚持党的领导

发展理念

创新　　　协调　　　绿色　　　开放　　　共享

发展主线

以供给侧结构性改革为主线

按照全面建成小康社会新的目标要求,确定经济社会发展主要目标

经济保持中高速增长　　　创新驱动发展成效显著　　　发展协调性明显增强

人民生活水平和质量普遍提高　　国民素质和社会文明程度显著提高　　生态环境质量总体改善

各方面制度更加成熟更加定型

主要目标

2016 2017 2018 2019 2020

创新发展

 实施创新驱动
发展战略

 构建发展
新体制

 推进农业
现代化

 优化现代
产业体系

 拓展网络
经济空间

 构筑现代基础
设施网络

协调发展

 推进新型
城镇化

 推动区域
协调发展

 加强社会主义
精神文明建设

 统筹经济建设
和国防建设

绿色发展

 加快改善生态环境

主体功能区 ……… 资源节约 ……… 环境治理 ……… 生态保护修复
应对全球气候变化 …… 生态文明制度 …… 绿色环保产业

开放发展

 构建全方位
开放新格局

 深化内地和港澳、
大陆和台湾地区合作发展

共享发展

 全力实施
脱贫攻坚

 提升全民教育
和健康水平

 提高民生
保障水平

坚强保障

 加强和创新社会治理   加强社会主义民主法治建设   强化规划实施保障

重大政策工程项目

围绕补短板、增后劲、促均衡、上水平，设置23个专栏，提出了165项重大工程和项目。

强化科技创新支撑	强化结构升级支撑	强化基础设施支撑	强化生态环境支撑	强化民生改善支撑
科技创新重大项目
重大人才工程	现代金融体系建设
农业现代化重大工程
高端装备创新发展工程
战略性新兴产业发展行动
信息化重大工程
新型城镇化建设重大工程
特殊类型地区发展重大工程
海洋重大工程	交通建设重点工程
能源发展重大工程
水安全保障工程	资源节约集约循环利用重大工程
环境治理保护重点工程
山水林田湖生态工程	脱贫攻坚重点工程
教育现代化重大工程
健康中国行动计划
基本公共服务项目清单
促进就业行动计划
社会关爱行动计划
文化重大工程

第一篇 指导思想、主要目标和发展理念

发展环境

"十三五"时期，国内外发展环境更加错综复杂

国际环境：和平与发展的时代主题没有变，国际金融危机冲击和深层次影响在相当长时期依然存在，国际关系复杂程度前所未有，外部环境不稳定不确定因素明显增多。

- 世界经济在深度调整中曲折复苏、增长乏力
- 新一轮科技革命和产业变革蓄势待发
- 国际能源格局发生重大调整
- 国际贸易投资规则体系加快重构
- 局部地区地缘博弈更加激烈
- 传统安全威胁和非传统安全威胁交织

国内环境：我国经济发展进入新常态，经济增速换挡、结构调整阵痛、动能转换困难相互交织，面临稳增长、调结构、防风险、惠民生等多重挑战。

- 经济长期向好的基本面没有改变：物质基础雄厚、人力资本丰富、创新累积效应显现、市场空间广阔、发展潜力巨大。
- 不平衡、不协调、不可持续问题仍然突出：发展方式粗放、创新能力不强、结构性矛盾凸显、财政金融风险加大、生态环境问题突出、基本公共服务供给不足、国民文明素质有待提高、影响社会稳定因素增多。

指导思想

高举中国特色社会主义伟大旗帜，全面贯彻党的十八大和十八届三中、四中、五中全会精神，以马克思列宁主义、毛泽东思想、邓小平理论、"三个代表"重要思想、科学发展观为指导，深入贯彻习近平总书记系列重要讲话精神，坚持全面建成小康社会、全面深化改革、全面依法治国、全面从严治党的战略布局，坚持发展是第一要务，牢固树立和贯彻落实创新、协调、绿色、开放、共享的发展理念，以提高发展质量和效益为中心，以供给侧结构性改革为主线，扩大有效供给，满足有效需求，加快形成引领经济发展新常态的体制机制和发展方式，保持战略定力，坚持稳中求进，统筹推进经济建设、政治建设、文化建设、社会建设、生态文明建设和党的建设，确保如期全面建成小康社会，为实现第二个百年奋斗目标、实现中华民族伟大复兴的中国梦奠定更加坚实的基础。

必须遵循的六个原则

坚持人民主体地位　　　　　　坚持科学发展

坚持深化改革　　　　　　　　坚持依法治国

坚持统筹国内国际两个大局　　坚持党的领导

围绕全面建成小康社会，设置7个方面目标，25项主要指标，其中约束性指标13项

 户籍人口城镇化率提高到 **45%**

 科技进步贡献率提高到 **60%**

 城镇新增就业人数 **5000万**人

 农村贫困人口脱贫 **5575万**人

 基本养老保险参保率提高到 **90%**

 人均预期寿命提高 **1**岁

☀ 地级及以上城市空气质量优良天数比率提高到 **80%**以上

💧 达到或好于Ⅲ类水体比例提高到 **70%**以上

...···

2020

2010

🏠**100%** ¥**100%**
国内生产总值比2010年翻一番
城乡居民人均收入比2010年翻一番

**坚持创新发展、协调发展、绿色发展、开放发展、共享发展，是关系我国发展全
局的一场深刻变革，必须贯穿于"十三五"经济社会发展的各领域各环节**

 创新是引领发展的第一动力

 协调是持续健康发展的内在要求

 绿色是永续发展的必要条件和人民对美好生活追求的重要体现

 开放是国家繁荣发展的必由之路

 共享是中国特色社会主义的本质要求

**必须在适度扩大总需求的同时，着力推进供给侧结构性改革，用改革的办法推进
结构调整，提高供给体系的质量和效率，提高全要素生产率，夯实实体经济根基，
推动社会生产力水平整体改善**

"五大任务"： 去产能、去库存、去杠杆、降成本、补短板

"两大动力"： 加快培育新的发展动能、改造提升传统比较优势

第二篇 实施创新驱动发展战略

把发展基点放在创新上，以科技创新为核心，以人才发展为支撑，推动科技创新与大众创业万众创新有机结合，塑造更多依靠创新驱动、更多发挥先发优势的引领型发展。

强化科技创新引领作用
- 推动战略前沿领域创新突破
- 优化创新组织体系
- 提升创新基础能力
- 打造区域创新高地

深入推进大众创业万众创新
- 建设创业创新公共服务平台
- 全面推进众创众包众扶众筹

构建激励创新的体制机制
- 深化科技管理体制改革
- 完善科技成果转化和收益分配机制
- 构建普惠性创新支持政策体系

实施人才优先发展战略
- 建设规模宏大的人才队伍
- 促进人才优化配置
- 营造良好的人才发展环境

拓展发展动力新空间
- 促进消费升级
- 扩大有效投资
- 培育出口新优势

第三篇 构建发展新体制

发挥经济体制改革牵引作用，正确处理政府和市场关系，在重点领域和关键环节改革上取得突破性进展，形成有利于引领经济发展新常态的体制机制。

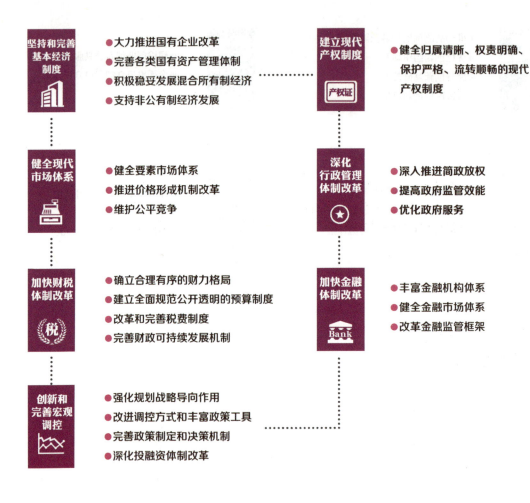

坚持和完善基本经济制度
- 大力推进国有企业改革
- 完善各类国有资产管理体制
- 积极稳妥发展混合所有制经济
- 支持非公有制经济发展

建立现代产权制度
- 健全归属清晰、权责明确、保护严格、流转顺畅的现代产权制度

健全现代市场体系
- 健全要素市场体系
- 推进价格形成机制改革
- 维护公平竞争

深化行政管理体制改革
- 深入推进简政放权
- 提高政府监管效能
- 优化政府服务

加快财税体制改革
- 确立合理有序的财力格局
- 建立全面规范公开透明的预算制度
- 改革和完善税费制度
- 完善财政可持续发展机制

加快金融体制改革
- 丰富金融机构体系
- 健全金融市场体系
- 改革金融监管框架

创新和完善宏观调控
- 强化规划战略导向作用
- 改进调控方式和丰富政策工具
- 完善政策制定和决策机制
- 深化投融资体制改革

第四篇 推进农业现代化

农业是全面建成小康社会和实现现代化的基础，必须加快转变农业发展方式，着力构建现代农业产业体系、生产体系、经营体系，提高农业质量效益和竞争力，走产出高效、产品安全、资源节约、环境友好的农业现代化道路。

增强农产品安全保障能力

- 提高粮食生产能力保障水平
- 加快推进农业结构调整
- 推进农村一二三产业融合发展 ········
- 确保农产品质量安全
- 促进农业可持续发展
- 开展农业国际合作

构建现代农业经营体系

- 发展适度规模经营
- 培育新型农业经营主体
- 健全农业社会化服务体系

提高农业技术装备和信息化水平

- 提升农业技术装备水平
- 推进农业信息化建设 ·····

完善农业支持保护制度

- 持续增加农业投入
- 完善农产品价格和收储制度
- 创新农村金融服务

第五篇 优化现代产业体系

围绕结构深度调整、振兴实体经济，推进供给侧结构性改革，培育壮大新兴产业，改造提升传统产业，加快构建创新能力强、品质服务优、协作紧密、环境友好的现代产业新体系。

实施制造强国战略

- 全面提升工业基础能力
- 加快发展新型制造业
- 推动传统产业改造升级 ·····
- 加强质量品牌建设
- 积极稳妥化解产能过剩
- 降低实体经济企业成本

支持战略性新兴产业发展

- 提升新兴产业支撑作用
- 培育发展战略性产业
- 构建新兴产业发展新格局
- 完善新兴产业发展环境

加快推动服务业优质高效发展

- 促进生产性服务业专业化
- 提高生活性服务业品质
- 完善服务业发展体制和政策

第六篇 拓展网络经济空间

牢牢把握信息技术变革趋势，实施网络强国战略，加快建设数字中国，推动信息技术与经济社会发展深度融合，加快推动信息经济发展壮大。

构建泛在高效的信息网络

- 完善新一代高速光纤网络
- 构建先进泛在的无线宽带网
- 加快信息网络新技术开发应用
- 推进宽带网络提速降费

发展现代互联网产业体系

- 夯实互联网应用基础
- 加快多领域互联网融合发展

实施国家大数据战略

- 加快政府数据开放共享
- 促进大数据产业健康发展

强化信息安全保障

- 加强数据资源安全保护
- 科学实施网络空间治理
- 全面保障重要信息系统安全

第七篇 构筑现代基础设施网络

拓展基础设施建设空间，加快完善安全高效、智能绿色、互联互通的现代基础设施网络，更好发挥对经济社会发展的支撑引领作用。

完善现代综合交通运输体系

- 构建内通外联的运输通道网络
- 建设现代高效的城际城市交通
- 打造一体衔接的综合交通枢纽
- 推动运输服务低碳智能安全发展

建设现代能源体系

- 推动能源结构优化升级
- 构建现代能源储运网络
- 积极构建智慧能源系统

强化水安全保障

- 优化水资源配置格局
- 完善综合防洪减灾体系

第八篇 推进新型城镇化

坚持以人的城镇化为核心、以城市群为主体形态、以城市综合承载能力为支撑、以体制机制创新为保障，加快新型城镇化步伐，提高社会主义新农村建设水平，努力缩小城乡发展差距，推进城乡发展一体化。

加快农业转移人口市民化

- 深化户籍制度改革
- 实施居住证制度
- 健全促进农业转移人口市民化的机制

优化城镇化布局和形态

- 加快城市群建设发展
- 增强中心城市辐射带动功能
- 加快发展中小城市和特色镇

建设和谐宜居城市

- 加快新型城市建设
- 加强城市基础设施建设
- 加快城镇棚户区和危房改造
- 提升城市治理水平

健全住房供应体系

- 完善购租并举的住房制度
- 促进房地产市场健康发展
- 提高住房保障水平

推动城乡协调发展

- 发展特色县域经济
- 加快建设美丽宜居乡村
- 促进城乡公共资源均衡配置

第九篇 推动区域协调发展

以区域发展总体战略为基础，以"一带一路"建设、京津冀协同发展、长江经济带发展为引领，形成沿海沿江沿线经济带为主的纵向横向经济轴带，塑造要素有序自由流动、主体功能约束有效、基本公共服务均等、资源环境可承载的区域协调发展新格局。

深入实施区域发展总体战略

- 深入推进西部大开发
- 大力推动东北地区等老工业基地振兴
- 促进中部地区崛起
- 支持东部地区率先发展
- 健全区域协调发展机制

推动京津冀协同发展

- 有序疏解北京非首都功能
- 优化空间格局和功能定位
- 构建一体化现代交通网络
- 扩大环境容量和生态空间
- 推动公共服务共建共享

推进长江经济带发展

- 建设沿江绿色生态廊道
- 构建高质量综合立体交通走廊
- 优化沿江城镇和产业布局

扶持特殊类型地区发展

- 支持革命老区开发建设
- 推动民族地区健康发展
- 推进边疆地区开发开放
- 促进困难地区转型发展

拓展蓝色经济空间

- 壮大海洋经济
- 加强海洋资源环境保护
- 维护海洋权益

第十篇 加快改善生态环境

以提高环境质量为核心，以解决生态环境领域突出问题为重点，加大生态环境保护力度，提高资源利用效率，为人民提供更多优质生态产品，协同推进人民富裕、国家富强、中国美丽。

加快建设主体功能区

- 推动主体功能区布局基本形成
- 健全主体功能区配套政策体系
- 建立空间治理体系

推进资源节约集约利用

- 全面推动能源节约
- 全面推进节水型社会建设
- 强化土地节约集约利用
- 加强矿产资源节约和管理
- 大力发展循环经济
- 倡导勤俭节约的生活方式
- 建立健全资源高效利用机制

加大环境综合治理力度

- 深入实施污染防治行动计划
- 大力推进污染物达标排放和总量减排
- 严密防控环境风险
- 加强环境基础设施建设
- 改革环境治理基础制度

加强生态保护修复

- 全面提升生态系统功能
- 推进重点区域生态修复
- 扩大生态产品供给
- 维护生物多样性

积极应对全球气候变化

- 有效控制温室气体排放
- 主动适应气候变化
- 广泛开展国际合作

健全生态安全保障机制

- 完善生态环境保护制度
- 加强生态环境风险监测预警和应急响应

发展绿色环保产业

- 扩大环保产品和服务供给
- 发展环保技术装备

第十一篇 构建全方位开放新格局

以"一带一路"建设为统领，丰富对外开放内涵，提高对外开放水平，协同推进战略互信、投资经贸合作、人文交流，努力形成深度融合的互利合作格局，开创对外开放新局面。

完善对外开放战略布局

- 完善对外开放区域布局
- 深入推进国际产能和装备制造合作
- 加快对外贸易优化升级
- 提升利用外资和对外投资水平

健全对外开放新体制

- 营造优良营商环境
- 完善境外投资管理体制
- 扩大金融业双向开放
- 强化对外开放服务保障

推进"一带一路"建设

- 健全"一带一路"合作机制
- 畅通"一带一路"经济走廊
- 共创开放包容的人文交流新局面

积极参与全球经济治理

- 维护多边贸易体制主渠道地位
- 强化区域和双边自由贸易体制建设
- 推动完善国际经济治理体系

积极承担国际责任和义务

第十二篇 深化内地和港澳、大陆和台湾地区合作发展

支持港澳巩固传统优势、培育发展新优势，拓宽两岸关系和平发展道路，更好实现经济互补互利、共同发展。

支持香港澳门长期繁荣稳定发展

- 支持港澳提升经济竞争力
- 深化内地与港澳合作

推进两岸关系和平发展和祖国统一进程

- 促进两岸经济融合发展
- 加强两岸人文社会交流

第十三篇 全力实施脱贫攻坚

充分发挥政治优势和制度优势，贯彻精准扶贫、精准脱贫基本方略，创新扶贫工作机制和模式，采取超常规措施，加大扶贫攻坚力度，坚决打赢脱贫攻坚战。

推进精准扶贫精准脱贫
- 创新扶贫开发方式
- 健全精准扶贫工作机制

支持贫困地区加快发展
- 加强贫困地区基础设施建设
- 提高贫困地区公共服务水平

完善脱贫攻坚支撑体系
- 强化政策保障
- 健全广泛参与机制
- 落实脱贫工作责任制

第十四篇 提升全民教育和健康水平

把提升人的发展能力放在突出重要位置，全面提高教育、医疗卫生水平，着力增强人民科学文化和健康素质，加快建设人力资本强国。

推进教育现代化
- 加快基本公共教育均衡发展
- 推进职业教育产教融合
- 提升大学创新人才培养能力
- 加快学习型社会建设
- 增强教育改革发展活力

推进健康中国建设
- 全面深化医药卫生体制改革
- 健全全民医疗保障体系
- 加强重大疾病防治和基本公共卫生服务
- 加强妇幼卫生保健及生育服务
- 完善医疗服务体系
- 促进中医药传承与发展
- 广泛开展全民健身运动
- 保障食品药品安全

第十五篇 提高民生保障水平

按照人人参与、人人尽力、人人享有的要求，坚守底线、突出重点、完善制度、引导预期，注重机会公平，保障基本民生，不断提高人民生活水平，实现全体人民共同迈入全面小康社会。

 **增加公共服务供给**
- 促进基本公共服务均等化
- 满足多样化公共服务需求 ┈┈┈┈┈
- 创新公共服务提供方式

 实施就业优先战略
- 推动实现更高质量的就业
- 提高公共就业创业服务能力

 缩小收入差距
- 完善初次分配制度
- 健全再分配调节机制
- 规范收入分配秩序

改革完善社会保障制度
- 完善社会保险体系
- 健全社会救助体系
- 支持社会福利和慈善事业发展

  积极应对人口老龄化
- 促进人口均衡发展
- 健全养老服务体系 ┈┈┈┈┈

保障妇女未成年人和残疾人基本权益
- 促进妇女全面发展
- 关爱未成年人健康成长
- 提升残疾人服务保障水平

第十六篇 加强社会主义精神文明建设

坚持社会主义先进文化前进方向，坚持以人民为中心的工作导向，坚持把社会效益放在首位、社会效益和经济效益相统一，加快文化改革发展，推动物质文明和精神文明协调发展，建设社会主义文化强国。

 **提升国民文明素质**
- 培育和践行社会主义核心价值观
- 推进哲学社会科学创新
- 传承发展优秀传统文化
- 深化群众性精神文明创建活动

 丰富文化产品和服务
- 繁荣发展社会主义文艺
- 构建现代公共文化服务体系
- 加快发展现代文化产业
- 建设现代传媒体系
- 加强网络文化建设
- 深化文化体制改革

 提高文化开放水平
- 拓展文化交流与合作空间
- 加强国际传播能力建设

第十七篇 加强和创新社会治理

加强社会治理基础制度建设，构建全民共建共享的社会治理格局，提高社会治理能力和水平，实现社会充满活力、安定和谐。

完善社会治理体系
- 提升政府治理能力和水平
- 增强社区服务功能
- 发挥社会组织作用
- 增强社会自我调节功能
- 完善公众参与机制
- 健全权益保障和矛盾化解机制

完善社会信用体系
- 健全信用信息管理制度
- 强化信用信息共建共享
- 健全守信激励和失信惩戒机制
- 培育规范信用服务市场

健全公共安全体系
- 全面提高安全生产水平
- 提升防灾减灾救灾能力
- 创新社会治安防控体系
- 强化突发事件应急体系建设

建立国家安全体系
- 健全国家安全保障体制机制
- 保障国家政权主权安全
- 防范化解经济安全风险
- 加强国家安全法治建设

第十八篇 加强社会主义民主法治建设

坚持中国共产党领导、人民当家作主、依法治国有机统一，加快建设社会主义法治国家，发展社会主义政治文明。

发展社会主义民主政治
- 坚持和完善人民代表大会制度、中国共产党领导的多党合作和政治协商制度、民族区域自治制度以及基层群众自治制度，扩大公民有序政治参与，充分发挥我国社会主义政治制度优越性。

全面推进法治中国建设
- 完善以宪法为核心的中国特色社会主义法律体系
- 加快建设法治政府
- 促进司法公正
- 全面推进法治社会建设

加强党风廉政建设和反腐败斗争
- 党风廉政建设和反腐败斗争永远在路上，反腐不能停步、不能放松。

第十九篇 统筹经济建设和国防建设

坚持发展和安全兼顾、富国和强军统一，实施军民融合发展战略，形成全要素、多领域、高效益的军民深度融合发展格局，全面推进国防和军队现代化。

全面推进国防和军队建设

● 以党在新形势下的强军目标为引领，贯彻新形势下军事战略方针和改革强军战略，全面推进军队革命化、现代化、正规化建设。

推进军民深度融合发展

● 完善军民融合发展体制机制，实施军民融合发展工程，深化国防动员领域改革。

第二十篇 强化规划实施保障

保障"十三五"规划有效实施，要在中国共产党的领导下，更好履行各级政府职责，最大程度地激发各类主体的活力和创造力，形成全党全国各族人民全面建成小康社会的强大合力。

发挥党的领导核心作用

● 坚持党总揽全局、协调各方，发挥各级党委（党组）领导核心作用，提高领导能力和水平，为实现"十三五"规划提供坚强保证。

形成规划实施合力

● 加强规划协调管理
● 完善规划实施机制
● 强化财力保障
● 充分调动全社会积极性

> 实现"十三五"时期发展目标，前景光明，任务繁重。全党全国各族人民要更加紧密地团结在以习近平同志为总书记的党中央周围，高举中国特色社会主义伟大旗帜，坚定不移走中国特色社会主义道路，解放思想、实事求是，与时俱进、改革创新，万众一心、艰苦奋斗，共同夺取全面建成小康社会决胜阶段的伟大胜利！

一、创新发展

二、协调发展

三、绿色发展

四、开放发展

五、共享发展

共建共想 同心同得

2016—2020

一、创新发展

　　创新是引领发展的第一动力。必须把创新摆在国家发展全局的核心位置，不断推进理论创新、制度创新、科技创新、文化创新等各方面创新，让创新贯穿党和国家一切工作，让创新在全社会蔚然成风。

　　——摘自《中共中央关于制定国民经济和社会发展第十三个五年规划的建议》

对"十三五"中央部委所属科研院所创新驱动发展的思考

　　政府研究机构是我国创新体系的重要组成部分，科技统计报告显示，政府研究机构用于研发活动的经费自 2005 年到 2013 年年均增长 16.8%，2013 年达到 1781 亿元。政府研究机构科技成果转让增长迅速，作为卖方的技术市场合同成交金额自 2005 年到 2013 年年均增长 18.6%。

　　中央部委所属科研院所作为政府研究机构的中坚力量，其产生和发展与所处行业的自主创新需求紧密相关。"十三五"期间，在创新引领发展的大环境下，部属科研院所将具有以下优势：一是完整的技术研发体系。部属科研院所经过几十年的发展，基本建成了能够完整覆盖其所在行业和服务对象需求的技术体系和研发团队，提供的技术解决方案具有明显的可行性。二是快速的信息交流体系。我国诸多行业协会、学会、标准化委员会挂靠在部属科研院所，使其具有了丰富的信息资源，可以有的放矢开展新技术的研究开发。三是强大的知识更新体系。部属科研院所人员大多都受过特定专业的教育，具有该行业较高的知识水平，更为难得的是，得益于移动互联网的迅猛发展，科研人员形成了稳定且高质量的"朋友圈"，加速了知识的有效传播。

　　《中共中央、国务院关于深化体制机制改革加快实施创新驱动发展战略的若干意见》提出，发挥科学技术研究对创新驱动的引领和支撑作用，遵循规律、强化激励、合理分工、分类改革。"十三五"期间，部

3

属科研院所的创新发展工作可以从以下几个方面入手：

第一，形成科研生产联合体，开展以问题为导向的联合创新。在经济增长速度放缓的"新常态"下，行业的重点难点问题将集中显露。部属科研院所承担着公益性技术研究的责任，应当主动作为，从问题出发，充分发挥行业引领的优势，与高校、企业开展深度合作，形成科研生产联合体，通过合理分工，链条化创新，找准症结所在，集中力量解决影响行业发展的痛点，从而有效推动整个行业的技术革新和产业升级。

第二，提供研究工具，打造适应社会发展趋势的创业创新平台。随着大数据、云计算、物联网等新技术的发展，传统的劳动密集型、技术密集型科研创新模式正在向着数据密集型科研创新模式进行转变。部属科研院所往往承担着行业调查统计与运行监测研究任务，积累了大量的原始数据，同时得益于科研条件建设经费的增长，逐步建成了性能优越的科研工具平台。部属科研院所可以探索成立创新发展孵化器，积极鼓励所属研究人员乃至行业从业人员利用资源和工具开展创业创新，该举措既能为大众创业、万众创新提供平台，又能调动人员的积极性，避免具有宝贵行业经验的科研人员流失。

第三，引入社会资本，改革创新成果所有制。技术创新是一件风险系数很高的工作，虽然科学研究允许失败，但是在现有的科研产出评价体系下，失败的科研创新工作通常会引起一连串的不良后果，以至于研究人员有很多闪亮的想法却不敢付诸实施。创业板市场改革和新三板的创立，进一步加强了技术创新和资本市场之间的联系，部属科研院所由于具备优质的行业研究资源，在资本市场很受追捧。通过开展创新成果所有制的改革，吸引社会资本投入，可以成为技术创新的"催化剂"，加快技术创新的进程，实现双赢乃至多赢的良好局面。

（交通运输部水运科学研究院通信导航研究室主任　耿雄飞；

北京第二外国语学院国内合作处副处长　高　博）

关于"十三五"规划指标体系构建的建议

国家"十一五"规划从经济增长、经济结构、人口资源环境和公共服务及人民生活四个方面，提出了23个规划指标。国家"十二五"规划从经济发展、科技教育、资源环境和人民生活四个方面提出了28个规划指标。

我国经济社会发展已经进入新常态。新常态下"五年"规划要有新的理念，建立新的指标体系。其中的新理念就是中共中央关于"十三五"规划建议提出的"创新、协调、绿色、开放、共享"。因此，新的五年规划指标体系可以瞄准这五大理念进行构建。

考虑到"协调发展"与"共享发展"的交叉融合性，可将二者概括为"和谐发展"。此外，经济社会一般发展情况也应该纳入。这样说来，"十三五"规划指标体系可包括五大板块，即：经济社会发展、创新发展板块、绿色发展板块、和谐发展板块、开放发展板块。

一、经济社会发展基础性指标建议

未来一定时间内经济、社会发展的总体水平包括GDP、劳动生产率水平、财政收入、固定资产投资、城镇化率等。

国家"十一五"规划指标体系中，在经济社会发展情况部分区分了"经济增长""经济结构"两方面，指标体系中同时存在 GDP、人均 GDP、总人口。但总人口是 GDP 和人均 GDP 的函数，这三个指标任取其二作为规划指标即可。"十二五"规划中则简化调整为 GDP、城镇化率、服务业增加值比重，这些指标可继续纳入。

结合我国的统计制度，并考虑沿用"十二五"经济、社会发展的一般性指标，建议将"全员劳动生产率""人均财政收入"新增入规划目标指标体系。

二、创新发展规划指标建议

创新发展强调把发展基点放在创新上，形成促进创新的体制架构，推动更多依靠创新驱动、更多发挥先发优势的引领型发展。描述科技创新发展的指标，包括创新投入和创新产出两个方面。其中创新投入包括研发经费、科技人员、人均受教育年限等；创新产出包括高新技术产业增加值、发明专利等。国家"十一五"规划中曾把研发经费支出占 GDP 比重、国民平均受教育年限等纳入，而没有创新产出方面的指标；"十二五"规划中则把九年义务教育普及率、高中阶段毛入学率、研发经费支出占 GDP 比重和万人发明专利拥有量等作为创新发展类规划指标。其中万人发明专利拥有量属于创新产出成果。建议将"高新技术产业增加值占 GDP 比重"或"战略性新兴产业增加值占 GDP 比重"纳入创新类规划指标。当然，高新技术产业和战略性新兴产业需要根据特殊界定来核算，好在国家对此已经有明确规定，其中高新技术产业自不必说，战略性新兴产业也有专门界定。

三、绿色发展指标体系建议

绿色发展强调坚持绿色富国、绿色惠民，为人民提供更多优质生态产品，推动形成绿色发展方式和生活方式，协同推进人民富裕、国家富强和美丽中国建设。同时，绿色发展也要求节约集约利用资源、加强环境保护、增加环保投入等。因此，绿色发展方面的指标可以从这些方面入手。

国家"十一五"规划中，曾把单位GDP能耗降低、单位工业增加值用水量降低（%）、农业灌溉利用有效系数、工业固体废弃物综合利用率、主要污染物（二氧化硫、化学需氧量）和耕地保有量及森林覆盖率等作为规划目标；"十二五"规划中，涉及的指标包括：耕地保有量、单位工业增加值用水降低（%）、农业灌溉有效利用系数、非化石能源利用占一次能源比例、单位GDP能耗降低、单位GDP碳排放降低、主要化学污染物（化学需氧量、二氧化硫、氨氮、氮氧化物）减少（%）、森林增长（森林覆盖率、林木蓄积量）等。其中化学污染物分得太细，增加了监测的难度；木材蓄积量也不是很合适，这个指标的操作性较差（主观性较强），不同人员、不同方法测得的结果也不大可比。此外，农业灌溉用水有效利用系数这个指标难以把握、很难监测。

建议将"单位建设用地面积创造的GDP""生活垃圾无害化处理率""城市大气环境达标天数""流域断面水质平均水质"纳入规划指标体系。

四、和谐发展指标体系建议

协调发展要求增强发展协调性，坚持区域协同、城乡一体、物质文明精神文明并重、经济建设国防建设融合，在协调发展中拓宽发展空间，在加强薄弱领域中增强发展后劲；共享发展则是按照人人参与、人人尽力、人人享有的要求，坚守底线、突出重点、完善制度、引导预期，注重机会公平，保障基本民生，实现全体人民共同迈入全面小康社会。为此，必须统筹区域协调发展，统筹城乡协调发展，特别关注弱势群体和基本公共服务均等化。因此，可以从城乡之间、区域之间和不同群体之间的角度考察"协调发展"；从基本生活保障、失业保障及社会保险覆盖情况等方面设计"共享发展"评价和规划指标。

国家"十一五"规划中，包括：居民收入类指标、城镇基本养老保险覆盖人数、新型农业合作医疗覆盖率、城镇登记失业率等；"十二五"规划则使用了居民收入类指标、城镇登记失业率、城镇参加养老保险人数、城乡三项基本养老参保率、城镇保障性安居工程建设等作为规划指标。但两个规划都没有将直接反映城乡收入差距、地区收入差距和群体收入差距的指标考虑进来，也没有考虑到弱势群体的生存要求。为此，我们建议将"基尼系数""最低生活保障水平与居民人均收入之比"指标纳入规划目标体系。

五、开放发展指标体系建议

"开放发展"即努力开创对外开放新局面，丰富对外开放内涵，提高对外开放水平，协同推进战略互信、经贸合作、人文交流，努力形成深度融合的互利合作格局。

开放发展取决于两个方面，一是对外的竞争力和包容性，二是国内区域的一体化进程。国家"十一五"规划和"十二五"规划都没有与此对应的规划指标。未来，我国的对外影响力将不断提升，尤其是"金砖国家合作"和"一带一路"等战略的提出，得到了众多国家的响应，因此应该、而且也必须把国内的规划与世界政治经济发展形势联系起来。为此，建议将"人均外商投资额 FDI""进出口贸易额增速"纳入规划指标体系。

今后相当长的一段时间内，特别是各地区正在制定的"十三五"规划，都可以按照这个框架搭建适合于本地的规划指标体系。但是，建议在具体区域的"五年"规划实践中，要根据各区域的具体情况作出取舍。比如，在交通枢纽地区，就应该将人流、物流周转量作为规划目标，而其他地区没有必要用这样的指标作为规划目标。同样，对于旅游产业发达、旅游资源丰富的地区，就应该把吸引游客的相对数量和人均创造的旅游收入等作为本区域的规划目标，其他区域则没有必要这样做。

指标体系建设还应该包括各指标的性质，即国家"十一五""十二五"规划中的"预期性"或"约束性"。其中预期性目标是期望达到的目标，主要依靠市场主体的自主行为实现；约束性目标是政府的责任，要通过合理配置公共资源和有效运用行政力量确保实现。从理论上说，绿色发展、共享发展中的大部分指标，应该是约束性的；开放发展的大部分指标应该是预期性的；而和谐发展、创新发展中的指标，有的应该是约束性的，有的应该是预期性的。

上述规划指标体系结合我国新常态下五年规划的战略要求，增加或细化了创新和共享方面的指标、开放发展板块的指标体系，其创新性是明显的。而且，建议新增的指标也都有统计数据（个别的需要专项调查）支撑，具有较强的操作性。

（北京师范大学地理学与遥感科学学院教授、博士生导师　吴殿廷）

"十三五"期间提高经济发展
质量和效益的建议

改革开放以来，我国经济发展取得了巨大成就，但发展质量与效益不高，资源浪费和环境破坏问题严重。单就资源浪费来看，在公益性投资和经营性投资领域，都存在大量重复建设、建了就拆等问题。有关资料显示，近几年来，我国的投资中存在大量无效投资。如果我国的资源节约达到发达国家水平，现有资源能使经济实现多倍增长。党的十八届五中全会明确指出："坚持发展是第一要务，以提高发展质量和效益为中心。""十三五"期间如能提高经济发展质量和效益，我国经济保持中高速度增长的空间仍然很大，为此建议：

一、在"十三五"规划中突出提高发展质量和效益

党中央关于"十三五"规划的《中共中央关于制定国民经济和社会发展第十三个五年规划的建议》（以下简称《建议》），将发展质量和效益摆在重要位置，因此，在编制"十三五"规划《纲要》时要突出这一指导思想，并要求国民经济各部门、社会生产建设流通各行各业在制定各自的"十三五"规划时突出"经济发展质量和效益"的理念；在制定相关细则时，细化相应考核指标，建立促进经济发展质量和效

益提高的实施、监督、惩戒和责任追究等机制。提出并稳步推进"质效强国"战略，在"十三五"规划中认真贯彻习近平总书记强调的"推动中国制造向中国创造转变、中国速度向中国质量转变、中国产品向中国品牌转变"的重要论述。

二、践行节约理念，树立注重质量和效益的政绩观

经济发展质量和效益差的问题，与长期以来在粗放型经济增长方式下，国民尤其是党政干部节约意识淡薄有着密切关系。因此，"十三五"期间，要坚持节约资源和保护环境的基本国策，重视节约教育，强调节约优先，培养和践行"厉行节约、反对浪费"的节约理念。切实改变长期以来注重 GDP，并以此作为核心考核干部政绩，导致地方干部重速度、不重效益，重外在形象、不重内在质量的做法。要完善政绩考核机制，建立一套节约、效率、效益和质量指标体系考核干部政绩，促使党政干部牢固树立注重质量和效益的政绩观。

三、实施创新驱动发展战略，高度重视科技和制度创新

实施创新驱动战略，最重要的是构建有利于发挥科技在提高经济发展质量和效益作用方面的体制机制，落实有利于充分发挥科技作用的产业政策、财政金融政策和人才政策，营造创新氛围，充分调动各方面创新的积极性，切实发挥科技创新在提高经济发展质量和效益方面的作用。制度创新是科技创新的重要保证，其落脚点是营造良好的市场环境，使一切创新活力竞相迸发。

四、规范投资程序，减少和杜绝投资决策失误

建立完整的投资决策程序，能够在一定程度避免投资失误，从而保证投资效益。完整的投资决策程序应做到：一是决策准备阶段，包括搜集信息、确定目标、提出方案、说明理由；二是决策进行阶段，包括咨询专家、征询民意、比较方案、拟定方案；三是决策确定阶段，包括公示方案、修改方案、优化方案、确定方案；四是决策实施阶段，包括审批资金、公开招标、选择监理、实施方案；五是决策反馈阶段，包括评估效果、总结经验、吸取教训、奖优问责。只有坚持完整的投资决策程序，才能减少和杜绝投资决策失误，尤其是政府和国企的投资决策失误。

五、建立严格监管机制，充分发挥各方面的监督作用

在国有资产的投资决策环节，除了发挥党委、人大、法院、检察院以及监察审计机关的监督作用外，还应发挥多支监督力量的作用：政协在参政议政时，要对决策进行事前事后监督；政府参事地位超脱，应更好地发挥他们的监督作用；纪委巡视部门在党风政风建设方面发挥了巨大作用，在经济建设方面更应发挥作用。在生产和流通环节，除了各级政府部门的监管之外，要发挥行业协会商会的行业自律和监督作用。同时，在社会生产各个环节，都要重视媒体的监督作用，特别是新媒体的作用。

六、落实问责制，重大投资决策要终身问责

对决策失误者实行严格问责制。一是要追问该项目最初提出的动因

及提出者是谁；二是检查该项目决策过程有无违反决策程序的做法；三是检查该项目是否符合该区域的整体规划；四是检查该项目资金来源是否通过人大批准；五是检查该项目的招标是否符合有关规定、是否存在寻租行为；六是检查该项目的验收是否符合要求；七是反思该项目决策失误的原因；八是如果属于当初的决策失误，主要负责人及相关成员应承担法律责任，尤其是重大决策失误要终身追责。

七、加强法治建设，运用法律手段保障质效

目前，针对党政机关和国有企业，中央制定了《党政机关厉行节约反对浪费条例》及配套文件。针对我国经济效益差和浪费问题，我国有必要制定《中华人民共和国反浪费法》和《中华人民共和国经济效益提高法》。反浪费法应主要针对我国现实生活中方方面面的浪费问题，从法律角度建立合理机制，遏制各种浪费行为，尤其要严厉惩处投资环节违反决策程序、不负责任的投资者，生产流通环节造成严重浪费的人。经济效益提高法主要是规范和引导生产经营者，提高经济发展质量和效益。

（广东省人民政府参事、广东省委党校教授　黄铁苗）

需求侧和供给侧应同时发力

作为科技型企业，我们更关心如何通过创新促进发展，因为创新既可以更好地满足人们的需求，也可以改变和创造人们的需求。

有效实现创新需要重点考虑技术、解决方案、需求三个方面，这三个方面相互影响、相互促进。从拉动需求的角度看，有了新的需求，就需要有新的解决方案来满足需求，而解决方案的改进又需要引入新的技术，从而带动技术进步。而反过来，新技术的产生，又会改进或变革解决方案，从而更好地满足甚至改变用户需求。当然，要使这三个要素有效循环，还需要有好的商业模式，而商业模式主要解决谁投入、谁受益、谁买单的问题。只有技术、解决方案、需求和商业模式相互匹配与相互促进，才能使创新持续有效进行。

创新需要依靠人才，也需要资本投入，更需要有好的政策环境。因此，我国要通过创新来推动经济发展和社会变革，必须从需求侧和供给侧同时发力。

（北京时代凌宇科技有限公司董事长兼总裁　黄孝斌）

供给侧改革与大宗商品要素
市场信用体系建设

供给侧改革是改善中国经济供需结构失衡的有效措施。供给侧改革中一个不可回避的问题就是要素市场信用体系的建设。长期以来，以大宗商品为代表的要素市场体现出"大、散、杂、乱"，虽然以商品期货为代表的商品衍生工具对大宗商品进行了标准化，但是品种有限，标准较高，覆盖范围较小，操作成本极高。因此，要实现要素市场的标准化、规范化和金融化升级，亟须建立大宗商品的信用体系。

大宗商品信用体系的构成。主要包括大宗商品的集中登记、流通信息跟踪、信息披露。同时，应该成立具有以上功能的合法机构和监管机构。

第一，集中登记。目前大宗商品要素市场的货物登记机构在功能主体上是缺失的。仓储并不具备货物权属的登记确认职能，在实际业务中，仓储企业只能确定货物是由谁缴存的，但无法证明或确证货物和货主的权属关系。因此，需要建立一个集中登记机构，并能够确定货物的所有权。

第二，流通登记与信息跟踪。在确定商品的所有权后可以建立商品的流通登记平台，确保商品在流通的每个环节都能够登记，包括所有权、商品品质变化、交易状态等。

第三，信息披露。除了商品本身的质量、数量等基本属性信息，还有一项重要信息——价格信息。可以完善这些公共信息的公开性、透明性。

（大连商品交易所 柳 青）

关于实施创新驱动战略
推进中关村发展的建议

第一，充分发挥中关村在国家创新驱动发展战略中的龙头作用，支持打造世界一流的创新创业生态系统。建议"十三五"期间加大对中关村发展的支持，推进科技金融、财税、国有资本开展创投、知识产权政策、区域协同创新和人才政策等在中关村先行先试，落实新的科技成果转化法，支持教师、科研人员持股、创业，支持创新创业环境建设，建设好商业、人文以及教育、交通、医疗等环境，让创业者没有后顾之忧。

第二，继续打造中关村文化。从国家角度对中关村文化加以肯定和支持，打造"鼓励创业、包容失败、争创世界一流"的创新创业文化。

（中关村发展集团股份有限公司总经理　周云帆）

关于推进中国经济"互联网+"
转型的建议

第一，大力推动传统行业的思想转型，做好战略引导工作，加强不同层级政府、不同行业对互联网趋势的把握。

第二，在新媒体、自媒体涌现的背景下，要加强对主流思想的引导，防范社会负面因素的集聚。

第三，推进政府部门数据开放，加大在环保、医疗、教育等领域的应用。

第四，完善相关法律法规，进一步明确"线上""线下"的责权利，保护公民隐私。

第五，加强人才培养，特别是加大对基础性、原创性、创新性领域的人才引进和培育。

第六，建立创新创业容错机制和风险应对机制。在机制上给予创新、创业失败更多的宽容，设计应对"互联网+"阵痛期的相应政策、机制，以此防范和化解风险。

（腾讯科技有限公司副总裁　马　斌）

从 IMD 全球竞争力数据看我国长期
竞争力的培育

瑞士洛桑管理学院（International Institute for Management Development，简称 IMD）发布的国家竞争力指数是目前全球认可度较高、影响较大的衡量一国竞争力的综合性指标，具有较高的信度和效度。它由经济效益、政府效率、商业效率以及基础设施四方面的指标综合计算和统计得出。

通过对 2002—2014 年全球 60 个国家或地区的国家竞争力指数的分析对比，发现我国与世界经济排名前六位的主要发达国家相比：（1）在经济表现上，国内消费能力较弱，相对生活成本和土地成本偏高；（2）在政府效率上，企业和个人税收负担较重，商业监管水平较为落后；（3）在商业效率上，劳动生产率较低，金融服务效率和商业管理水平落后；（4）在基础设施建设上，技术和科学设施质量有待提高，人口健康差距较大，环境污染问题严重，教育水平存在差距。

为了在"十三五"时期进一步培育我国的长期竞争力，我们提出如下建议：

第一，调整经济结构，保持经济平稳发展。大力激发社会创新活力，推动新技术、新产业、新业态的发展，创造新供给；以"一带一路"战略为契机，通过沿线国家基础设施建设扩大出口；通过结构性减税提高消费者收入，刺激国内消费需求增长；合理调控房地产市场，控制房地产市场泡沫扩大；发展职业教育，提高劳动力素质，促进劳动生产率。

第二，管控政府债务，提高公共服务效能。应进一步提升政府财政管理效率，严格审计和清理地方政府债务，规范地方政府债务平台；通过鼓励社会力量参与公共服务提供来减轻财政负担，鼓励地方政府合理运用"公私合作伙伴关系"提供公共服务；进一步降低企业税负担，提高企业生产积极性，从而培育长期税源；进一步加强法治建设，完善保障政府运作的透明度和廉洁程度的制度；减少行政审批，提升政府效率，克服官僚主义。

第三，改善商业效率，防范金融和地产风险。增加科技研发和科技创新，加大国家对于企业创新的支持，优化劳动力、资本、土地、技术、管理等要素的配置，激发创新创业活力，努力实现创新发展，提升全要素生产力；创造充分竞争的市场环境，形成能者进、庸者退、劣者汰的市场竞争机制，实现生产要素向效率更高的产业、行业和企业集中；健全金融立法，强化金融执法与监管力度，加快企业与商业银行体制改革，加大对非银行金融机构的监管，提高银行信贷政策与资本市场政策对非国有经济的支持力度，优化金融资源的配置效率，在继续推进对外开放的过程中，加强金融管理，增强风险防范能力。

第四，提升基础设施质量，治理环境污染。提升基础设施建设质量，进一步加强互联网和通讯基础设施建设，加强网络安全监管；提高生产生活资源利用率，推广节水节能技术，促进可回收资源再利用；加大节能减排在地方政府政绩考核中的比重，加大环境污染监管和处罚力度；完善产权立法，加大知识产权保护力度，提升产学研结合效率；加大健康和教育等民生投入，促进基本健康和教育公共服务设施的均等化和标准化；实施"精准扶贫"，有针对性地改善贫困地区健康和教育领域的落后局面。

（清华大学公共管理学院　龚　璞　郭　栋　刘方涛　丁　姿　杨　默）

关于在国际视野下推动创新创业的建议

第一，着力推进国际创新科技企业，特别是创新比较密集国家的小型科技企业与中国制造业的对接。支持优秀风险投资基金和投资机构加大对美国等国家前沿领域高科技企业的系统性投资，在投资基金的审批、换汇、贷款等方面给予政策鼓励，以形成对这类国家科技前沿的战略布局。

第二，是打造创新创业特区和基地。探索与海外创新者合作推进远程产业协作，把我国部分制造业打造成全球高科技创新制造链条中的关键环节。在特区、园区中，对知识产权给予更加严格的、国际标准的保护。

第三，大力加强对国际人才，特别是国际年轻创新人才的争夺和保有。在全球范围内，争取优秀的创业团队到中国来创业，或者是在中国落地一些产品和创新环节。

第四，进一步简政放权，鼓励一批优秀的、跟国际接轨的创业服务项目落地。鼓励发展"投资促进＋培训辅导＋媒体延伸"的创新型孵化器。

第五，让科技成果走出高校。推进"创业加速器＋投资人＋科技成果持有人＋创业团队"的"四位一体"协同创业模式。

（优客工场创始人　毛大庆）

以互联网基础设施建设为抓手
打造"十三五"增长新引擎

　　"十二五"期间，全国电子商务交易额年均增长超过 35%，网络零售额年均增长超过 50%，预计 2015 年两项分别超过 20 万亿元和 4 万亿元，中国目前已经建成全球最大的 4G 网络，拥有超过 9 亿的移动互联用户，全球十大互联网企业中，中国独据四席。可以说，在目前"三期叠加"的新常态下，以新技术、新机制、新业态、新商业模式为表现形式的"互联网+"，通过降低交易成本、改进产品和服务质量、促进产业结构升级调整，已经成为中国经济增长的新引擎。

　　随着"互联网+"的发展，互联网基础设施不足的瓶颈作用日渐显现，主要表现在以下几个方面：一是网速、资费等硬性基础设施亟待改善。根据 2015 年 Akamai 的统计数据，中国互联网平均下载速度不及韩国的五分之一、日本和美国的四分之一。二是缺乏互联网大数据开放、分享的政策与机制。大数据已经成为战略性资源，是互联网软性基础设施的重要组成部分，大数据的生产、研究和应用企业间各自为战，很难充分发挥数据资源优势。三是人才匮乏和技术创新不足。互联网经济是知识密集型产业，对人才质量水平和结构层次要求较高，亟须推进人才发展和政策创新。四是法制法规不健全和缺乏成体系地监督管理。互联网经济作为新兴产业，个人信息保护、网络安全、知识产权等方面的政策法规短板制约了行业进一步地发展。监督管理政出多门，难以形成合力。

从发展前景看，我国不仅拥有世界上最大规模的市场和极具竞争力的产业配套条件，还面临着产业转型升级的大好机遇，应当以互联网基础设施建设为抓手，推动"互联网+"的新引擎在"十三五"期间实现大踏步的发展，引领整个经济增长和助推产业转型升级。具体而言：一是提高互联网基础设施建造规格和投资规模。硬性的互联网基础建设要以用户的实际体验为出发点，提高建造规格和标准，解决网络入户"最后一公里"的关键问题，在国家层面加大相关投资规模，超前布局下一代互联网。二是在互联网基础建设过程中引入更多市场竞争机制。调整不当的准入限制和垄断，适当利用市场"看不见的手"将低效的企业淘汰出去，将高效的企业请进来，从机制上推动"提速降费"的落实。三是建立人才培养和引进的专项基金，推动建立具有国际竞争力的人才制度和结构，推动产学研相结合。四是加快相关标准、法律法规等互联网产业发展软环境建设，弥补新兴产业在个人信息保护、网络安全、知识产权等方面的短板。五是将大数据的生产、分享、研发提高到国家战略层面，设立专门部门监管和维护，促进大数据资源平台的建立、维护、监管和开发利用。

（中央财经大学 伏 霖）

关于更加注重实现有质量、
有效益的增长的建议

"十三五"期间，在经济下行压力较大、经济运行风险和矛盾较多的情况下，要使经济运行保持在合理区间，任务非常艰巨，需要付出巨大努力。要把稳增长放在更加突出的重要位置，把短、中、长期政策有机结合起来。

要充分发挥投资的关键性作用，抓住机遇集中力量尽快开工一批已列入规划的重大基础设施项目，加大要素保障，推动一批在建重大产业项目早日建成投产，努力保持投资总量的稳定增长。深入推进投融资体制改革，鼓励引导社会资本投入到新型城镇化、医疗卫生、棚户区改造、铁路港口、生产性服务业等领域上来，不断挖掘投资空间、优化投资结构。

要落实好促进外贸出口的一系列政策措施，坚持巩固传统市场与拓展新兴市场并重，抓货物贸易与抓服务贸易并举，以发展跨境电子商务进一步拓展国际营销网络，以做大做强口岸经济进一步拓展市场腹地，不断提升开放型经济水平。

要顺应居民消费需求升级趋势，加大力度培育信息、旅游、健康服务等新的消费热点，不断优化消费环境、扩大消费需求。

当然，稳增长并不意味着可以放松对调结构的追求，放松对质量和效益的要求。速度一定要实实在在，不要盲目攀比，不要有水分。各地的发展目标要实事求是，有多少力量办多少事情，不要一味地层层加码，甚至数字"注水"。特别是在手的项目，要立足于实，梳理落实清楚，有一个算一个，不要画饼充饥，满足于数字游戏。增长一定要以能源资源环境可支撑为前提，把节约环保融入经济社会发展的各个方面，不断提高单位土地利用效率，统筹利用好水资源，做好煤、电、油等资源的合理开发，注重运用科技手段推进资源循环利用，加快构建资源集约、环境友好的产业体系，绝不能走也走不起拼资源、拼消耗的路子。

（福州外语外贸学院　李　为）

科技创新促经济转型升级

在经济新常态下，要强化供给侧改革，实施创新驱动发展战略，提高全要素生产率，促进经济转型升级，应从三方面入手：

第一，面向世界科技前沿和国民经济主战场，面向国家重大战略需求，部署一批重大科技项目和重大工程，抢占未来科技竞争制高点。比如，类脑智能已成为全球范围内科学研究的重要趋势和新一轮科技革命的必争领域，随之形成了新型人工神经网络、智能系统、类神经元记忆存储器件和新一代智能计算机等创新技术，并带动了以类脑智能机器人、类脑芯片为代表的新兴产业快速发展。未来趋势是智能产业化，产业智能化。智能产业革命即将到来，人类社会即将迈入智能化时代。面对新一轮科技革命，国家应在类脑智能等领域超前布局，重点支持一批在人工智能领域具有深厚技术积累的科研机构进行类脑智能核心关键技术攻关，力争取得重大颠覆性创新，引领世界科技发展。

第二，加快体制机制改革，强化政产学研协同创新，推动科技成果产业化，推动产业结构进一步优化升级。突破院所体制机制壁障，建立市场化运作的协同开发新机制，设置灵活的资源配置和利益分配机制，加强创新链、产业链、资本链的联动，进一步激活院所高校科技资源，激发科技人员的创新活力与成果转化动力，强化科技与经济的深度融合，推动重大科技成果产业化项目落地，形成创新成果"铺天盖地"转化的新局面，增强对国家创新、区域发展的支撑能力。院所高校要联合地方政府及企业积极搭建协同创新平台（如协同创新研究院），打通从创新研究、到创业孵化再到产业集聚的科技创新和成果转化全链条，服务地方经济社会发展和产业转型升级。

第三，构建国际创新网络，积极整合全球创新资源为我所用。首先通过建立支持海归创新创业的服务体系，组织海归创业服务平台，如欧美同学会发起成立的海归创业学院和海归创投联盟，鼓励更多的海外留学人员回国创新创业。其次通过搭建国际协同创新平台，吸引国外人才来华开展科技合作交流与项目联合攻关。再次通过国际并购整合，引进国外成熟项目，迅速壮大相关产业。

（中科院自动化所所务委员、欧美同学会留英分会秘书长　蒋　磊）

大力发展智慧城市

　　很多城市的天然气、自来水、国防线缆、通信线缆、地下管网等缺乏一体化的建筑设计和施工，路面总是挖了填上，再挖再填，劳民伤财。如果有一个协调机构或者组织，完全可以统一施工，避免人员和物资的浪费。其实，对于城市来讲，基础设施建设、"互联网+"、大数据、智能制造、新型城镇化、网络环境、节能行动计划、环境治理、就业、教育、社会保障、医疗卫生、安全防护等都属于智慧城市的建设内容。各个城市不仅应建立统一的办事中心以提高政务效率，还应该建立统一的连接各个部门、组织的大数据信息处理中心。这两个中心应该集中起来，利用"互联网+"及大数据手段，通过智能计算技术的应用，使得城市管理、教育、医疗、房地产、交通运输、公用事业和公众安全等关键基础设施和服务更加互联、高效和智能，从而更好地管理城市日常事务，提高各项事务的处理效率。

（财达证券有限责任公司　刘卫华）

务实的去库存　方向的大转变

　　中央经济工作会议确定了 2016 年经济改革的基调和增长目标，针对房地产释放出积极信号：宏观政策基调转向供给端改革，同时兼顾宽松的需求政策，体现了政策博弈思路的战略性转变，也使得去库存变得更加务实。

　　第一，政策空间值得期待。当"房地产去库存"由市场行为上升到国家战略之后，相关的政策想象空间在逐步加大，例如明确"取消过时的限制性措施""创新性提出建立购租并举的住房制度"以及"鼓励开发商顺应市场规律，适当降价，促进产业兼并重组"等提法在一定程度上超出了预期。2016 年地产行业或将享受到住房市场化以来最宽松的政策环境，在户籍改革、税费、创新型业务（例如房地产信托投资基金、租赁公寓、房产中介）、融资环境等方面的政策空间都值得期待。

　　第二，利好二线城市。行业的区域分化不仅仅有市场格局的分化，也有库存局面的分化，更有去库存潜力的分化。具体而言，一线城市基本不存在去库存需求，三四线城市的库存局面最为恶劣，如果没有政府强力扶持，大部分三四线城市自身去库存能力有限。主要表现为：对市民化人口的吸引力有限、当地政府的政策潜力有限、投资性需求和创新型业务的空间有限。因此，最受益于去库存的是那些虽然库存较高，但具备持续人口流入和产业集聚的二线城市、部分环境较好且具有产业聚集苗头的三线城市。

　　第三，开发商或将加速洗牌。这次会议首次提出从供需两个方面入手的调控方案，摒弃了传统的、可能带来远期更大风险的需求刺激方式，而是采取容忍有限度的市场化价格调整、牺牲部分开发商利润来达到市场供需均衡的方式。作为开发商，我虽倍感压力，但这种更加务实的去库存态度可以加快开发商的优胜劣汰，重建有序、健康的房地产投资环境。这次会议针对房地产给出了地产调控政策大方向的变化，未来地产政策不再单方面强调刺激需求，而是固本培元，侧重供给端改革。作为开发商，确实会面临中长期利润下行的压力，未来城市布局将变得更为关键。

（京投银泰总裁　高一轩）

关于传统产业贯彻落实五大发展理念的建议

第一，以创新和协调理念引领工业文明。中国是制造业大国，建议举办中国工业大会或世界工业大会，宣扬尊重工匠的精神。工业文明是中国在"十三五"规划时期大有可为的事情，强烈建议北京市把中国工业大会做成世界工业大会。

第二，在绿色发展方面推进一些重大工程。以建筑建材行业为例，重点将墙体改革进行到底，大力推进以三明治式、复合式的板式墙体替代砖头墙体。

第三，围绕开放、共享理念，营造公平、正义的营商环境。在去产能、去库存的背景下，政府应救人不救企业，企业该关门就关门。要坚决遏制偷税漏税、假冒伪劣、污染环境等问题。

（中国建材股份有限公司副董事长、总裁　王　兵）

关于盘活工业用地、提高土地利用效率的建议

目前全国土地利用存在几个突出矛盾：土地资源稀缺，而工业用地存量巨大、闲置很多，新的用地需求又很旺盛。在此现状下，亟须出台解决办法，以满足新增用地需求，支持实体经济发展。

一方面，全国工业用地前几年每年供应量超过百万，这个量逐年累计到现在已经非常大。另一方面，闲置土地很多，基本上是 20% 的企业和土地缴纳 80% 的税收。这些企业有的已经成了僵尸企业，土地成了低效用地，盘活困难较大。以北京、上海等经济发达地区为例，过去的土地每亩十几万元，现在流转出来每亩要一百多万元。工业土地税收是按照房地产行业征收的，营业税、土地增值税等加在一起有 60% 多的税负，所以企业没有流转的积极性。与此同时，各个城市面临的新增用地需求还很旺盛。如何把工业用地流转起来，需要在"十三五"时期进行统筹考虑。如果能够解决这个问题，将可以释放大量土地资源，现在最重要的就是调整税收政策。

（北京联东投资集团董事长　刘振东）

关于中国建筑业发展的建议

中国建筑业经过改革开放以来三十多年的快速发展，无论是规模还是产值都已经成为世界第一大国。但是建筑业的核心竞争力，包括建筑开发、设计、施工、监理、检测等相对德国、日本等建筑业强国的差距还很大。中国建筑业与高铁、核电等行业在国际上的发展水平差距悬殊。中国有世界最大的建筑市场、世界最庞大的建筑工人群体、建筑关联企业，但是科技含量高的建筑却大量充斥着欧美发达国家的建筑企业管理人员，这是值得深思的现象。党的十八届五中全会提出以创新、协调、绿色、开放、共享发展理念引领中国深刻变革，这对中国建筑业发展由大转强提出了总的要求，核心就是要变革。在人的基本物质需求——衣、食、住、行中，建筑业占了两项，实现人的物质需求最根本的途径靠的是生产。现阶段中国建筑业还主要停留在解决基本住房和市政交通问题，创新、协调、绿色的理念体现不足。为此，建议：

第一，结合中国国情出台相关政策促进农民工加快转化为建筑产业工人。

第二，出台更加有力的节能、环保等政策，加快建筑产业转型升级。

第三，鼓励经济发达地区的传统建筑企业整合为具备生产、设计、施工、监理、销售等综合能力的大型企业集团，引领中国建筑产业向智能化、人性化、环保型升级。

（湖南省衡阳常宁市　李军林）

智能化维护是加速铁路行业
大发展的风向标

铁路装备制造业是国家工业经济发展的重要基础之一,"十二五"期间,我国大力发展铁路装备制造业技术水平,促进铁路行业飞速发展,为群众日常出行带来了极大的便利条件,也为铁路建设进一步前进提供了有力基础。

随着铁路建设速度的加快,我国铁路装备市场需求正处于急速上升阶段。根据预测,"十三五"期间铁路装备投资将保持持续上升态势,铁路装备仍将保持生产的高峰期。在日趋激烈的全球市场化竞争形势下,铁路工程机械作为保障铁路持续稳定运营的坚强后盾,需要进一步提高技术水平、最大限度地提高铁路整体运营效率、降低运营成本,提供高端化、优质化的服务保障,才能在参与国际化竞争中立于不败之地,从而加速实现制造大国到制造强国的转变。

作为代表中国高端装备制造领军者的中国中车,正在为进一步提升我国铁路工程机械装备技术水平、努力打造"中国创造"品牌的重要使命而不懈前行。通过对铁路整体运行的系统性研究,铁路运营过程中基础设施和车辆养护方面最大的成本支出是钢轨和轮对的维护,轮对与钢轨接触的最合理匹配是决定铁路运营安全和寿命的关键所在。进行深入研究轮轨智能化状态维护技术和应用,为客户提供针对产品的全寿命周期的系统解决方案,能够提高铁路整体运营效率、降低成本,为乘客提供更舒适、更平稳、更智能的优质服务环境，也可为轨道交通贡献巨大的经济效益和社会效益。

铁路轮轨的智能化维护正在成为未来铁路维护的发展方向，依托国外先进铁路维护理念，轮对智能化状态维护管理和针对铁路大系统、智能化、全寿命周期的解决方案正在国内逐步推广应用，未来将构建并完善成适用于中国铁路的智能化维护体系，为推动中国铁路行业大发展提供动力支持，为中国铁路装备"走出去"做充分准备。

（中车集团二七机车公司副总经理　王洪义）

关于科研创新与转化的建议

　　作为国家科研的知识储备力量，我为祖国科研事业的崛起而骄傲，但同时也深感担忧：鼓励创新的大环境下并没有科研创新的良好土壤，模仿大于创新，知识产权方面也没有给予创新者支持，这让他们渐渐失去动力，也给科研转化带来了极大的阻碍。转化越来越趋同，好的创新项目因为风险过大不敢转化，转化的项目因过于安全又失去了创新的本质，从而市场接纳力变小，有效转化更为艰难。因此，希望国家对于创新项目给予更大的支持以及政策上的优惠。

（北京大学生命科学学院　王梦瑶）

"十三五"时期推进科学教育发展的建议

　　良好的科学教育是全民创新的根基，也是国家富强、民族复兴的希望所在。英美等发达国家非常重视科学教育。英国首相卡梅伦2014年表示，学校应把数学和科学作为教学重点，因为提高数学和科学技能将会为英国经济带来竞争力。美国早在1958年颁布的《国防教育法案》就强调要重点加大科学教育，在2015年版的《美国国家创新战略》中，美国重申计划加大对科学、技术、工程、数学教育的投入力度。相比而言，当下中国的教育存在基础教育两极化、高等教育行政化、职业教育边缘化的迹象，教育产业化的负面效应正在显现。科学教育逐渐变成了"鸡肋"，科学探索不再成为青年人的理想追求。

一、我国科学教育状况日趋恶化的原因

　　一是社会价值观导向发生扭曲。不同以往"学好数理化，走遍天下都不怕"的价值逻辑，现在很多学生的价值观都变得更加实际，在想着怎样迅速暴富、一夜成名，再加上"读书无用论"论调此起彼伏，"寒门再难出贵子"的错误社会思潮，给青年学生尤其是贫苦学生带来较大的思想冲击，导致他们从事科学技术探索的热情大大降低。

　　二是独生子女政策带来的激励失灵。近三十年来，中国一直实行计

37

划生育政策,很多家庭只有一个孩子,通常家长们对独生子女非常宠爱,都是"望子成龙、望女成凤",给孩子报各种提高班,如奥数班、特长班等,往往是拔苗助长、适得其反,使孩子较早丧失了科学探索的兴趣,造成社会实用科学教育每况愈下。

三是科技发展与基础教育长期形成"两张皮"。由于我国科学和教育事业分由两个部委负责,两个部委的发展思路和工作重心不同,科技部主要负责科技的投入和产出,教育部主要负责教育事业的发展与管理,影响了基础教育和科技发展之间的统筹与协调。

二、"十三五"时期促进科学教育的有关建议

"十三五"时期,我国需要加快科学教育发展,以保障建设创新型国家的需要。

一是实施明确的婴幼儿早期发展计划。2015年1月国家已发布《国家贫困地区儿童发展规划(2014—2020年)》,但仍需要对全国所有的0—3岁儿童早期发展阶段提供免费支持,提供必需的教育,甚至采取具体措施干预早期婴幼儿成长,在提高婴幼儿智力方面提供国家标准和扶持,强化儿童科学素养的培养,争取在2020年之前让全国的儿童都能接受必需的早期教育。

二是制订国家天才儿童培育计划。制定天才儿童评价标准,加快启动天才儿童培养项目,为超能力学习者提供专业化服务和指导计划,重点培养孩子的独立思维能力,拓展天才学生的兴趣面,培植创新创业精神,为未来培养具有创造力的科学家、艺术家和企业家。

三是加强基础教育的自然科学、数学和外语以及其他与科学技术发展密切相关的学科。

四是制订科学教育的师资培训计划。有步骤、分批次地对中小学老

师开展科学教育培训，增强以动手、质疑和自学能力培养为主的教学能力，切实做到因材施教。

五是推进科学和教育机构的融合。推行大部制改革，将科技部与教育部合并为教育科学部，承担推动教育均衡和科技进步双重职能，使教育服务于科学；加大公共教育财政预算向基础教育和科学教育倾斜，争取到 2020 年基础教育及科学教育相关投入占到 GDP 的 2%以上。

六是引导社会价值观尊重"显规则"。整顿拼爹、食利、投机等不良社会风气，依法保障多劳多得的收入分配机制，设置奖励机制激发全民的创造力。

七是发展现代教育技术推动科学教育发展。在加大教育基础设施建设的基础上，注重科技在教育实践中的应用，加快发展先进的教育技术，支持科学教育中使用更先进、安全的实验设备和软件，提高科学教育的现代化水平。

（中国国际经济交流中心副研究员　刘向东）

关于改善高校科研条件的建议

第一，督促、帮助高校加强科研基础设施建设，让科研环境不再是高校科研工作者的巨大限制条件。

第二，提高博士研究生的招收门槛，严进严出，提高在校博士生的研究待遇。

第三，对于互联网科技领域，要进一步加强校企联合，让在校研究生有机会深入了解科技前沿和行业挑战，也让企业可以将一部分具有挑战的创新任务交给高校，推动科技创新。

（北京大学软件与微电子学院　杨　勇）

建议制定快递业包装的相关标准

中国加入世界贸易组织后，快递行业迅速发展壮大。据统计，2012年我国快递件数是 57 亿件，2013 年是 92 亿件，2014 年是 140 亿件，而 2015 年上半年同比净增 43%，按照这一趋势，2015 全年将增至 200 亿件。这 200 亿件快递将产生的包装需求为：200 亿张运单、28.7 亿条纺织袋、80 亿个胶袋、30 亿个纸质封套、95.8 亿只纸箱、163.7 亿米胶带、28.7 亿个内部缓冲包装件。这些包装用品的数量是触目惊心的，可能带来的环境问题也需要关注。

除了数目庞大，目前快递包装行业最大的问题还在于过度包装。网购一套简单的化妆品，除本身的三层包装，卖家往往还用塑料泡沫纸、防震泡沫，空隙处还塞着报纸，再加上快递公司的包装，总共算下来得有六七层。本身巨大的基数加上过度包装使得快递包装污染已经切实影响到国家发展、环境健康。这些塑料袋和透明胶带埋到土里几十年都不会降解，焚烧则会产生有毒气体，还会造成很大的资源浪费和运输成本浪费。

国务院办公厅早在 2009 年就发布《国务院办公厅关于治理商品过度包装工作的通知》，提倡商品包装应简洁、环保，鼓励群众对商品的过度包装进行举报，要求相关部门及时处理。但怎样算过度包装？违规卖家和快递公司会受到哪些惩处？消费者可通过什么渠道进行反映举报？对于这些问题，还没有细则可循，就连国家邮政局制定的《快递业务操作指导规范》对过度包装问题也无具体规定。因此，制定明确的规章制度规定过度包装并严格执法，是当前的首要任务。

（北京大学环境科学与工程学院　王　雷）

利用大数据优化国家治理体系

　　大数据是工业社会的"自由"资源，谁掌握了数据，谁就掌握了主动权。未来国家层面的竞争力将部分体现为一国拥有数据的规模、活性以及解释、运用的能力，数字主权将成为继边防、海防、空防之后另一个大国博弈的空间。因此，我国需要增加大数据的科研投资，扶持加快大数据核心技术研发进程，增强海量数据收集、分析萃取能力，还应推进大数据开放、共享以及安全方面的相关立法与标准制定，抢占大数据发展先机，利用大数据优化国家治理的架构和模式。

（北京交通大学经济管理学院　廉　颖）

关于利用大数据提升国家治理现代化的建议

——以贵州省为例

党的十八届三中全会将"完善和发展中国特色社会主义制度，推进国家治理体系和治理能力现代化"作为改革的总体任务。《中共中央关于制定国民经济和社会发展第十三个五年规划的建议》在创新发展部分将制度创新和科技创新作为重要的任务目标。作为一种新兴的治理资源，大数据在推进国家制度创新和科技创新上前景广阔，利用大数据可以完善国家现代化治理体系，提升国家现代化治理能力。

2015 年，习近平总书记、李克强总理先后专门考察贵州大数据发展，为贵州大数据产业发展点赞，贵州省大数据发展在全国范围内走在了前列，取得一系列可喜成绩。大数据实现国家治理现代化不只是数据的简单罗列和堆积，而是要对各种如政府数据、社会信息、网络图片、视频音频等结构化、半结构化类型的碎片化、多样化、价值度低的数据进行整合和提取，然后通过大数据技术进行分析和解释，为政府机构、研究机构及企业、公众提供信息参考和决策支持。

笔者通过参与式观察、问卷访谈与半结构化访谈、文献调研等研究方法，调研了贵州省大数据的发展状况，发现贵州将大数据应用于政府管理、智慧交通、智慧旅游、健康医疗、公共教育等方面，从政府、市场、社会三个领域，充分发挥了推动国家治理体系现代化和国家治理能力现代化的作用。

第一，在政府方面，贵州省利用大数据做了以下几个方面的事情：行政管理方式方面，省政府办公厅通过大数据技术建立全省公务员考评体系，录入全省公务员信息，通过设定具体标准对全省公务员绩效进行考核，有效创新了行政管理方式；在深化行政体制改革方面，贵州省通过设定数据统计标准，打破全省原有的各厅局机构的数据孤岛，建设跨部门性数据平台——云上贵州；同时，将政府基础数据分成内部公开、半公开和公众开放等形式，切实转变政府职能，为社会发展提供更多的数据信息。

第二，在市场方面，为使利用大数据提升政府治理能力与大数据产业发展之间形成良性的互动，贵州省积极培育大数据产业。将大数据产业划分为核心业态、关联业态和衍生业态，大力发展大数据存储、智慧交通、智慧旅游、大健康、大医疗等相关产业。此外，贵州省还率先举办大数据商业模式大赛和草根创业大赛。打造大数据创业硬件环境，营造良好的大数据创业氛围。总体来讲，贵州省始终坚持正确处理大数据发展中的政府与市场的关系，特别重视以大数据解决社会问题。

第三，在社会方面，贵州省主要在医疗健康、交通、旅游、教育公平等领域中，积极推动大数据技术助力解决发展过程中存在的社会问题。如：将远程数据化教育拓展到全省偏远县区，合理配置教育资源，实现教育公平；利用互联网医院和健康大数据信息解决健康医疗问题，有效提升了居民获得健康医疗服务的效率。

借鉴贵州省的实践和经验，对利用大数据提升国家治理能力方面提出几点建议：一是要进一步优化政府机构设置、职能配置、工作流程，加快政府数据公开，打破部门间的数据孤岛；二是坚持使市场力量在推动大数据产业发展、配置大数据市场资源中发挥主导作用，同时加强政府对市场的监管，维护市场秩序，完善相关法规制度；三是支持大数据市场资源和技术要素投入社会公共服务领域，创新社会治理方式，健全基层综合服务平台，充分利用信息化手段，实现公共服务资源的均等化。

（清华大学地学中心 聂耀昱）

大学生创新创业教育的若干建议

当前，大众创业万众创新的理念正日益深入人心。随着各地各部门认真贯彻落实，有效地激发了社会活力，释放了巨大的创造力。大学生在"双创"不断推进过程中的潜能不容小觑。2015年高校毕业生已达749万人，鼓励大学生自主创业不仅能够为社会注入新活力，迸发新能量，而且能够缓解长期以来大学生就业难的问题。

为了适应经济社会不断发展的需求，培养创新型人才已经成为国家的发展战略。因此，高校已经进入一个广泛开展创新创业教育的时期。与此同时，我国的大学生创新创业教育显露出了若干问题：高校校园里缺乏创新创业的文化和环境；创新创业教育的机制不完善、形式单一；政府与高校的联动机制不完善，优惠政策难落实等。本作者将结合以上几点问题给出下面几点建议：

第一，加强创新创业的校园文化环境。高校应当注重培养大学生创新创业的理念，正确认识创业风险，激发大学生的创业激情、激活大学生的创业理想，使大学生摆脱"稳定"的束缚。

第二，完善创新创业的教育环节，构建多形式架构。课程体系和教学环节要同学生的认知相符合，从基础教学到实践教学循序渐进的深入。学校逐级成立以"实践指导"为主题的组织为学生提供创新创业的指导、实践；与企业合作，以市场为导向，走产、学、研相结合的道路，强化大学生的创新创业的意识，培养创新能力，加强大学创新创业的信心；高校与企业合力搭建创业实践服务平台，为大学生提供锻炼平台，使学校、企业、学生三者有机地结合起来。

第三，健全政府与高校的联动机制，贯彻落实鼓励优惠政策。高校在完善自身的同时，应与政府建立健全的协同保障机制。在整个创业环境中大学生资源匮乏、经验缺乏并处于劣势，政府需建立相应的制度以保障大学生创业者能获得相应的资源和机会，形成多方参与的责任运行体制；高校应实行弹性学制，允许在校大学生休学创业，利用互联网等多方式高新技术进行学习和考核；政府、高校、社会应联合为大学生创业者提供多元化的资金募集机制，放宽小额贷款的条件，对于利息和税费给予相应的减免，成立创业基金会，倡导社会力量帮助创业者融资等等；政府应督促高校落实孵化器基地等一系列鼓励和支持大学生创业的优惠政策；政府还要切实做到给大学生创业者真正的便利与优惠，真正做到资源共享、惠民惠生。

（中国传媒大学　卢晓榆）

进一步鼓励大学生创新

首先，加大对各高校大学生创新和创业能力的培养，加大对大学生在校期间创新和创业实践项目的扶持力度，建立专项扶持资金。其次，对一些专业性和技术性强的学生，建立高校和企业对接制度，向新兴企业输送更多专业人才，同时也能更好解决高校学生的就业难题。最后，减轻新兴企业负担，在税收上给予一定的优惠政策。

（首都经济贸易大学财政税务学院　胡　媛）

以人才驱动推动创新发展的思考和建议

创新驱动实质上是人才驱动。要实施更加积极务实的人才政策，创新人才培养机制，改革人才评价机制，最大限度地调动人才创新创业积极性，与各类人才结成奋斗共同体，共担风险、共历艰辛、共享成功、共创未来。

第一，建立面向创新创业的人才培养机制。依托国内高校推进国际一流学科建设，培养一批具备全球影响力的顶尖人才。推进国内高校建立弹性学制，允许在校生休学创业，设立大学生创业专项资金、创业小额贷款担保基金，给予大学生创业资金支持。为大学生提供公租房、办公用房或租房补贴，解决创业的后顾之忧。切实破除高校、科研院所青年科技人才在岗或离岗创业限制，引导和支持青年科技人才到企业和基层一线开展创新创业。

第二，建立开放多元的人才评价机制。改革和完善政府主导的人才评价体系，根据产业和市场需求，聚焦产业领军等国内外高端人才，参照国际惯例，分类分层制定人才认定标准，并结合实际情况适时调整补充、动态发布。探索建立市场导向的人才评价机制，让市场成为人才资源配置评价的决定性力量，充分发挥社会和企业引才的主体作用，人才评价不唯学历、不唯资历、不设门槛，综合使用薪酬（税收）评价、第三方评价和投资评价等市场化方式评价和评估人才。

第三，建立统一高效的人才工作保障机制。建立统一高效的财政资金分配机制，破解人才领域财政资金分散化、碎片化等问题，优化资金资助方式，扩大财政资金向社会和市场购买人才服务的范围和规模。整合人才服务资源，实施面向人才的"绿卡"服务机制，对不同类别人才发放服务"绿卡"，为持有"绿卡"的人才提供相应的医疗保健、子女就学、住房安居、落户等"即来即办"服务，进一步优化办理流程，整合服务事项，缩减办理时间，最大限度地实现人才服务"一卡通"和人才政策"所见即所得"。

（武汉市委党校　刘大玉）

加快构建国家创新网络的建议

"十三五"时期是我国实施创新驱动发展战略的关键时期。经过多年的发展，我国已初步形成较为完备的技术创新体系，具备建设创新网络的产业、技术、平台和制度等多方面优势，但也存在"创新孤岛"现象突出、共性关键技术供给不足、配套政策不完善等问题与瓶颈约束。需要在借鉴美国制造业创新网络、德国弗劳恩霍夫协会、英国弹射中心等发达国家创新网络建设经验的基础上，立足国情、明确思路、创新模式、找准重点、及早试点，加快构建国家创新网络，填补基础研究和应用研究的鸿沟，推动实施创新驱动发展战略，促进经济提质增效发展，努力抢占国际科技竞争制高点。建议如下：

一、加快构建国家创新网络意义重大

构建创新网络为实施创新驱动发展战略提供新途径。当前，我国已进入实施创新驱动发展战略的关键时期。习近平总书记强调"发挥科技创新在全面创新中的引领作用"。构建创新网络，集合大学、科研机构、企业、行业协会和产业联盟等优势科技创新资源，吸引创新人才集聚，进行重大原始创新与集成创新，有助于营造良好的创新生态，突破技术创新的"孤岛现象"，构建高效强大的共性技术供给体系，打造推动创新驱动发展的"风向标",对全面提升我国自主创新能力,实现创新成果的快速转化与扩散,推动创新驱动发展战略实施具有重要意义。

构建创新网络为促进经济提质增效提供新动力。我国经济正处于新旧产业和发展动能转换接续的关键期,经济发展进入新常态,旧的增长动力逐渐衰减,新的增长动力正在孕育之中,但新兴产业和现代服务业发展还难以弥补传统增长点收缩带来的影响,短期还难以形成像房地产、汽车等传统引擎的拉动力。构建创新网络有助于促进创新和产业资源有效整合,推动成果转化,开辟新的产业发展方向和领域,加速形成新的产业增长点,为产业转型升级和经济提质增效提供新动力。

构建创新网络为抢占新一轮全球科技竞争制高点提供新支撑。从全球范围看,新一轮科技革命和产业变革正扑面而来,世界主要国家纷纷制定战略和行动计划,提出了明确的发展目标和路线图,并探索创新网络等推动产学研结合、打造集群创新的新模式,力求保持领先优势。借鉴国际先进经验,整合创新资源,积极构建适合我国国情的国家创新网络,有助于优化我国创新生态系统,推动重点领域加快突破,积极抢占全球新一轮科技革命和产业变革制高点。

二、构建国家创新网络的现状和问题

我国构建创新网络具有产业、技术、平台和制度等多方面优势,但也面临"创新孤岛"现象突出、中间环节相对薄弱、共性关键技术供给不足等突出问题。

(一)构建基础与优势

一是技术创新体系完备。我国已初步形成以企业为主体,政企学研用等各类创新主体组成的技术创新体系，推动载人航天、探月工程、载人深潜、超级计算机、高速铁路等领域重大技术取得突破，我国已跻身成为世界有重要影响力的科技创新大国。二是创新平台优势突出。目前，我国拥有国家工程研究中心 132 个、国家工程实验室 156 个、国家企业技术中心 1098 个、国家地方联合工程研究中心 547 个，成为集聚创新资源、推动创新发展的骨干力量。三是产业支撑实力雄厚。我国有全球规模最大、最为完备的工业体系，在全球技术创新最为活跃的信息、新能源、生物等领域都拥有强大的产品制造能力和庞大的国内市场支撑，为创新网络的构建及其创新成果的应用提供了广阔的空间。四是制度优势明显。有中国特色的社会主义体制释放巨大的制度优势，在集中优势科技资源、开展重大技术攻关等方面具有明显优势。深化科技体制改革、实施创新驱动发展战略、全面创新改革试验区、"大众创业万众创新"等政策文件的出台，也有助于激发创业创新活力，为构建创新网络提供制度保障。

（二）存在的问题与障碍

一是"创新孤岛"现象突出。主要表现为创新资源分散，各创新主体各自为战的多、联合攻关的少，尚未真正形成聚焦重点领域官产学研金等多方协同创新的新体系。二是中间环节相对薄弱。从创新链的角度看，我国创新网络中基础理论研究和应用研究实力都比较强，但缺乏中间环节，类似德国弗朗霍夫协会这样的知识生产类技术转移机构不足，无法满足大企业较为高端的服务需求，同时对中小企业的需求无法全覆盖，造成需求与服务的脱节。三是共性关键技术供给不足。主要表现为缺乏国家宏观层面的产业共性技术创新战略，240 多家原承担共性技术研发的科研院所转制后关键共性技术研发投入较为薄弱，产业技术创新资源分散，难以有重大成果突破。四是配套政策不完善。主要表现为标准制定滞后、科研体制改革滞后、法律法规和经济支持政策不健全等，制约了技术创新和创新网络构建的步伐。

三、加快构建国家创新网络的措施建议

当前，加快推动创新驱动发展战略的号角已经吹响，要充分认识到科技创新的重大作用，着力破解制约创新驱动的瓶颈问题，加快构建国家创新网络，加强整体战略考虑和统筹安排，明确建设思路、创新建设模式、聚焦建设重点、出台得力措施，打通科技创新带动经济发展的"最后一公里"。

（一）明确建设思路

参照德国弗朗霍夫协会、美国制造业创新网络和英国"弹射中心"等国外创新网络建设模式，立足我国科技与经济发展实际，加快构建我国国家创新网络的总体思路是：以国家战略需求为导向，以着力解决科技与经济"两张皮""创新孤岛"和共性关键技术缺乏等问题为重点，依托现有国家工程实验室、国家工程研究中心等创新平台，加强跨行业跨领域资源整合，着力构建企业、科研院所和大学、行业协会、政府等多方参与、以竞争前共性技术为主要研究目标、非盈利的开放共享互动的创新网络，跨行业跨部门开展联合攻关与创新，快速突破重点领域和新兴领域的技术成果转化瓶颈，支撑国家重大战略的实施和经济升级转型。

在具体建设过程中要把握以下原则：一是企业主体。要更加注重发挥企业主体作用，真正建立市场导向、企业主体、产学研结合的技术创新模式，更多运用市场化原则、以新的机制推进创新网络建设。二是问

题导向。围绕国家重大战略任务和新兴产业发展实际需求，聚焦共性关键技术，明确重大创新领域，着力解决知识生产类转移机构不足等中间环节缺失等问题。三是共建共享。要加强跨行业跨领域上下游企业、科研院所、协会等资源整合，着力营造有利于技术成果涌现和产业化的生态系统，建立向企业特别是中小企业有效开放的机制。四是立足实际。不简单照搬国外模式，要结合我国发展实际和长远战略需要，既利当前，又谋长远，积极探索符合中国国情的创新网络建设模式。五是注重统筹。要注意统筹现有创新平台和新建创新网络的关系，统筹推进区域创新网络、产业创新中心和创新百强建设，统筹促进创新链、产业链和市场链有机衔接，发挥合力使创新成果更快转化为现实生产力。

（二）创新建设模式

坚持企业主体、市场化运作模式，鼓励参考德国、美国、英国等创新网络模式开展适应性创新。既鼓励知识生产类技术转移机构的设立，也支持各地区、各行业、各部门建设各具特色的创新网络或产业创新中心。建议建设的模式有两类：第一类是国家根据战略发展需求，采取竞争性招投标等方式批准设立的创新网络，国家有关部门可以前期出资小部分经费，用于研发场地、设备和人员配备，其余资金由企业通过合同项目注入或申请竞争性研发经费和社会基金。第二类是有关行业协会、联盟、企业和科研机构自发成立的从事共性技术研发机构或区域性创新网络、产业创新中心，国家根据其技术研发和创新成果转化情况采取预约采购、后补助等方式予以资助。

（三）聚焦建设重点

要坚持把重要领域的科技创新摆在更加突出的地位，聚焦国家战略和重大需求，在重点领域组建一批国家创新网络，推动一批关系国家全局和长远发展的重大科技项目攻关和成果转化，畅通科研成果从研发到产业化的渠道，推动重点领域率先突破，加快抢占全球科技竞争制高点，建设创新强国。

比如，随着健康中国战略的实施，涉及新型医疗技术、诊断试剂、诊断仪器设备、新药创制、健康管理等新技术、新产品、新业态的研究的重要性大为提升，迫切需要整合相关领域创新资源和要素，推动协同创新攻关。又如，新能源汽车领域的电池、电控、电机，以及新型智能汽车、无人汽车开发应用所需要的跨界整合能力大幅提高，相关标准和法律法规也相对滞后，需要产学研用各方协作互动，构建开放共享的创新网络推动新能源汽车产业化进程。再如：增材制造、数字化设计与制造、轻量化材料、纳米材料等有可能对经济社会发展产生"颠覆性"影响的共性关键技术也需要国家加大投入和支持。此外，新型轨道交通技术、高端通用芯片、高档数控机床、移动互联网、物联网、高效太阳能电池、通用航空、新一代核电等技术未来发展潜力也很大，需要政府做好顶层设计，抓好标准制定，促进创新资源衔接，推动形成一批国际领先的技术与创新。

（四）推动先行示范

建议国家在先期工作的基础上，批准开展第一批国家创新网络建设示范，选择10—15个左右事关国家未来发展、有重大带动作用的重点领域开展先行先试。通过对首批具有代表性的创新网络建设试点的培育和发展，逐步完善创新生态环境，积累建设经验，形成规模和集聚效应，推动关键领域加快突破，打造一批有影响力的创新集群，稳步推进创新网络的成果与国家战略目标相匹配，促进我国创新能力长期可持续发展。

（五）完善配套措施

构建完善的国家创新网络，需要研究出台配套的支持政策，创造良好的创新环境，发挥市场在资源配置中的决定性作用和更好发挥政府作用，促进创新活动蓬勃发展，实现创新网络的持续健康发展。同时，加强对创新网络建设和运行的管理，研究开展监督、考核和评估等工作，推动创新网络持续健康发展。

一是大力推进重点领域的改革攻坚，着力营造良好的创新网络建设环境。建议进一步放宽市场准入，改革产业准入和监管制度，吸引更多社会资本投资技术创新和产品研发，营造平等准入和公平竞争的市场环境。强化知识产权保护，全面维护新技术、新产品、新服务以及新兴商业模式发明者的经济权益，创新网络产生的知识产权要明确归属和使用方式，建立完善针对创新网络知识产权保护的快速反应机制。依托创新网络形成的科技成果，允许参与研发人员享有部分专利份额，并提高科研人员成果转化收益比例。

二是加大更具针对性、操作性和突破性的政策支持。落实和完善政府采购政策，发挥政府采购支持创新的带动作用，促进商业模式创新和市场培育。制定更具针对性的重大技术发展战略，进一步厘清发展思路，明确主攻方向，提出云计算、物联网、新能源汽车等重要领域关键技术创新的路线图和时间表。实施有利于创新创业和技术转移转化的财税政策。进一步加大企业研发投入费用税前加计扣除的力度。加大财政科技投入向基础研究和前沿技术研究、产业共性技术研发倾斜。加大国家新兴产业投资引导基金对产业技术创新的支持力度，重点资助重大技术攻关项目与应用基础理论研究，鼓励发展一批天使投资和创业投资机构，解决创新网络建设的资金投入问题。对于创新网络申报的技术攻关项目、863 项目、973 项目等竞争性科研项目，给予优先考虑立项与资助。

三是加快知识生产型技术转移机构建设，完善连接创新网络的中间环节。以国家需求和市场导向为主，以推动科技成果转化为目标，建议参考德国弗朗霍夫协会模式，加快知识生产型技术转移机构建设，考虑成立全国性的应用科研机构协会或联合会，探索中央、地方两级共同扶持和管理的新型科研机构运行机制，实行以知识产权管理为主导的科技成果管理体制，实现跨领域、跨部门、跨区域组织的协同创新，加速创新成果转化和扩散。

四是加强实用性技术创新人才培养，夯实创新网络建设的人才基础。加强适应新技术、具有知识和技能的劳动力教育和培养，加强实践环节训练，提高实用性技术人才的创新能力。建议搭建创新型、紧缺型人才集聚平台，鼓励创新网络设立博士后工作站和研究生社会实践基地，探索实用人才培养新模式。对专业技能优秀的人才提供政策、技术、资金等方面的鼓励和支持，倡导高校和科研院所的科研人员、学生等在技术转移机构中兼职。

（国家发展改革委产业所　盛朝迅）

关于进一步推动孵化器发展的建议

一、孵化器的内涵

根据美国国家孵化器协会（National Business Incubation Association，简称 NBIA）的定义可知，商业孵化器为创业者提供针对性的资源和服务的业务支撑系统，以保证新创企业健康快速发展。回顾来看，孵化器走过了以提供"硬增值服务"，即价格优惠的经营场所和完善的共享设施作为主要的扶持手段，到提供经营咨询、实施创业辅导、促成社会网络构建等"软增值服务"孵化网络的转变。

综合学界和业界的观点，可以认为企业孵化器最重要的职能或者特征就是为创业者和创业企业提供基础和增值服务。服务是孵化器最核心的功能。孵化器的服务提供又主要通过资源整合来实现。

二、国内孵化器发展现状

当前我国孵化器发展呈现出孵化服务专业化、创办主体多元化、运营模式市场化、增值服务虚拟化和网络化、孵化链条前置化、资源整合全球化、孵化导向产业化等重要趋势，这些趋势在内涵上是紧密相连的，在效应上是相互强化的。

清华大学调研组赴全国各地对孵化器发展进行了调研，走访了北京启迪创业孵化器、广东孵化器群力合（佛山）科技园孵化器、广东生物医药产业基地、佛山国家火炬创新创业园孵化器、深圳清华大学研究院孵化器）、天津武清孵化器、四川自贡孵化器群。通过分析和总结不同孵化器的发展环境、模式、现状及不足，发现在我国孵化器生态系统已初步形成：一是孵化器发展模式和参与主体多元化，高校、政府、企业均可作为主要推力；二是孵化器群落形成，大型孵化器带动了小型孵化器的发展。

同时，我们发现，国内不同地区孵化器发展现状差异很大。在北京、珠三角等市场经济较为发达的地区，市场化的孵化器为主导；而西部地区往往更需要"借力"于政府。这说明孵化器的发展与地区环境及自身资源禀赋紧密相关，孵化器的发展程度受到当地发展模式和主导产业的约束。

三、政策建议

第一，因地制宜地推进孵化器建设。不同地区应该注重因地制宜，走个性化的孵化器发展之路。对于落后的地区而言，就业辅导型的创业孵化更加符合当地人的需要，政府主导建设的创业指导中心能够为创业者提供基础服务，降低创业成本；对于北京等人才、科技资源汇集的地区而言，需要多主体参与，形成网络化，构建发达的创业孵化生态体系。对于主导产业集群式发展的地区，可以发展产业园等依托产业资源的孵化体系，培育新的业务增长点。

第二，构建多元创业孵化体系。鼓励创新型孵化器的发展，更新和完善孵化器评价和考核指标，由注重空间载体建设向注重增值服务转变。积极搭建"天使投资＋创业导师＋专业孵化"等新型创业服务平台，完善链条化、专业化、市场化、网络化的孵化体系，为科技成果转化和创业个体提供低成本、便利化、全要素的开放式综合服务。

第三，积极推进孵化器的市场化运作。在创业人才和资本集中的地区，推进孵化器的市场化运作，减少公共补贴规模，鼓励孵化器实现自主盈利，由市场为孵化器提供的增值服务定价。积极推广"孵化＋投资"的模式，并为孵化器提供风险补助。鼓励大企业和天使投资人参与孵化器的创建和运营，注重考察和评估孵化器的盈利能力，最终实现孵化器的可持续发展。

第四，依托大企业提供集成化服务。应该鼓励和支持大型骨干企业和社会资本投资兴办专业化孵化器，以市场化手段促进产业资源、创业资本、高端人才等创新创业要素和各类服务机构向孵化器聚集，为在孵企业提供高质量、集成化的创业增值服务。形成产业搭建平台——大企业主导、创业者踊跃参与的创业服务链条。

第五，构建全国性的孵化网络。支持有条件的品牌孵化器向全国推广孵化业务，鼓励各地区积极对接和引进专业孵化器，合作建设适合当地情境的孵化基地。促进各主流孵化器之间的信息共享以及各地区之间的业务联通，建设全国性的网络化的孵化服务基础设施，形成规模化的创新创业网络，实现创新创业相关的信息、资源等各种要素在全国的高效率配置。

（清华大学经济管理学院　陈　聪　何玉梅

张初晴　列娜·沙哈　周笑盈）

"十三五"是实现我国棉花产业
由大到强的关键时期

　　多年来，中国棉花产业为中国成为全球第一大纺织品服装生产国、出口国及消费国打下了坚实基础。但我国的棉花产业依然"大而不强"，同时存在两方面问题：一方面，我国棉花严重供大于求，不少棉花收购、棉纺加工企业举步维艰；另一方面，部分纺织企业又买不到符合质量要求的国棉。

　　主要原因有：一是棉花种植面积分散、机械化水平低，配套服务落后。二是棉花产业政策缺乏整体考量，国家投入大量财政资金补贴棉农，种植者重视补贴金额而轻视市场价值，混等混级现象时有发生。三是国内许多服装纺织企业，多为"加工型企业"，生产能力较强，但设计能力和营销能力较弱，处于价值链低端，价格竞争成为主要竞争方式。随着低成本优势流失，中国棉纺织制造业的竞争优势弱化。

　　为此，"十三五"时期应积极推动我国从棉业大国到棉业强国的产业转型，实现中国棉业生产加工制造向中国智能、中国设计、中国质量、中国品牌等转变。

　　第一，构建产业链治理模式，增强我国棉花产业整体竞争力。建立棉花全产业链治理模式，创新管理产业公共事务的规则、机制、方法和活动，以全产业整体及共同利益为价值导向，保障多元主体平等对话、协商合作，打通行业壁垒，共同应对全产业变革和挑战，实现中国棉花产业链中农业、工业和服务业的全要素一体化，生产和服务过程的无缝连接。建议试点以产业链为单元，编制中国棉花产业"十三五"发展指导意见。完善政策决策机制，注重机会平等，试点建立行业重大政策听证会制度。

第二，推进棉花种植生产步入现代化，降低棉花种植者对财政补贴资金的依赖，增强市场需求对棉花种植和生产的引领作用。

第三，推进棉纺织产品品牌建设。完善棉花、棉纱、棉布及棉制品质量标准体系和质量管理法律法规。对棉花产业链企业科研设计投入资金实施减免税优惠。推进我国棉纺织产品品牌价值评价国际化进程，树立中国制造品牌良好形象。

（中储棉花信息中心　冯梦晓）

京津冀协同发展背景下对河北农业及相关产业发展创新的建议

　　京津冀是北方最大的区域经济体，人口将近1.3亿，是全国的政治、经济、文化中心，三地政府通过科学布局和战略调整实现协同发展，是党中央的重要举措。

　　北京和天津，是全国企业和人才资源的聚集高地，但其不足是面积小，周边被河北环抱，按现有的发展路径，农业及其农产品加工企业的生产成本上升压力大，空间有限，生产规模受到影响，同时挤占了第二、第三产业的发展空间，因此加快产业转移，发展商贸经济，也是京津发展的必然选择。因此，对于河北来说，在京津冀协同发展背景下，抓住机遇，加快发展农业及农产品加工产业，深化农业结构调整，是实现自身快速发展的必由之路。

一、建立京津冀联动协调机制，推动区域内农业的发展

　　一是加强沟通和协调，推动农业相关产业转移。三地政府定期召开协调会，成立管理委员会，从区域协调发展的高度，有效推动京津部分产业向河北转移的方案、计划和实施步骤，并主动联系京津企业，利用税收优惠、土地补贴、财政补贴等政策，完善农产品加工企业向河北转

移的经济环境、政策环境、物流配套等设施，实现企业自发转移。

二是提供人才和智力保障，助推农业的转移与发展。健全人才管理机制，使人才的待遇、科研、晋升等方面与实际生产紧密联系，将人才从"房间"里引导到实际生产，每年在生产实践的时间不少于3个月，以产生的实际经济效益、培养的实践人才数量作为人才考评的标准；为吸引京津的优秀人才，河北省要重视人才引进工作，通过人才的租借、项目吸引、人才合同转移等方法创新人才引进路径，提高人才待遇，引导优秀人才流入河北区域。

三是建立供求信息平台，实现数据快速传递。加强农业及农产品供求信息体系建设，开发相关软件，保证企业的需求信息都要通过这个平台来发布，产品的供给方也可以快速准确了解相关信息，减少信息传递环节，提高信息传递的准确率，通过付定金、参股、提前签订购销合同等方式强化供需方的联系，减少自然风险，提高生产的针对性、计划性和有效性。

二、积极对接京津农业及相关企业的转移

一是科学布局，发挥比较优势。对接京津产业转移，河北省政府要进行战略谋划，在土地禀赋、经济社会条件的约束下，进行农业的规模化和现代化经营，发挥生产的比较优势，达到提高产量，降低成本的目的，避免同质化竞争，预防重复经营，引入市场竞争机制，健全提高生产效率的常规机制，并根据农业产业分布，引进适合的相关企业到当地落户。

二是农业及企业无缝对接，发挥规模优势。政府主管部门要组织考察团，到京津相关企业调研，商谈合作事宜，并通过企业所在政府，三方共同协商，创造合作条件，提供一揽子的政策优惠，实现产业转移的

目标。

在科学布局的基础上，各地主管部门负责人召开企业座谈会，向企业家介绍当地的农业生产情况，各企业家提出自身的需求、未来发展规划等，然后双方进行自愿选择，建立合作基础，接下来召开分组座谈会，政府部门负责人协调双方利益，求同存异，进行深度合作协商，问题在政府的，由主管人员给予考虑解决，尽最大努力达成合作。

三是提高公共服务水平，完善政府职能。河北省在管理上与京津相比存在短板，要实现一体化的发展目标，河北省政府要发现不足，向京津学习，提高服务水平和管理的科学化，在服务意识、公共服务、财政投入、信息建设、交通建设、物流发展等方面加大投资，减少与京津的差距，提高办事效率，实现公开、公平办公。

在农村地区，要按照企业的需求，提供配套服务，建立便民设施，供暖气、通天然气、建立物流配送站、提高农民的专业知识，进行专业技能培训，提高乡镇政府的执政效果，提高法律意识，完善信息设施建设。

四是京津产业转移，物流建设需要先行。没有便捷、丰富、高效、成本低廉的配送体系建设，企业的转移就缺乏动力。政府要加大农村地区的物流体系建设，利用互联网技术，实现物流配送之间的合理布局与职能分配，加快交通道路建设，提高道路通行能力，引进优秀物流管理人才，提升管理水平和效率，必要时政府要进行财政支持，先行完善物流配送体系，再进行产业对接，解除企业的后顾之忧。

五是完善土地流转，实现剩余劳动力就地就业。京津产业向河北转移，动力源在于河北的低成本、优越的地理位置和广阔的土地资源，便于实现规模化经营。但当前河北省农村土地流转效果较差，农业生产以家庭为单位，农业经营的规模化、现代化程度较低。

此外，河北省政府要解放农民思想，宣传好政策，降低农民对于土地的依赖程度；提高农民的养老保险待遇，使之与农业生产规模挂钩；

为农业经营提供风险保障，分担农民负担。利用政策的组合拳，加快土地流转，实现农业的规模化经营。

同时还要认识到，农业的现代化经营，会为企业提供充足的劳动力；而企业的落户和发展，又会解决农村剩余劳动力的安置问题。两者相互促进、目标一致，能够实现共赢的发展目标。

（石家庄经济学院助理研究员　刘义臣）

合理引导和促进消费升级的建议

改革开放以来，伴随经济快速增长，我国居民消费主要经历了三次以耐用消费品的快速升级换代为主要内容的重大升级变化，排浪式的消费升级也是工业化快速推进在消费方面的集中表现。同时，经济快速发展过程中收入分配差距的扩大也直接导致消费的群体分化，甚至出现了一定程度的消费两极化现象。"十三五"时期，随着工业化由中期向后期转变和城镇化的均衡推进，我国以住行消费为主导性消费和追求高品质消费的升级将会加快，相关消费领域存在巨大的潜在需求。只有顺应消费升级的客观规律才能将潜在需求转化为实际消费，增强经济高速增长的动力。

一、我国消费升级的重点和方向

随着经济发展水平的逐步提高和工业化、城镇化推进，消费升级总体沿着"衣食—住行—文教康乐"的路径演变。未来消费升级的重点和方向将主要体现为：

一是住行消费仍是未来一段时期消费升级的主导方向。我国目前城镇化仍明显滞后于工业化，城镇化进程仍会是一个相当长的过程。按照城镇化率年均提高 1 个百分点估算，未来 10—15 年住房消费仍然是消费升级的主要方向。同时，"住""行"消费具有非常紧密的联系，共同构成人们对更高品质生活追求的主体内容。"出行"消费升级的需要，主要体现为要求通过更为便利和舒适的出行条件来拓展活动空间，汽车消费仍然是实现"行"消费升级的主要载体，但需要寻求更具可持续性的升级方式。

二是服务性消费升级进程快速展开，与住行消费升级进程相互叠加。在较长一段时期内呈现服务性消费升级和住行消费升级两个进程的叠加。相比发达国家，我国两个升级进程叠加的特点更加突出，这是由于，第一，收入水平的持续提高客观上促进了相关服务消费需求的扩大。第二，城镇化进程的加快将持续扩大城市相关的服务性消费需求。第三，公共服务体系的逐渐完善能有效带动新的消费需求。第四，人口老龄化趋势加快将推动相关老龄服务消费需求快速增长。第五，信息化程度不断加深将带动服务性消费全面升级并衍生一系列新需求。服务性消费将成为新的主导性消费。

三是群体分化式消费将向共富式个性化消费升级。未来按照全面建成小康社会和逐步实现全体人民共同富裕的目标要求，人们对经济发展成果的分享将直接体现在消费水平的不断提高和消费质量的较快提升，收入差距的逐步缩小将最终体现为消费升级广泛性和普遍性的增强，这都决定了未来居民消费将升级为共富式个性化的消费。

二、合理引导和促进消费升级的思路与建议

（一）基本思路

一是应以尊重消费者的自主选择权为基本原则。促进消费升级的最终目标是更好地满足人的需求，顺应消费升级内在规律是政府制定和实

施政策的基本出发点，应以尊重消费者的自主选择权为基本原则。尊重消费者自主选择权包括：正确认识消费者需求变化和消费升级的客观性与长期性，政府应积极引导生产段的快速响应；除极少数具有严重外部性的消费应予以限制甚或禁止外，政府应支持构建多层次消费体系；应通过完善制度和政策为消费者自主选择提供更多便利。

二是应把实现包容性增长作为消费升级的基本目标。全面建成小康社会的战略目标客观上要求我国必须由不平衡增长转向包容性增长，体现在需求方面则是要增强消费升级的广泛性和持续性。这就要求使社会绝大多数人都能通过主导性消费升级获得福利改善；另一方面，消费升级不能以高碳、高消耗的模式来实现，任何人都没有权力过度消耗和浪费共有的生存资源。

三是应为中长期消费升级创造更有利的环境和条件。消费升级是一定发展阶段的自然结果，而不是政府主动作用的结果。政府过多地通过短期刺激来影响消费升级，不仅面临较高的政策实施成本，并且还可能由于过多干扰了市场而产生负面影响。政府应更多地从提高消费能力、促进生产与消费协调发展和提供更加便利的消费手段等方面建立中长期导向的促进消费的体制机制。

（二）合理引导和促进消费升级的政策建议

1. 加快调整收入分配格局，缩小收入分配差距

调整收入分配格局、缩小收入分配差距是推动中、低收入阶层和广大农村居民实现共同富裕，释放其消费潜能，推动消费升级进程更加广泛展开的重要途径。

着力提高居民劳动报酬。减少失业和强化社会保障，立法保障职工的工资集体议价权力，建立合理的最低工资制度，在经济不景气时期鼓励灵活就业并完善相关制度。

有效提高经营性收入。推动农业规模化、集约化经营，通过农业生产率的提高来增加农业生产经营的回报。同时应鼓励城镇人口自主创业，并为个体经营、中小企业发展创造有利条件。

健全收入分配调节制度。建立综合申报和分类扣除相结合的混合个人所得税制；建立健全财产税收体系，适时开征遗产与赠与税。

2. 完善房地产市场调控，顺应住房消费升级需要

应在顺应居民住房消费升级需要的基本前提下，完善房地产市场调控，核心是通过扩大各种方式的住房供给来解决住房价格过高问题。

增加多层次、多渠道、多种形式的住房供给。扩展大小户型的配置梯度；在加强对承租权益保障、规范住房中介经纪行为的条件下提高住房租赁的比重；进一步强化政府作用，推进保障性住房供给制度的完善，使住房的政策性、保障性供给与住房的市场性供给共同构成适应住房梯级消费需求的完整住房供给体系。

以税收手段促进存量住房利用率提高。积极总结房产税改革试点经验，统一按房产评估价值计征房产税，研究确定合理的扣除标准和税率，尽快完善评估等中介服务体系，全面建立适应我国国情的房产税制度。

3. 改善出行条件，满足出行消费升级需求

着重支持节能型低排放汽车和新能源汽车的产业化生产和使用。在现有技术条件下，更多引导生产和消费节能型、低排放汽车。继续通过财政补贴、贴息和政府采购等措施来推进新能源汽车的产业化生产和使用，通过技术路径优化和消费体验的改善逐步扩大市场。

综合解决道路资源稀缺问题，改善出行条件。一方面，在大中城市应通过大力发展公共交通体系来提高交通效率，鼓励使用公共交通。另一方面，通过科学规划削减城市或城市群的必要交通量，同时通过功能完善的卫星城或者分布式的中小城镇群落的建设来降低人口密度和汽车保有量的密度，降低道路资源稀缺性。

强制推行更高排放标准的油品标准。应由政府强制推行更高排放标准的油品标准,实现油品标准与汽车排放标准相配套。

4. 鼓励和规范市场供给,培育服务消费新增长点

以完善公共文化教育服务体系为基础促进文化教育服务多样化发展。在教育服务消费方面,政府应加大教育公共服务提供力度,适时将义务教育范围向前、向后延伸;进一步完善服务监管体系和规范服务标准;吸引更多社会资本投入教育服务领域。在文化服务消费方面,要加大对公共文化服务体系投入力度,保障居民基本文化消费权利;着力营造良好的文化消费环境,不断提高文化素质和鉴赏水平,要加强监管,规范服务标准。

以完善多层次服务提供体系为重点,促进居民医疗保健消费升级。一是按照可持续、动态调整的原则,逐步提高基本医疗保障的水平,提高报销比例,降低报销门槛。二是在医疗服务体系建设方面,进一步均衡医疗服务资源配置。三是积极鼓励民间资本投资医疗服务。重点在于划清公共医疗卫生机构与非公共医疗卫生机构职能界限,对服务的品质和价格进行监管,构建透明规范的市场交易。

在健全养老保障制度的前提下大力鼓励养老服务和产品的供给。在城市应当逐步简化归并多种养老保障形式;不断提高养老基金运转的稳健程度。在进一步推广和完善农村养老保障制度的前提下,建立养老保障水平逐步提高的机制。政府应积极引导和鼓励社会资本对养老消费相关领域进行投资。另外,应特别重视针对老龄人口的市场软环境建设,规范产品和服务供给。

5. 构建多层次消费体系,适应不同群体消费升级需求

政策应兼顾不同群体消费升级的多样性,构建多层次消费体系。城乡居民在消费升级上的既有差异决定了消费升级空间的不同,需要实施具有较强针对性的促进政策,如家电以旧换新政策常态化。另一方面,随着收入水平提高和中等收入群体规模扩大,应合理引导高端消费及奢

侈品消费：逐步降低或取消部分大众消费品消费税税率；降低部分高端消费品进口关税税率。

6.建设国际消费中心，吸引入境消费和国内高端消费回流

建设国际消费中心是更好发挥消费的集聚效应，释放居民消费潜力，吸引国内高端消费回流和海外消费者入境购物的重要途径，也是新一轮高水平对外开放战略的重要思路创新，推动我国同时获得制造环节和销售环节的利润。"十三五"时期应选择若干有基础的城市（群），以深化改革为主线形成国际化、法治化的营商环境，建立良好的消费市场秩序，提升消费价格的国际竞争力，着力将它们打造成为国际消费中心和具有综合竞争优势的世界城市。

7.积极发展消费信贷，创新消费方式

积极发展消费信贷，一是加快推进消费金融服务主体的多元化。培育壮大专业化的消费金融服务机构，扩大市场准入。二是鼓励消费性金融产品创新。继续对住行相关产品给予支持，加大对教育、旅游等服务消费的支持力度。三是加快推进相关制度建设，包括规范消费信贷关系的建立、风险分担、合同履行、违约制裁，以及信息公开、监督监管等相关环节和行为，完善消费者保护机制。

（国家发展和改革委员会经济研究所　王　蕴　黄卫挺　刘国艳）

深化财税制度改革的建议

"十三五"时期是我国全面建成小康社会的决胜阶段，是深化体制改革的决定时期。坚持"四个全面"战略布局，深化财税体制改革，建立有利于优化资源配置、维护市场统一、促进社会公平、实现国家长治久安的科学可持续发展的财政制度，建立税种科学、结构优化、法律健全、规范公平、征管高效的税收制度。为"十三五"时期全面建成小康社会提供物质基础和制度保障，为我国经济社会发展保驾护航。

一、深化预算制度改革

在"十三五"时期，预算管理制度改革要全面推开，逐步落实到位，建立新机制。

一是完善政府预算体系。建立政府预算体系统筹协调机制，加大政府性基金预算、国有资本预算与一般公共预算的统筹力度。

二是编制中期财政规划。在现行政策下科学预测未来财政收支政策存在的问题，制定财政政策改革方案，并进行综合平衡，编制三年滚动预算规划，形成中期财政规划，增强财政政策的前瞻性，促进财政可持续发展。

三是全面推进预算公开。政府预算和部门预算要全面公开。规定预算公开程序，完善预算公开考核，建立健全定期考评制度，加大预算公开考核力度，建立透明预算。

四是严格财政支出管理。突出保障重点，进一步强化公共财政职能，推进公共服务均等化，优化支出结构。实行预算刚性化，严格控制一般预算支出，确保实施重大经济社会发展战略，产业规划和重点建设的资金需求。确保民生支出资金需求，建立健全长效支出机制。

五是加大盘活财政存量资金力度。加强政府性债务管理，提高财政资金使用效益。清理结转结余资金，将盘活的财政资金重点投向改善民生、公共服务和基础设施建设等领域。清理财政专户，编制三年滚动财政规划，防止新的资金沉淀。加强政府性债务管理和风险防控，严格控制新债务规模，积极化解存量债务。

二、完善中央和地方税收体系

一是完善和改革税种税率。我国目前征收的税种有增值税等 18 种，税制改革涉及 6 个税种：增值税、消费税、资源税、环保税、房地产税、个人所得税。要完善个人所得税，开征房地产税、改革资源税依价计征，提高资源税税率，将环境费改征环保税，开征财产税，进一步完善地方税种。

二是完整分税制，实行分税种的分税制。保持现有中央和地方财力格局总体稳定，调动各方面积极性，考虑税种属性，将分税率分税制改为分税种的分税制。建议增值税、消费税、进出口货物增值税、关税、中央企业所得税全部归中央；营业税、资源税、地方企业所得税、个人所得税、城市维护建设税、房产税、印花税、城镇土地增值税和使用税、车船税、车辆购置税、烟叶税、耕地占用税、契税、新开征的房地产税、环保税、财产税及以后其他新征税种都归地方。

三是完善和加强税收立法，依法治税。加强税收的法制建设，实行税收法定制度，从税收立法、执法、司法、守法四个方面构成税收法定内容。税制改革的整个过程就是税收法定化、税收法制化推进的进程。五年内完成税收法定建设，依法治税。

三、加快转移支付改革步伐，推进公共服务均等化

一是要对转移支付进行根本性改革，建立健全科学的有利于科学发展和缩小区域公共服务差距的转移支付制度，重新确定各省（市、区）对中央财政的体制上解和中央财政对各省（市、区）体制补助性和转移支付，要重新确定省内各市县对省财政上解和省对市、县体制性补助和转移支付，实行财政并轨运行，进一步促进区域经济均衡化发展，缩小公共服务差距，推进公共服务均等化。

二是要建立提高财政转移支付绩效的转移支付制度，要科学计算转移支付分配，实现财政纵向、横向平衡。

三是要制定并颁布《中华人民共和国转移支付法》和《中华人民共和国财政平衡法》，使转移支付、税收返还体制性补助走上法制化、规范化轨道。

四、建立事权与支出相适应的制度，优化中央与地方间财政关系

国家应制定并颁布《中华人民共和国中央与地方政府财政关系法》，依法合理确定中央事权、中央和地方共同事权、地方事权。中央和地方按照事权划分相应承担和分担支出责任。中央可以通过安排转移支

付，将部分中央事权支出责任委托地方承担。对于跨区域且对其他地区影响较大的公共服务，中央通过转移支付承担一部分地方事权支出责任。

五、建立完善县级基本财力保障机制

县级财政是我国财政体制中非常关键的一级，是国家财政的重要基础。基本公共服务主要在县级，是县级政府和县级财政的主要职能之一。但目前推进基本公共服务均等化的重点和难点都在县级，县级财力不足，却要提供60%以上的公共服务，供养的人员占全国供养人员的65%以上，有限财力要负担无限事权责任。建立县级基本财政保障机制要充分考虑到这种不平衡和差距，中央财力应向中西部倾斜，省级财力应向欠发达的市、县倾斜，才能真正建立县级基本财力保障机制，提高县级政府基本公共服务能力，推进基本公共服务均等化。

一是建立县级财力保障机制，要以县乡政府实现"保工资、保运转、保民生、保重大项目建设"为目标，保障基层政府实施公共管理、提供基本公共服务以及落实国家各项民生政策的基本财力需要。要明确责任，以奖代补，动态调整。

二是明确县级基本财力保障范围和标准。中央财政根据相关政策和因素的变化情况，相应调整和核定县级基本财力保障范围和标准。根据国家统一部署，确定各省县级基本财力保障标准，并适时调整和核实县级财力保障标准，对全省各县可用财力进行测算，基本财力高于县级基本财力保障范围和保障标准的县（市、区）不列入省财政扶持范围。基本财力低于县级基本财力保障标准、人均公共财政支出低于县级人均公共财政支出的县（市、区）进入省财政扶持范围，并公开确定一批县（市、区）进入省级财政扶持范围。

三是建立县级基本财力缺口分级共担机制。省级财政结合中央财政支持，将可用财力达不到省定基本财力保障标准的县（市、区）纳入帮扶范围，并根据县级财力缺口和所在市的市级财力状况等，分县测算核定省级资金补助额度。加大省对县转移支付力度，均衡省以下财力分配。县级政府和财政部门要大力发展县域经济，壮大财政实力，大力增收节支，切实提高自我保障能力，努力缩小基本财力缺口。

六、创新公共产品供给模式，提高财政投资效益

一是创新公共产品供给模式，大力推进政府购买公共服务工作。健全完善政府购买服务机制，深入推进政府向社会力量购买公共服务工作。政府鼓励社会力量参与，引入竞争机制，促进公共服务质量和效率的提高。出台政府购买服务指导目录、预算管理等相关制度和方法，并在 2016 年组织实施。抓紧制定利用 PPP 模式鼓励社会资本参与公共服务与基础设施建设意见，完善工作机制，建立项目库，2016 年开始试点，2017 年全面运作。

二是创新政府投资，发挥财政资金引领作用。保持一定的政府投资规模，更好地发挥投资引导作用。政府投资主要用于关系到国家和地方重要发展的重大工程，跨区域跨流域的投资项目以及外部性强的重点项目，增加公共产品和公共服务的供给。政府要用好财政投资，要更大激发民间投资活力，引导社会资本投向更多领域。要创新投融资的体制机制，充分发挥财政资金的乘数效应。

三是深化国家主体功能区财税体制改革。适应主体功能区要求，加大均衡性转移支付力度；加大各级财政对自然保护区的投入力度，在定范围、定面积、定功能的基础上定编，在定编基础上定经费，并分清各级财政责任；实行资源有偿使用制度和生态补偿制度。坚持谁受益谁补

偿的原则，完善对重点生态功能区的生态补偿机制，推动建立地区间横向生态补偿制度；提高生态主体功能示范区公共服务水平。对国家生态主体功能示范区实行公共服务均等化原则，提高主体功能示范区人均公共财政支出水平。

（湖北省浠水县财政局　徐少明）

提升城市周边休闲旅游供给品质的建议

发展城市周边休闲游有多方面积极意义，是五大发展理念在服务业领域的一个集中体现。

城市周边休闲旅游，不是简单观光，更多是返璞归真。城市人群希望有高品质的乡村体验，包含吃、住、行、游、购、娱等要素，会带来全方位、多领域的市场需求，但从目前情况看，城市周边休闲游的发展仍然存在一些制约因素，市场发育很不健全，需要通过市场需求倒逼供给端提质升级。围绕这一主题，可以调动各方积极性，实现优势互补，推动供给端快速发展。

建议多措并举促进城市周边休闲游，让农村居民得到实惠，享受改革和发展成果，让城市居民"望得见山、看得见水、记得住乡愁"。

第一，在旅游企业等市场主体和农村居民之间建立平台，促进市民和农民或者合作社，形成公司制的股权合作，发挥各自优势，共同做好新乡居休闲旅游业态。

第二，完善城市周边旅游基础设施，加强道路、停车场、卫生间等公共基础设施建设，改善城市周边休闲游发展的硬件环境。

第三，深化相关领域改革，包括对农村宅基地、集体建设用地流转和规模经营等方面的改革，改善城市周边休闲游发展的制度环境。

第四，加大政策支持力度，在银行融资、财政税收、土地供应等方面给予相关企业一定支持，鼓励相关企业在金融、产品设计、企业管理等方面展开创新。

（北京郊区旅游实业开发公司副经理　李志遴）

发挥行业协会、商会在创新发展中的组织、服务等作用

　　行业协会、商会是市场经济的重要组成部分，行业协会等市场中介组织发育是否成熟是市场经济是否发达的重要标志，有无得到国际认可的市场中介组织是评价投资环境优劣的重要因素，也是评价创新环境的重要因素。行业协会作为一种组织能够大大减少交易成本，其民间性质可以在很多领域发挥政府所不能的作用。具体来说，行业协会、商会在创新发展中的作用主要有五个方面：

　　第一，收集行业信息和发展动态，进行行业调查，拟订行业发展规划，服务政府决策。行业协会在收集本行业发展信息方面具有无可比拟的优势，它们通过对外交流等多种方式了解本行业的发展态势，能够针对行业发展的实际问题提出符合实际的、具有较强针对性的意见和建议，对政府部门的决策具有较高的参考价值。

　　第二，直接参与拟订和行业利益有关的政府规章及文件。行业协会可以在人大和政府有关部门制定规章、文件时提供草稿，由有关部门审定完善后提交人大、政府机关审议。这个过程中，行业协会联合会可以充分吸取各个行业的意见和建议，尽量使出台的措施具有可操作性。

　　第三，为企业提供金融服务。中小企业贷款难、担保难的问题在市场竞争的情况下很难得到根本解决，这是由资金追逐利润的本性决定的，但是可以研究由协会出面与金融机构或由金融业协会组织沟通、协

调有关金融机构为资金短缺企业提供优惠的资金服务，为资质较高的企业上市、发行债券等事项提供专业化、个性化的服务。

第四，制定行业服务标准、行规行约和行业技术标准。行业协会是同行业的组织，代表性比较广泛，对行业发展的历史、现状、动态都如同对自己的眼睛一样熟悉，可谓了如指掌。由行业协会制定行业服务标准、行业规范约束规定、行业技术标准是十分科学的。在各个行业协会制定出来之后，由相应的政府部门出面协调，组织行业组织进行讨论，直至最终确定下来。通过同类标准的实施，打破各地尚存的不规范、不统一的市场运行规则，降低交易成本。可以通过调研，起草市场准入互认制度，避免重复检查，减轻企业负担。还可以研究在农产品检验检疫、打假、标准化体系建设、技术服务等方面采取切实可行的措施。

第五，组织行业职业培训。分工的出现促进了劳动生产率的显著提高，也加强了知识的细化，使得专业更加狭窄，知识之间的距离越来越细微，这就要加强从业人员的实际技能培训。行业协会、商会大有可为。

（广东生产力发展研究会　孙宝强）

加快旅游纪念品创新开发
促进黑龙江旅游经济发展

　　2010 年 5 月 1 日，上海世博园区正式开园，世博护照的发行和"敲响世博"主题体验活动也在当日启动。参观者手持世博护照，可以在世博园区各展馆加盖印章留念。世博护照一上市，就受到参观者的追捧。

　　做好旅游产品宣传推销工作，吸引更多的游客来黑龙江旅游，还需要旅游部门积极开动脑筋，在旅游纪念品开发上，多一些创意，以满足旅游爱好者的需求。建议黑龙江省旅游部门与旅游纪念品公司合作，出版发行《黑龙江旅游护照》。

　　护照仿照出国（境）通行证做法，将黑龙江境内包括太阳岛、亚布力滑雪旅游度假区、漠河北极村、扎龙湿地、镜泊湖等著名景点和寺庙纳入游览内容，通过到站式签章，记录游客在黑龙江的活动情况，是游客在黑龙江旅游历程的有效凭证，同时，也是极具收藏和纪念价值的旅游纪念品。游客们通过持该旅游护照旅游观光、盖戳留念，或带回自留纪念，或馈赠亲友同事，不仅能加深对黑龙江旅游的印象和记忆，还能起到极好的宣传作用。

　　设想中的《黑龙江旅游护照》具有联票、优惠、导引、宣传、收藏五项功能，是集景点简介、景点门票、出游记录、纪念收藏等为一体的旅游纪念品。旅游护照封面上方为"旅游护照"字样、中间为"黑龙江旅游"标志图案、下方为"黑龙江省旅游局"字样；封二为护照编号、持照人姓名、照片、有效期（游客可以不贴照片）；封三为旅游护照须知；封底为黑龙江旅游景点导览示意图，游客根据景点编号在示意图上能很方便找到该景点大致方位。旅游护照页面正面上方为景点名称；中间是景点照片、文字简介；下方是景点游览线路、开放时间、联系电话、门票价格等信息。背面为签证栏，即景点纪念戳盖章栏，游客进入景点入口处时，由工作人员实施护照验证、并加盖景点纪念戳。凡年内游完《黑龙江旅游护照》上所列的全部景点的游客，届时凭盖满景点纪念戳的完整护照，到指点地方，领取纪念品一份，并获赠兑奖券一张。届时，由黑龙江省旅游局组织抽奖，奖品分别为国内线路旅游和黑龙江境内旅游景点门票。

"旅游护照"是旅游大众化时代的产物，若《黑龙江旅游护照》出版发行，不但能增添游客在黑龙江的旅游情趣，而且能丰富黑龙江旅游文化内涵、提升旅游文化品位，对加快实现旅游经济转型升级跨越式发展具有积极的意义。

（丁秀英）

关于辽宁省小微企业的政策落实建议

作为一名基层政府的普通工作人员，在日常工作中发现，国家对小微企业的优惠政策有很多无法真正得到落实。原因在于，对于哪些企业符合小微企业没有统一的认定标准。目前只能根据工信部的工信部联企业〔2011〕300 号文件来认定，但具体操作时，有些地方有具体的行业认定标准，省内缺乏统一的标准，造成比如符合工商部门条件的免税小微企业在税务或财政部门不能得到认可，优惠政策无法落地。希望国家推动制定统一的小微企业认定标准，确保各项优惠政策落地。

（辽宁省发展和改革委员会　陈　与）

关于创新发展的几条建议

第一，建立市场价格监督举报机制，查处行业、行会价格垄断行为，遏制恶意投机行为。

第二，在国有资产管理上扩大国有企业自主经营决策权限，鼓励创新和试错。

第三，重塑对教育体系效能的评价标准，避免教育的商业化、应试化，严肃整治学历缩水、学问造假问题。

第四，降低移动网络流量资费，制定相关国家标准。

（田先生）

网友建言十六条

1. 创新就是创造新的，改变现有旧的。知识产权的制度建设应该走在前面，保护创新者，保护创新的技术，保护创新者的利益，而不是保护那些仿造者、假货者。国家科学技术方面的期刊、奖项等各方面的鼓励政策要全方位推进。

（中国政府网网友　创出唯一）

2. 创新需引导，对策要落实，所以政府首先要创新。破除机制束缚，加强与民众交流，拓宽与高校、科研院所、企业之间的开放交流平台。进一步释放改革红利，扫清创新发展道路的屏障，给予新业态新生态环境，鼓励科研单位与企业适应市场变化大胆创新。

（中国政府网网友　burning）

3. 转变政府职能、推进简政放权是本届政府开门第一件大事。建议将 2015 年 12 月 16 日国务院常务会议决定开展的"证照分离"改革试点作为"十三五"规划中推进"简政放权、放管结合、优化服务"的重要举措加以推进。对市场竞争机制能够有效调节、行业组织或中介机构能够有效实现自律管理的许可事项，允许企业取得营业执照后按规定直接开展相关经营活动。对加工贸易合同审批等许可事项，将办证审批改为备案。对一批暂时不能取消审批，但通过事中事后监管能够纠正不符合审批条件的行为，且不会产生严重后果的许可事项，在企业承诺符合政府告知的审批条件并提交有关材料后，即可当场取得相关许可。加快改革试点进程，探索形成可复制、可推广的经验，尽快向全国推广。进一步激发双创活力，推进政府职能转变，提高政府效能。

（中国政府网网友　歌唱祖国）

4.2015 年 12 月 2 日，李克强总理在主持召开经济工作专家座谈会时强调，持续从供需两端推进结构性改革，促进新的发展动能加速成长。建议：一方面，通过改造提升传统产业，大力发展高新技术产业、战略性新兴产业和现代服务业，实施"中国制造 2025""互联网""大众创业、万众创新""简政放权、放管结合、优化服务"等发展战略和改革措施，推进"供给侧"改革。另一方面，继续实施扩大内需战略，着力培育新的消费增长点，促进居民消费结构优化升级，通过增设免税店和降低部分日用消费品关税等措施，引导国外消费回流，推进"需求侧"改革。

（中国政府网网友　歌唱祖国）

5. 具有完全自主知识产权的国产首架 C919 大型客机在上海下线，填补了我国不能生产大型客机的空白，值得庆贺。"十三五"期间在大飞机首飞成功后，除进行民机生产外，建议跟运—20 一起结合我国军事战略需求对其实行技术攻关升级改造，生产出更多空军部队紧缺的大型空中加油机、大型空中预警机、空中战略远程轰炸机、空中电子侦察机等空军部队紧缺的机型。这不仅可以打造一支强大的空军力量，在未来局部战争中牢牢控制制空权，而且通过技术转移、扩散、溢出，对提升我国民机产业研发与制造的整体水平有重要战略意义。

（中国政府网网友　智者乐水）

6.建议国家编制"十三五"规划时，在微型企业划分的基础上，增添小微型企业的划分。在有些国家，10人以下的小微型企业占国家企业总数的90%以上。如果中国增加小微型企业的划分，制定关于这类企业的经济运行政策，可以使他们更好更快地发展，这对投资、拉动内需都有好处。

（中国政府网网友　青岛爱国者）

7.建议"十三五"时期，国家对所有生产加工企业严把质量关，并修订我国产品质量法，该法律从2000年至今已经整整十五年没有进行修订。产品质量仅靠质量认证监督是远远不够的，必须通过法制的强制手段，提高所有企业对产品质量的重视度，并提高生产不合格企业违法成本，使每个生产企业都抱着打造国家名片的态度生产制造产品。

（中国政府网网友　智者乐水）

8.建议将深化投融资体制改革，增加对先进制造等新兴产业和传统产业升级改造以及对公共产品、公共服务的有效投资，引导社会资本投向更多领域，积极推广政府和社会资本合作模式（PPP）写入"十三五"规划纲要。

（中国政府网网友　歌唱祖国）

9."十三五"期间，使铁路成为像城市公交车那样的国家公交系统，实现铁路公交化，打造中国铁路品牌，是中国人的梦想。铁路改革牵动全局，国家应加大民间融资来促进铁路发展。关于铁路市场化改革的几点建议：第一，进一步对中国铁路总公司进行改革，完善现代企业制度，组建铁路网络有限公司（负责规划和建设铁路网）和铁路运输有限公司（负责经营客、货运输）。铁路网由国家负责规划、投资、建设和管理，铁路运输则实行市场化运营，引入社会资本。第二，发行中国铁路公交卡，实行直接刷卡乘车和预约刷卡乘车，实现铁路智能化。让坐火车像坐公交车那样方便和快捷。我们可以不用到车站去买票，只要办理一张铁路公交卡，平时可以实现直接刷卡乘车；节假日和运输高峰期间，可以通过登陆铁路客服中心网站，预约乘车时间与车次，然后刷卡乘车，让我们实现乘着火车去旅行的美好梦想。第三，组建中国铁路股份有限公司。对中国铁路总公司实行股份制改革，最终实现到资本市场上市融资，以降低铁路融资成本与债务比重，并实现中国铁路的真正市场化改革。第四，国家进一步放开对支线铁路的建设与运营。支线铁路实行谁投资、谁管护、谁受益的原则。要实现铁路市场化改革，首先应从支线铁路市场化运营开始，逐步探索我国铁路市场化改革的方向和经验。

（中国政府网网友　石现梦想）

10.《中华人民共和国野生动物保护法》（以下简称《野生动物保护法》）于2004年修订，至今过去11年，有些条款已经不适应现代的发展，需要再修订。在《野生动物保护法》第三十五条中只规定对出售、收购、运输、携带国家或者地方重点保护野生动物或者其产品的，由工商行政管理部门没收实物和违法所得，可以并处罚款，但没明确具体金额罚多少元，也没对食用野生动物或者濒危野生动物者需要承担的法律责任进行明确，因此让许多不法分子钻了法律空子。如每年在候鸟迁徙时进行违规捕鸟，或者对一些国家一级保护动物甚至濒危物种如穿山甲、藏羚羊、象牙等进行盗猎贩卖和食用。建议"十三五"时期对此法进行完善，对捕杀、出售、收购、运输、食用、携带国家或者地方重点保护野生动物或者其产品的行为进行严厉处罚，进行重金罚款，并对涉事者依据情节严重程度给予刑事处罚，严重的承担刑事责任。只有填补这一法律空白，做到有法可依才能使违法者无法再钻法律空子。

（中国政府网网友　智者乐水）

11.2013 年 12 月南水北调东线工程一期正式通水。按照国家规划，京杭运河黄河以北段也要通航。京杭运河如何通过黄河通航，国家有关部门和科研机构研究了几种跨河方案。建议国家建设黄河升船机工程，分几期施工。一期工程可以通过 1000 吨级船舶（2×500 吨级），黄河两岸分别各建设两台升船机，黄河大坝内设一座升船机，大坝外设一座升船机。两座升船机之间用双向中间渡槽连接。在国内已经有 1000 吨级升船机投入使用的经验。采用升船机与地下通航隧道比较，施工周期短，建设费用低。

（中国政府网网友　青岛爱国者）

12. 在"十三五"期间应努力构建我国的互联网城市应急信息发布系统。诸如重要灾害预警、紧急状态、交通临时管制、地铁限流、停水停电等即时信息，要在最短时间让城市里的每一个人都知道，这在以前是无法实现的，但现在完全可以通过现代信息技术和互联网，建设以个人手机为接收端的发布平台。目前我国智能手机普及率达到 71%，城市的普及率更高。以前向公众发布信息都是采用常态手机发短信功能，受到系统运行速度的限制，要发一遍信息，需两三天时间。现在完全可以实现通过支持手机常用操作系统的城市应急信息系统，与市民通过智能手机相连，便可及时接收预警信息、政府的重要提示信息、天气预报、交通出行等内容，还可以扩展市民互动、政务权威应用下载等服务，提供政府各种查询和服务等，为保障城市安全，方便百姓生活，服务社会发展提供重要信息支撑。

（中国政府网网友　石现梦想）

13.中央经济工作会议将"降成本"作为 2016 年经济社会发展特别是结构性改革的五大任务之一，并明确提出开展降低实体经济成本行动。由于企业是经济发展的主要推动力量，企业可盈利、有活力，经济才有持久的发展动力，因此建议将帮助企业降低成本（制度性交易成本、用工成本、社保缴费成本、融资成本、税费负担等）写入"十三五"规划纲要。一是持续推进简政放权、放管结合、优化服务，实行投资项目核准和行政审批事项清单管理制度，全面取消非行政许可审批，规范相关中介服务行为，清理没有法律法规依据的收费行为，帮助企业降低制度性交易成本。二是适当降低企业所得税和制造业增值税等税率，通过阶段性提高财政赤字率和适当增加必要的财政支出以及政府投资来弥补降税带来的财政减收。三是研究降低企业社会保险费缴纳金额，通过统筹公共财政资金特别是利用国有企业分红、国有资产收益以及减少政府非必要开支来补贴社保基金。在降低企业缴费负担的同时，让群众有更多获得感。四是推进股票发行注册制改革，方便企业通过债券、股票市场等上市融资，进一步拓宽实体经济融资渠道，降低中小微企业融资成本。让金融成为一池活水，更好地浇灌企业这一实体经济之树。

（中国政府网网友　歌唱祖国）

14. 国务院在 2015 年 10 月份下发了《关于促进快递业发展的若干意见》，对我国快递业的快速发展指明了方向，但现在快递行业各自为政的现象依然严重，溯源机制尚待加强。建议"十三五"时期进一步完善并规范快递业发展，更好发挥快递业对稳增长、促改革、调结构、惠民生的作用。建议：第一，对快递公司成立专门的行政部门进行监督监管，寄件者需要实名制登记，现在只有邮局寄件落实了实名登记，而很多快递公司并没有落实。第二，对各个快递公司运送的中间环节加强监管。由于很多快递公司在送货期间货物需跨几个省市间的快递转运点才能送到，有的快递公司的业务员会对手机等贵重物品进行掉包或以次充好，因此必须在各个城市转运期间加强监管，不得在客户不知情的情况下对货物进行掉包更换，坑害消费者。如消费者收件后发现快递员对物品进行了更换或物品有残缺，按追溯机制对其进行溯源，并制定明确的法律法规要求快递公司依法对消费者进行理赔。现行的方式是如果消费者不对物品进行保价，无论寄送价值多么珍贵的物品，有残缺只退赔快递费而不对物品进行理赔。即使进行了保价，出现问题由于没有明确的法律法规规定如何进行理赔，理赔金额是多少，很多快递公司也不会按照保价的金额进行赔偿。再就是收到与发件前不一样的商品时，由于没法追溯源头和中间环节，很多快递公司的快递员都否认对物品进行了掉包。此类事情会给广大消费者的合法权益带来巨大伤害，因此在这方面须建立起追溯机制并制定法律法规，依法确保快递业的健康发展和消费者的合法权益不受侵害。

（中国政府网网友　智者乐水）

15. 如何利用大数据构建智慧城市，是行政决策是否有效的重要参考依据。合理的决策应以人为本，以城市发展为需求，强行用一线城市的思路去改造五线城市，因各因素及条件均不相同，因此很可能拔苗助长。城市的发展需要"智慧"，城市的经济需要"智慧"，智慧需要"依据（大数据）"，根据"依据（大数据）"提出解决方案，寻求方案，这样能够提升政府决策能力，拉升民众公信。充分运用大数据将成为社会发展的行政决策利器，建议建立大数据分析部门、大数据硬件系统及技术平台、大数据共享平台；建立大数据行政评测机制，行政考核可以行政决策后可监测的数据为评估标准；建立百姓大数据，与大数据硬件系统同步应用，百姓应用大数据，使政府更好地提供简政便民服务。

（中国政府网网友　光引科技）

16. 建议在"十三五"时期进一步扩大高等院校、科研院所和科技人员的学术自主权和科研决策权，让广大科技工作者能够自主决策、潜心研究，多做基础性工作。一是持续推进科技创新领域的简政放权、放管结合、优化服务等改革，创新科研投入、收益分配、科技管理、政府服务和协同创新等机制，破除对创业创新的不合理束缚，激发科技创新活力。二是加快科技评估、人才评价和科研项目管理制度等改革，赋予高校、科研机构和科技人才更多学术自主权和科研决策权。加强基础研究和前沿探索，鼓励原始创新，让广大科技工作者把更多的精力用到科学研究上，"十年磨一剑""甘坐冷板凳"，为我国科学技术长远发展多做基础性工作。三是依托互联网、大数据、云计算、物联网等新技术手段，利用众创、众包、众扶、众筹等新媒介方式，汇聚各类信息和社会资源，打造最广泛的创新创业平台。加强国际创新交流与合作，推动我国先进适用技术和产品走出去，积极引进海外技术、人才和资本到我国创新创业，加快创新型国家建设的步伐。

（中国政府网网友　歌唱祖国）

共建共想 同心同得

2016—2020

二、协调发展

协调是持续健康发展的内在要求。必须牢牢把握中国特色社会主义事业总体布局，正确处理发展中的重大关系，重点促进城乡区域协调发展，促进经济社会协调发展，促进新型工业化、信息化、城镇化、农业现代化同步发展，在增强国家硬实力的同时注重提升国家软实力，不断增强发展整体性。

——摘自《中共中央关于制定国民经济和社会发展第十三个五年规划的建议》

正确认识及处理人口城镇化与
土地城镇化的关系

人口城镇化与土地城镇化的协调发展，从微观上关系到城镇居民生产生活空间及居民幸福感的大小，从中观上关系到城镇空间布局及交通通达性，从宏观上关系到粮食安全与经济社会发展。为此，建议：

第一，加快推进市民化进程，破解进城农民的宅基地闲置问题。加快推进市民化进程，是解决农民工群体在城镇和农村"双重占地"现象的根本途径。与此同时，需要努力破解进城农民的宅基地限制问题，可以借鉴重庆地票经验，通过市场手段，引导鼓励农民复垦宅基地为耕地等农用地，为城镇建设用地扩张提供指标。而农民凭借闲置宅基地整理获得的收入，将为其在城镇买房安居提供一定支持，有利于化解当前高企的房地产库存。

第二，以大城市地区为重点，推进新型城镇化。从城镇等级来看，大城市人均建设用地面积明显少于县城，而后者又明显少于建制镇。从人口规模来看，城镇规模越大，人均用地面积也越小。从土地利用效率来看，城镇建设用地供给应优先考虑城市，特别是规模较大的城市。国土资源部数据表明，2009—2013 年，我国城市土地面积增幅为 14.5%，明显小于建制镇 21.7% 的增幅；小规模、经济发展水平低的城市用地增长速度较快。这意味着，由于城镇化发展重点的不同，近几年我国土地资源并没有得到更为充分的利用。

第三，研究适度提高规划城镇人均建设用地标准，增加居住用地供给比例。我国建设部门当前执行的规划城市人均建设用地、规划建制镇人均建设用地标准等，均基本沿袭了 20 世纪 90 年代的相关文件。然而，当时并未执行耕地占补平衡政策，对包括耕地在内的各类土地面积数据掌握也较为粗糙，这意味着当前执行的规划标准可能并非为在粮食安全、经济发展、居民幸福感等多因素之间的最佳平衡。并且，从长远来看，居住用地占城镇建设用地的比例也是需要提高的。结合当前我国房地产市场运行情况来看，可考虑加大对一线城市的居住用地供给，抑制房地产价格过快增长。

（中国社会科学院人口与劳动经济研究所博士后　熊　柴）

关于城镇化进程中失地农民
就业问题的建议

中国失地农民的失业率在 20%—30%，这一比例明显高于其他社会群体。失地农民的就业情况"因地而异"，但有如下共同特点：第一，以打工为主，还有少量进行小本经商；第二，有固定工作的占比低。总体而言，失地农民的就业还远远没有"城镇化"，主要原因有三点：一是政府安置及就业引导政策不完善；二是企业招工标准高，能提供给村民的岗位较少；三是农民学历低，技能缺失，就业观念落后。针对以上情况，建议如下：

一、对农民：授之以鱼不如授之以渔

1. 多方合作开展相关技能培训

一方面，政府可以与企业合作，有针对性地举办第二、第三产业的技术培训班；另一方面，政府可以建议企业根据战略发展需要，制定农民长期教育培训规划。同时，政府可以结合社会力量构建技能培训学院，体系化地进行技能培训。而在培训资金方面，可以采取村民、政府向企业的"预贷款"制度，即在技能培训完成后，如果村民的就业情况有所改善，则村民向企业、政府向企业返回适额的培训费用。

2. 政策宣传转变农民就业观念

政府应通过法律和政策向失地农民传导正确的就业观念，而传统媒体和新媒体是向农民加强宣传的有效途径，如电视节目、广告广播、报纸刊物、微信微博等。同时，政府应主动向农民解释法律和政策，通过下乡普法、就业咨询等活动向他们传达最新政策，并通过政策内容开阔其视野，改变其思考问题的方式，提高其自身素质和市场竞争力。

3. 鼓励创新提倡农民自主创业

在改变农民就业观念的基础上提高其对市场的把握程度。一方面，对有创业倾向的农民进行科学系统的训练，培养其创新精神；另一方面，为农民创业制定优惠政策，如为农民提供无息贷款、适当放低农民创业门槛等。

二、对企业：放管结合，引导企业承担社会责任

1. 应适当支持和发展劳动密集型企业

地方政府可通过建立乡镇企业和引进密集型企业等方式发展劳动密集型企业，并配以具体措施。政府在审批和管理制度上进一步放宽限制；加强资金支持，给予适当补贴，并对那些促进就业有特殊贡献的企业给予奖励；加强监控，帮助企业改革，提高企业的管理素质；颁布有关行业的技术标准，如劳动密集型企业的投资和技术选择等；发布行业发展趋势信息，引导劳动密集型企业及时进入或退出有关市场和领域等。

2. 协助企业有针对性招工

在企业招聘环节，政府也可发挥协助作用，并及时将企业招聘信息传达给农民，同时，还可以鼓励和支持村集体与社会力量合作创办村镇企业，尽可能为失地农民提供就业岗位。如昌吉市榆树沟镇村企联建企

业恒安纸业和徐工海虹技能培训学校，这两个企业中有近一半员工来自辖区失地农民，有的经过培训已经进入公司高管层。这种就地为失地农村群体提供就业机会的做法，有利于农民平稳完成从农业向非农业的职业过渡。

3. 引导企业承担社会责任

《中华人民共和国公司法》第五条规定企业承担社会责任。政府应当引导招工企业适当降低用人门槛，满足农民工就业需求；加大企业缴纳社会保险及社保补贴的宣传力度，以保障农民工的合法权益。

三、政府自身：完善制度，因地制宜发展就业

1. 出台对应的社会保障措施

失地农民的身份往往比较尴尬，其户口是农民却没有土地及相应补贴，是城市居民却没有相应的工作和社会保障。失去了土地，农民原有的基本生活来源被切断；失地农民从事的工作不稳定，风险性较大，随时面临着失业的风险，因此，政府应组织农民积极参与失业保险等。

2. 大力发展农村服务业

街道服务作为农村服务业的一种，不仅准入资质低，且村民存在"当地优势"，职业包括法律援助、卫生保障、信息服务和综合服务。协助农民通过学习基础知识，加入街道服务队伍。如苏州的娄葑街道，通过帮扶失地农民从事家政服务，历经九年，现在该街道已经成立了专业的家政服务业合作社，且从业的失地农民往往"一人多证"，竞争力强。从失地农民到抢手的服务业工作人员的转变，体现出该地政府发展服务业的巨大成效。

3. 因地制宜，发挥想象力

各地政府应根据地方特色制定就业措施，因地制宜解决问题。例如，

某地如果具有旅游优势，可通过大力发展旅游业，吸纳失地农民就业。政府可发展本地导游，进行导游培训；兴建基础设施，促进当地旅游产业发展的同时吸纳大量的劳动力。政府还可以聘用当地人作为旅游地管理员，比如门口售票员、巡逻员和安保人员等。

（清华大学法学院　蔡泽洲　张竹新　吴泽邦）

加快推进农业转移人口市民化的建议

到 2020 年实现 1 亿农民工及其他常住人口在城镇落户是推进新型城镇化发展的首要任务，其中建立健全农民工市民化成本分担机制是关键。建议如下：

第一，完善中央与地方政府之间的成本分担机制。第一，根据公共支出的外溢性，优化中央与地方政府的分担责任。中央政府承担跨区域基础设施建设以及社会保险、教育医疗、住房保障等基本公共服务需要全国统筹部分，地方政府承担公用设施建设以及卫生健康服务、就业创业指导等地方性公共事项。第二，根据外出农民工的跨区性优化中央与地方政府的分摊责任。中央政府重点解决跨省流动农民工的市民化成本，省级政府重点负责省内跨市县迁移农民工的市民化成本。进一步明确市、区（县）、镇（街道）需要为农民工提供的各项公共服务，合理划分省级政府与市级政府的市民化成本分担责任，适当提高省级财政兜底的统筹能力与分担比例。

第二，完善输入地与输出地之间的成本分担机制。以居住证登记为依托，加快推进国家人口基础信息库对农业转移人口的信息采集，在此基础上由中央财政建立中西部人口红利专项转移支付；针对在原籍地参保社会保险、安排学龄子女留守就读的跨省农业转移人口，中央政府在原有对中西部地区财政补贴的基础上进一步倾斜；中西部输出地城镇建设用地指标原则上坚持"减人不减地"，预留发展空间。积极研究探索财政转移支付、财政建设资金对城市基础设施建设补贴数额、城镇建设用地增加规模与农业转移人口落户数量"三挂钩"机制；加快制定中央财政转移支付同农业转移人口市民化挂钩机制的实施办法。

第三，完善农民工市民化成本分担的配套政策。对于农业转移人口集中的经济大县、强镇，加快推进县改市、镇改市试点示范工作，审慎扩大部分县级市经济管理权限、优化公共资源配置，提高输入地城市吸纳农业转移人口的公共服务能力。探索农业转移人口的土地承包经营权、宅基地使用权的市场化退出机制，结合不动产登记工作，建立全国性不动产交易信息平台，在江苏、广东探索开展省内城镇建设用地指标交易。探索把保障性住房建设纳入 PPP 示范项目清单，鼓励社会资本参与新建、扩建医院、学校等公共服务设施，进一步扩大城镇公共服务对农业转移人口的覆盖范围。实施跨年度预算平衡机制和中期财政规划管理，把农民工市民化的连续性公共支出项目纳入中长期财政预算框架，并针对需要远期支付的养老保险，将社会统筹基金与个人账户基金实行分账管理，消除"混账""空账"，逐步做实个人账户。

（国家信息中心　胡拥军）

促进流动人口融入城市
助力"十三五"城镇化建设

我国城镇化的脚步日渐加快，据第六次全国人口普查，在 6.66 亿的城镇人口中，流动人口已达到 1.87 亿，占据了城镇人口数量的 28.08%。如此大规模的流动人口作为城市建设的生力军，不仅决定着城市经济发展与建设的基本速度，他们在城市的生存状况、在城市中的融合与适应，更影响着整个城市社会的安全与稳定。在目前看来，我国户籍制度的"二元分割"结构依然对流动人口从农村或是其他城市来到当前城市后的身份进行着根本性的限制。与此相关联的则是流动人口在流入地无法享受到与当地居民相等同的公共服务。为此，提出以下建议：

首先，为流动人口的城市生存提供良好的制度环境。目前，一些省份或地区已经取消了农业与非农户口的区别，实施普遍的居住证制度，但这一破冰之举仍有待在"十三五"期间进一步深入落实与推广。同时"十三五"期间可以进一步探索社会保险的跨地转移联动机制，成为能够真正为流动人口提供"兜底"的社会保障。

其次，企业和社区作为流动人口进入城市后密切接触的对象和环境，也应更为直接地担负着促进其适应与融入城市的责任。"十三五"期间，应当更加严格地监督企业为农民工等流动人口缴付社会保险、按时发放工薪，提高执法力度。同时，进一步借助社区这一可以对流动人口进行引导与服务的力量，为各类流动人口提供相关的工作讯息、政策咨询、职业技能培训、生活服务，组织其与当地居民共同参与社区活动等等，从而方便流动人口在当前城市的生存与生活，拉近流动人口与当前城市的距离、与当地居民的距离，让其真正对流入地产生归属感与认同感。

再次，从长远来看，一线城市毕竟资源有限，可以承载的流动人口数量有限。为了缓解流动人口无止境、大规模的涌入，在"十三五"期间应从更高的层面促进一线城市的经济产业结构转型，以经济产业升级带动人口结构优化；通过经济发展增强二三线城市与农村附近城镇对于流动人口的吸纳力，为人口的流动提供更多地域选择，而近距离城市的流动或是同省内地区间的流动也更易于流动人口的适应与融入，同时也促进了这些地域的发展。

最后，应在"十三五"期间，在整个社会逐渐宣传营造多元、宽容的和谐氛围，从文化层面上帮助流动人口在跨地域流动后得到更多的尊重与认同。

（北京师范大学社会发展与公共政策学院博士研究生　彭　宇）

关于缓解城市停车难题的建议

近年来，城市停车供需矛盾日益突显，停车难问题越来越突出，对居民生活造成严重影响。建议如下：

第一，配建补缺并行，扩大有效供给。从扩大供给、做大增量上着手，着力形成"配建停车设施为主、公共停车为辅、路内停车为补充"的停车供应体系。

针对配建停车设施不足问题，应既立足长远规划，着力解决将来的停车位需求，又破解时下已经存在的停车难题，做到增加车位与"查漏补缺"两手抓。第一，对新建、改建或扩建的建筑物，要按标准配建相应规模的停车场（库）；第二，对老旧小区，要在不影响道路交通运行的情况下，允许其周边非交通性道路或支小路设置夜间临时停车位，错峰停车，补齐短板；第三，对一些不属于老旧小区、但因为前瞻性不足而导致基本停车需求难以满足的新建楼盘，以新补旧，统筹小区停车资源，将其停车缺口统筹到周边新建或改建的住宅项目中。

针对公共停车位供需失衡，应建设一批地下公共服务中心和商业服务中心、地下停车场，对老城区停车较为困难区域优先加大建设力度。

对于路内停车，应根据交通组织状况，结合群众需求，统筹布设路内停车位，并切实做到管理规范、通行有序、错峰用道、提升效率。

第二，强化用地保障。中心城区功能搬迁等腾出的土地应规划一定比例预留用于停车设施建设。财政性资金投资建设停车设施，可通过划拨方式供地；国有（控股）公司独立建设停车设施，可采取协议出让方式供地。鼓励利用公共设施地上地下空间、人防工程等地下空间建设停车设施。支持机械立体式停车库建设，增强空间的复合利用。

第三，创新投融资方式，多渠道解决资金问题。进一步释放民间投资潜力，形成"政府投资＋民间资本""政府投资＋金融资本"等多种融资机制。第一，鼓励采用政府和社会资本合作（PPP）模式，政府投入公共资源产权，并采用放弃一定时期的收益权等形式保障社会资本的收益。第二，财政资金对社会资本参与停车场特别是公共停车场建设的，适当予以税费减免和资金奖补。第三，完善停车收费政策，对社会资本全额投资新建的停车设施，全面放开收费；对政府和社会资本合作建设的停车设施，按照协议确定收费标准；对纳入政府定价范围的停车设施，推行差别化收费。

（福州外语外贸学院　李　为）

关于城市落后地区区别实行机动车
限购政策的建议

  我是天津市宝坻区的一位村民。目前天津等大城市为治理交通拥堵问题已开始实施机动车限购政策，但是本市农村地区地广人稀，还很落后，却也一刀切地被实行了限购政策。本来农村地区的公共交通就非常不便，而在农村限购机动车则更加阻碍了农村的发展，因此建议能够因地制宜，在大城市不同地区有区别地实施机动车限购政策。

（天津市民　周先生）

疏堵结合破解流动摊贩难题

在哈尔滨、佳木斯、牡丹江等市中心城区商业繁华地段、居民小区等人流量大的地方，不时会遇到各种各样的流动摊贩。虽然面对城管的巡查，但摊贩屡禁而不止。如何妥善管理流动摊贩，推进文明卫生城市创建，笔者认为：

第一，让流动摊贩的经营资格合法化。流动摊贩一旦有了资格，不仅便于管理，而且在经营过程中群众投诉的问题也能落到实处。建议借鉴国内外一些城市的做法，合理规划、选择条件允许的区域，以社区为管理单位，纳入社区管理范围，集中经营、规范管理。同时要求流动摊贩缴纳合理的费用，用于日常管理之需。例如：借鉴上海市《城市设摊导则》做法，改变以往对马路摊贩采取冲击、取缔等管理办法，取而代之的是对无证摊贩采取疏堵结合、因势利导的管理，对流动摊贩"开禁"，不再一律封杀。

第二，管理流动摊贩对城市道路使用的空间和时间。既要能保证车辆和人员通行，又能让流动摊贩见缝插针进行经营，大幅提高道路的使用效率。建议在中心城区打造类似小吃、小商品、家电维修等特色一条街，制定统一样式、规格、经济实用、美观大方的餐车，出台相关的措施购买办法等等。一来解决了流动摊贩难以管理的问题，二来方便了群众的购物与家电修理。一是划定专门的区域容纳小摊贩的经营，以不会阻碍交通和附近居民认可为前提。二是实行区域分类管理。对城市不同区域采取不同的管理标准，可以将城市划分为三类："严格禁止区域"，即主干道，党政机关、广场、商场、市场、学校等周边以及市民反复投诉的热点地区，这些区域严禁设摊；"控制区域"，次干道等一些妨碍城市美观程度较少的地区，这些区域限制设摊，对摊位的规模、摆摊的时间和经营的范围给予一定的限制；"规范设置区域"，内街小巷、城乡结合部等长期形成的不太影响交通和居民休息的区域，这些区域允许设摊，可以在规定的时间内允许其经营。三是对市场的管理权通过招标拍卖的方式完成，严格划定区域，通过公平的方法让业户选择自己的位置。

第三，强化对流动摊贩的教育与监管。加强对流动摊贩的教育，对流动摊贩进行必要的食品卫生、商业道德等教育，使流动摊贩成为遵纪守法的经营者。由城管执法联手工商、公安、环卫、质检等相关部门分工协作，共同承担对流动摊贩的监管工作。包括：一是对流动摊贩进行身份、住宿、进货渠道等基本情况的备案登记；二是随时对流动摊贩的货物、食物等抽检，一旦发现问题，立即予以经济惩罚，并予以取缔；三是建立流动摊贩自治团体，进行自我监督管理，配合有关部门处理环境等问题。

第四，要改变城管执法部门的管理方式。城管执法是流动摊贩整治的主要职能部门，因此执法人员必须要以促进民生为整治流动摊贩工作的指导思想，以人性化管理使流动摊贩合法、合理经营，变强制管理为柔性化管理，在为流动摊贩创造可能的生存空间的同时又促进社会和谐发展。

第五，加强行业自律。若要消化吸收众多的流动摊贩，必须设立一个流动摊贩的行业协会，制定行业章程、细化行业管理、化解行业纠纷、反映行业需求。行业协会可以在政府各职能部门和众多流动摊贩之间发挥桥梁作用，促使流动摊贩在城市中和谐地存在，发挥其应有的作用。

　　第六，提高流动摊贩的经营形象和品位。目前，流动摊贩的经营工具杂乱无章，卫生条件没有保障，已经影响到城市形象的问题。必须对流动摊贩进行分类、策划和包装，然后以崭新的面貌出现在街头。随着流动摊贩经营品位的提高，相信街边文化也将应运而生，并且不断丰富，成为城市一道亮丽的风景线。

（黑龙江省　柴　蓉）

关于缓解超大城市人口问题的三点建议

超大城市是国家经济增长的"火车头"、科技创新中心和新兴产业孵化中心，保持其经济竞争力和创新活力是人口调控需要考虑的基本问题。当前我国超大城市发展中出现的"大城市病"虽然与人口规模有较大关系，但主要原因在于中心城区人口分布过密、职住分离严重、经济活动和公共服务资源过于集中，且面临人口老龄化、高层次高素质人才不足等问题，制约了经济转型升级和现代化国际大都市建设。建议在尊重市场规律的前提下，推动产业升级、完善公共服务布局和优化人才结构，实现人口规模适度、空间分布合理、人力资本优化等目标。

一、立足都市圈疏解中心城区非核心功能，优化人口空间分布

通常人们所认识的城市是指中心城区。受各方面因素的影响，超大城市经济活动过度集中在中心城，导致人口在中心城区过度集聚。城市病更多指中心城存在的问题，但人们往往忽略了城市广大外围地区。实际上如果在城市功能范围内调控人口，很多结构性问题能够得以解决。特别是在要素流动日益自由、交通通信技术日益现代化的今天，需要立足与之有密切联系的周边区域，来统筹调控超大城市人口问题，即从就

业人员最大通勤范围的都市圈来考虑。解决中心城人口过密的关键办法在于有序疏解中心城非核心功能，在都市圈范围内优化人口空间分布。

"十三五"期间，应当促进郊区新城及外围城市产城融合，构建职住平衡体系，在人口居住密度高且规模较大的郊区新城和外围城市布置相关产业，使就业岗位从中心城区向郊区新城和外围城市转移；从中心城区向外围区域疏解优质公共资源，改善外围地区生态环境质量和宜居条件，提高对人口的吸引力；优化轨道交通体系，加强郊区新城基础设施建设，并在新城之间、新城与车站机场之间、新城与外围城市之间，构建便捷、畅通、高效的交通体系。

二、主要依靠经济手段调整产业空间布局，带动人口结构和分布优化

当前，超大城市采取限制外来人口办理居住证、提高社会保险缴费成本、限定可享受的基本医疗服务和子女就学等手段，提高外来人口生活成本，以达到控制人口规模的目的。但从实践来看，这种做法不仅导致各种歧视和不公，而且调控效果并不理想。另外，城市中各行业、各层次的劳动力在长期积累过程中形成了一个相对均衡、稳定的比例关系，在产业结构和人口结构没有显著改变的情况下，人为提高低端产业人员的生存门槛，虽然能够阻挡一部分外来人口流入，但会以牺牲经济增长潜力为代价。

"十三五"期间，应当充分发挥市场在资源配置中的决定性作用，主要依靠经济手段，通过产业转型升级和产业空间布局调整，带动人口结构和人口分布优化。中心城区选择性地吸引人才流入，形成创新型人才聚集优势，促进高端服务业发展和创新中心建设；外围地区通过完善经济、社会和人口政策，形成有利于技能型人才聚集的环境，为承接都

市圈产业转移创造条件；加强都市圈区域合作，加快外围地区医疗、养老、房地产和休闲娱乐等产业发展，推动社保等公共服务跨区域统筹，促进优质公共资源合理布局，引导老年人口从中心城区向生活成本较低、生态环境较好的郊区新城和外围城市迁移。

三、营造良好教育体系和创业创新环境，培养和聚集高端人才

我国特大城市发展既要注重调控人口规模，又要注重解决高素质人才不足的问题。与国外大都市相比，我国超大城市人口受教育水平相差较大。2010年北京、上海、广州和深圳25岁以上人口中，大学本科及以上学历人口比重分别为26%、16%、9%和7%，低于纽约的36%，如果从研究生学历比重来看，国内最高的北京和上海仅为5%和2%，不及纽约的15%。

"十三五"期间，应当营造激发人才创造力和积极性、释放人才潜能的良好环境，通过提升人才聚集优势增强城市活力和竞争力。一是构建现代化、创新型人才教育体系，既要建设好世界一流大学，也要打造世界一流的基础教育体系，还要注重职业教育发展，形成结构合理、相互协调的多元化人才培育体系。二是把握产业转型升级的契机聚敛人才，通过大力发展战略性新兴产业、鼓励创业创新，实现"产业吸引人才、人才促进产业"的双向良性互动。三是加快人才管理制度改革和发展平台建设，打破制约人才流动的隐性壁垒，扶持创新创业孵化器、企业博士后流动站建设，为人才成长提供广阔空间。

（中国社会科学院 蔡翼飞 熊 柴；
国务院发展研究中心 张晓欢）

实施两大工程，促进新型城镇化发展

　　第一，城市健康工程。"十三五"期间，应从重视城市外观建设到内外并重。我国不少城市外观亮丽，但一场大雨就可使市民苦不堪言，即使是深圳、广州这样的一线城市都屡次遭遇这种状况。建议实施"城市健康工程"，树立"以城市发展引领各项事业发展"的新理念，首要的是加强市政地下管网建设和改造，夯实城市里子。

　　第二，人口扎根工程。人口作为社会发展的慢变量，具有决定性的作用。我国大量存在的"浮萍"人口——不能落户，如同浮萍一般，不利于劳动力稳定供给和合理确定公共服务供给规模。中国统计年鉴（2014）的人口数据是按照常住人口计算的，按照该年鉴 25 页数据，我国 1981 年城镇人口比重超过 20％，1996 年超过 30％，2013 年超过 40％，2011 年城镇人口比重为 51.27％，超过 2010 年的 49.95％，成为一个转折点。但是，如果按照户籍人口计算，我国 2014 年的人口城市化率仅为 37％左右，化地不化人的问题依然突出。"十三五"期间，建议实行"人口扎根工程"，扩大户籍人口规模，实现一亿流动人口从浮萍到扎根的转变。

（广东生产力发展研究会　孙宝强）

关于做好"十三五"时期援疆工作的建议

第一，更加注重从输血向造血转变，更加注重当地自我发展能力和内生动力的提升。以和田为例，和田总人口230万人，其中，有60万富余劳动力和70万贫困人口。和田要在经济上上台阶，要在社会稳定上实现长治久安，要解决脱贫问题，必须首先解决就业问题。在产业援疆方面，我们做了项目安排，并逐年加大力度，但不足以解决就业需求。建议结合当地资源条件，加大央企援疆力度，实施对口帮扶，规划一些上规模、一揽子的项目。

第二，更加注重交流、交往和交融。建议采取措施提高双语交流能力，特别是提高现阶段劳动力年龄人口的汉语交流能力，以增进内地对新疆、新疆对内地的双向了解，提高民族认同感，把民族团结的基础打牢。这对消除隔阂以及极端思想，对促进社会稳定意义十分重大。

（北京市对口支援和经济合作工作领导小组
新疆和田指挥部党委书记、指挥　卢宇国）

城市规划队伍亟待优化

经过近四十年的高速发展,中国已经进入城镇化的后半程。作为经济结构变化的空间反映,物质规划也发生了相应的转型,即从增量规划为主转变为以存量规划为主。存量规划是在限定总量的前提下,解决建成区的各类现实问题,是经济方式由外延式转向内涵式,由粗放式转向集约式的必然要求。存量空间资源利用具有方式多样、任务多线、主体多元、机制复杂的特点,这就意味着以建筑人才为主导的规划队伍不再适用于存量规划。

我国的城市规划知识体系脱胎于以建筑学为主的工程学体系,强调技术手段与主观设计意图。这种适用于愿景式蓝图规划的知识构成与更加注重经济利益协调的存量规划要求并不匹配。存量规划对于经济学、法律知识以及人际交往与沟通能力都提出了更高的要求,工程技术背景的规划从业者并不完全具备面对存量规划内容的素质与能力,而多种学科人员的介入可以确保存量空间资源利用的多重目标与价值选择之间的平衡,有利于规划思路从物质设计向制度设计、从空间规划向政策规划、从工程设计向经济管理的转变。因此,未来我国城市的存量规划首先要优化规划队伍,各种学科背景的人一起做规划,打破学科保护,以保证城市规划工作的严肃性和科学性,为城市存量空间注入新的活力。

(北京大学城市与环境学院 赵 倩)

完善城市规划的建议

当前大多一二线城市处于高速发展期，但由于对城市发展规划不足，"拆完建，建完拆"的现象大量存在，不仅浪费公共资源，最直接的后果是造成出行不便、生活环境质量下降、空气污染加重等问题。在城市化快速发展时期，完善发展理念，做好长远城市规划，加强规划前瞻性，在当下是十分迫切及必要的。要寻找途径解决大城市的拥堵问题，分散城市的职能中心，加强城市的统筹规划管理，在对城市大数据深入调研与发展趋势准确预判的基础上，开展城市建设工作。

（北京语言大学国际关系学院　袁广慕）

避免以损坏基本农田为代价
换取过快的城镇化

近年来，地方政府征用了大量基本农田，多数用来开发房地产。农民没有土地保障，几万元的征收补贴能维持多久呢？花费完这一点点补偿，农民怎么办？老百姓生活没有了保障，必将给社会带来不稳定。虽然法律规定征收基本农田需经国家批准，但是地方并没有切实执行，希望有关部门切实发挥监督作用。希望政府对被征地老百姓负责，给失去土地的老百姓一个生活保障。

（广西玉林市玉州区茂林镇　梁　武）

美丽乡村建设要做到"五位一体"

无论是中央提出的"生产发展、生活宽裕、乡风文明、村容整洁、管理民主"具体要求，农业部发布的中国美丽乡村建设的产业发展型、生态保护型、文化传承型等十大模式，还是浙江安吉的美丽乡村样板：山美水美环境美、吃美住美生活美、穿美话美心灵美，抑或是各地的美丽乡村建设实践，以上都在不同范畴、不同方面、不同角度，全方位、多侧面、立体化地为我们勾勒出美丽乡村建设的标准和内涵。新时期，建设美丽乡村，笔者认为要贯彻落实中央关于"五位一体"的要求，即经济建设、政治建设、文化建设、社会建设和生态文明建设"五位一体"。

一是经济建设。就是要有产业支撑，要结合农民专业合作社、龙头企业发展基础好、产业化水平高的特点，进一步调整升级农村产业结构，发展果蔬经济、养殖经济、特色种植、精深加工、工艺品制作，初步形成"一村一品""一乡一业"，实现农业生产聚集、农业规模经营，农业产业链条不断延伸，产业带动效果明显。过去有句老话讲得好，"无农不稳、无工不富、无商不活"，美丽乡村建设农村是基础、工业是保障、服务要跟上，缺乏产业支撑的美丽乡村建设如同无本之木、空中楼阁。

二是政治建设。就是要加强农村"两委"基层组织建设，发挥好村级党组织在群众中的桥头堡和主心骨作用，着力抓好服务项目建设、矛盾纠纷调处、维护社会稳定、关心弱势群体、党务村务公开以及民生政策的落实等各方面工作,有效治理乡村,维护公平正义。要大力加强农村的道德建设、法制建设、诚信建设和公共服务体系建设,开展星级文明户、好婆婆好妯娌等评选活动,引导大家崇德向善,做文明人、办文明事;要开展普法教育,增强法制意识,加强诚信建设,建立邻里互信和谐互助的人际关系;要进一步改善农村公共服务环境,完善服务设施,提升服务质量,用真情和真心为农民服务,让美丽乡村成为近悦远来的幸福美好之地。

三是文化建设。就是要在建筑风格和文化传承等方面突出乡村特色,保留更多传统美和特质美。要把依山傍水、小桥人家、青砖黛瓦等体现在农村特色建筑中。要着力保护好散落在广大农村的古建筑和古村落,挖掘保留传承稀有的剧种和传统手艺,让老祖宗留下来的物质文化遗产和非物质文化遗产绽放出时代的华彩,以文化人,保留乡土气息,赋予时代精神,使农民群众享有健康的精神世界,建设农村各具特色的精神家园。

四是社会建设。就是要以新农民、新生活、新风尚为依托,改变农民群众原有传统的、落后的生活方式。要吃的健康、营养,穿的大方、得体,住的舒适、安全,行的快捷、方便,不但拥有宅水电路网等基础设施,而且要配套沼气取暖、秸秆气化、垃圾中转、废物回收、污水处理、学校、医院、超市等基础设施,突出家庭和睦、民风淳朴,文明有礼、移风易俗,崇德向善、守望相助,形成讲道德、尊道德、守道德的村风民俗。

五是生态文明建设。就是要把生态文明建设作为一把手工程抓紧抓实,高度重视农村人居环境建设,切实加强领导,科学规划,精心组织,加强农村基础设施建设和环境整治。要以垃圾收集、污水治理、卫生改厕、河沟清理、道路整治、村庄绿化为重点,注重从根源上、区域上解决农村环境问题,联动推进生态人居、生态环境、生态经济、生态文化建设，联动推进区域性路网、管网、林网、河网、垃圾处理网和污水处理网等一体化建设，加快村庄整治以点为基、串点成线、连线成片，使一个个"盆景"连成一道道"风景"。

（河南省三门峡市交通运输局　刘田忠）

关于转变农业发展方式
服务农村经济的个人思考

第一，围绕中心，突出主题，加大政府资金投入力度。

壮大村级财力，已成为农村经济发展首要的现实问题。为此，一方面在做大财政蛋糕的基础上，不断建立健全财政支农资金稳定增长机制，力争新增财政支出重点向农村基层倾斜。加大支农资金的整合力度。在深入基层调查研究，开展试点的基础上，研究制定出台支农资金整合方案，完善财政支农资金使用绩效评价的指标体系，逐步建立以效益为导向的财政支农资金使用机制。另一方面强化项目跟踪管理，突出资金的使用效益，通过一个个支农项目建设投产带动农村生产发展。针对支农资金投入可能存在的千篇一律、搞平均主义、撒胡椒粉等情况，建议加大基层调研力度，强化项目的可行性论证，以各地农村发展实际需要出发，在支农资金规模内因地制宜、按需分配，发挥有限支农资金的最大效益，防止单纯为争取资金而"被项目"。同时强化财政支农资金的监督检查，把支农资金的检查作为财政监督的重点，防微杜渐，不断提高政府支农资金的安全性、针对性和实效性。

第二，提升农业生产技术，促进农业产业转型升级。

大力发展抗旱水源工程，完善农田排灌体系，推广和普及喷、微灌等节水技术，提高农业用水效率。继续通过实施沃土培肥、耕地修复，扎实推进农业综合开发项目建设，改善和优化现有农业生产条件，提高农业综合生产能力。加大农业科技创新和农机购置补贴力度，加大土地整理及高标准农田建设力度，不断提高农业生产规模化和现代化水平，实现农业产业转型升级。针对可能存在的"重建设、轻管护"而导致的农业建设项目效益不佳、农业综合生产能力低下等达不到农业综合开发效果的问题，建议在项目审批前把好项目建设立项关，不断提高农业建设项目的有效性和针对性，力争综合开发一处，受益一片。同时不定期开展项目建设"回头看"，督促项目建设单位加强项目运营维护，并把项目管护情况与新增农业综合建设项目审批挂钩，最大限度地发挥农业建设项目的使用效益，不断提高农业综合开发建设对促进农村经济发展和农民增收的贡献度。

第三，在强化农业生产的同时加大农产品营销力度。

以种植红萝卜为例，通过完善农田排灌体系，推广和普及喷、微灌等节水技术，实施农业综合开发，每亩红萝卜产量可提高到每亩 7 吨左右，但每亩收购价格仅为 5000 元左右，有时甚至亏本（收购价格只有 3000 多元），而同期每亩红萝卜市场零售价格大约在 19000 元左右，市场零售价格与收购价格相差 2.6 倍多。事实说明，加大农产品的市场营销建设迫在眉睫。一方面，根据市场需求采取农业订单"量身定做"，市场（客户）需要什么，播种什么。另一方面，强化品牌意识，借助网络优势，挖掘优化农产品销售渠道，积极构建农产品产销市场，采取"车载蔬菜市场""农超对接"等方式，加快农产品销售步伐。探索培育联系产地和销地的现代农产品批发商，带动整个农业产业链条规范运作，不断提高农产品生产销售商业化运作水平。

第四，提升壮大物流仓储产业，服务农村经济。

随着各地公共交通基础设施的日臻完善，全方位的海陆空交通网络为现代物流产业壮大创造了无与伦比的发展机遇，必然驱动物流产业跨越发展，可以预期在不久的将来物流产业一定是地方经济发展不可或缺的重要支撑。日益膨胀的电子商务交易在给现代物流带来无限商机的同时也日益凸显物流发展瓶颈，由于物流配送能力远远跟不上电子商务交易速度，大量电子商务交易物品囤积在物流仓库，物流周转能力和仓储建设迫在眉睫。随着国家政策的不断实施和房地产市场监管力度的不断加大，涌入房地产市场的资金再也没有那么狂热，开始不断寻求新的投资方向，为此，建议借助这种变化，转危为机，引导资金投向农业仓储物流事业，在科学规划产业工业用地的同时引导、鼓励和帮助有条件的企业发展物流地产，大胆尝试 BOT（建设—经营—移交）、BOOT（建设—拥有—经营—移交）、BOO（建设—拥有—经营）、TOT（移交—经营—移交）、PPP（公私合作 Pubic Private Partnership）、PFI（私营企业建设与经营—政府或接受方付费）、ABS（资产证券化）、BT（建设—移交）等现代融资方式，开发建设经营农产品物流仓库，壮大农业经济。同时利用腾出的闲置厂房经营发展物流仓储事业，力争在优化物流仓储建设布局的同时提高物流周转能力。针对可能出现的农产品物流仓储建设资金短缺问题，能否评估设立物流产业发展基金和构筑城市产业发展政府融资租赁平台，根据物流企业和农产品仓储发展建设的需要，由政府融资平台购买物流仓储设施以融资租赁方式出租给企业，企业分期向融资平台支付租金和利息，按照"建设—租赁—收租—再建设"的模式，在实现基金循环流动和保值增值的同时解决农产品物流仓储建设资金短缺问题，服务农村经济发展。

第五，推进农村综合改革，筹资与减负并举。

巩固农村税费改革成果，建立健全防止农民负担反弹的长效机制。用好用活化解乡村债务优惠政策，在加强审计、摸清底数、开展试点的基础上，对村级债务存量部分，有计划、有步骤地推进化解工作，缓解村级财政压力，减轻农民负担。同时探索建立多元化的农村资金筹集机制。评估设立农业发展投（融）资平台，引导社会和各类金融资金向现代农业和农村发展聚集。一方面，加强与金融机构的对接，鼓励银行开展农村信贷业务，加大农业和农村的信贷投放力度。另一方面，开通农业绿色服务通道，强化工商等领域政府服务，支持现代农业公司发展，直接参与农村基础设施建设和农业产业化，为壮大农村集体经济、增加农民收入和促进农村经济快速发展创造条件。

第六，落实村级公益事业"一事一议财政奖补"试点政策。

规范农村"一事一议"筹资制度，逐步加大对镇级的转移支付和对村级的补助，通过采取财政贴息、以奖代补、"奖补结合"等激励方式，引导民间资金参与农村公益事业建设。针对村级公益事业"一事一议财政奖补"工作推行难度大，政策实施效果不明显等实际问题，建议在加大政策宣传力度的同时，深入基层调研，简化工作流程，提出符合农村实际情况简易的操作办法，千方百计把政策落到实处。为避免可能出现的"一哄而起""虎头蛇尾"等现象，建议在筛选评价的基础上做好"一事一议财政奖补"建设项目库，对拟建项目进行年度规划，在提高资金使用效益的同时不断把试点工作推向深入。

第七，开展"百村示范，村村整治"工程建设，改善发展基础环境。

以小城镇建设为依托，加大环境整治力度，探索建立建设美好家园的政策激励机制，通过布局优化、道路硬化、村庄绿化、路灯亮化、卫生洁化、河道净化，多方改善农村环境面貌。创新设施建设、管理和运营模式，建立健全村级垃圾清扫、收集、转运、处理运作机制，逐步实现区域垃圾综合处理常态化。加快建设农村污水处理、公厕、公路、用电、供水等公共设施建设步伐，整合农业信息资源，为农民提供多样、个性化的信息服务，营造农村发展软环境。

第八，加大农村社会保障投入力度，推进农村福利事业社会化。

加大农村公共福利设施投入，扩大新型农村合作医疗试点，加大筹资力度，强化资金运作机制和系统建设，完善以大病统筹为主的新型农村合作医疗制度，不断探索建立符合农村经济社会实际的养老保险制度。在总结各地成功推行居家养老经验的基础上，积极培育社会养老力量，因地制宜构筑政府主导、产业运作、社会参与、全市支持的多层次社会养老服务体系。一方面，以社会主义新农村建设为契机，在加大政府投入的同时积极创造条件，将养老服务作为一个产业，鼓励民间资金产业化运作养老服务，从土地、财政、税收、人事及贷款等方面给予扶持，在提供更多养老服务的同时帮助农村富余劳动力实现就业。另一方面，积极引导和鼓励各种社会力量开展各种公益性慈善救助活动，不断为困难群众"雪中送炭"。

第九，提高基层政府提供公共服务的财力保障水平。

探索完善市对镇财政体制，强化对镇增收节支的激励措施，增强镇级自我发展的积极性。在落实转移支付制度的同时切实强化基层政府社会管理和公共服务职能，为新农村建设发展提供多方位服务。评估设立镇村发展基金的可行性，专项扶持相对滞后镇村经济发展，缓解镇村财政困难，不断推动农村经济平衡、协调、向前发展。

（福建省晋江市财政局 王天笤）

构建京津冀人才合作路径的建议

人力资源是第一资源，京津冀协同发展的顶层设计、产业对接协作离不开三地人才合作，人才开发和人才合作对京津冀经济社会协同发展具有重大推动作用。建议如下：

一、创新育才合作路径

第一，积极开展高等院校和职业技术院校的学术交流和学生招生培养合作。在京津冀协同发展前提下，京津要加强和河北高校的学术交流合作，积极为河北高校培养高校师资和科研力量，在博士招生、博士后培养、访问学者招生方面给予河北一定优惠，要在高校本科、研究生的招生政策和招生规模上向河北倾斜。

第二，有序开展党政人才联动培养交流合作。异地交流是培养党政人才的一种重要途径，通过各种形式开展三地的党政人才异地交流培养活动。积极开展党政人才外派挂职锻炼活动，要互相选派高级党政人才到三地党政机关上挂。重视党政人才在职学习培训工作，共建党政人才培养基地。

第三，进一步重视企业经营管理人才培养。京津两地名校的培训资源要积极向河北倾斜，河北也要充分利用京津两地的名校资源，定期委派企业管理人员到名校参加高级工商管理研究班等各种形式的在职培训活动，提高企业经营管理人才的理论水平。

第四，稳步推进专业技术人才和高技能人才优势互补培训合作。三地应打破行政区域界限，根据企业需求、各地科研单位（高校）利用专业优势以及培训机构培训专长，通过企业出资金、科研单位（高校、培训机构）出师资的方式联合培养专业技术人才。政府还应出面搭建人才合作培养项目平台，通过依托三地重点项目、重点工程来联合培养紧缺的专业技术人才。

第五，加大农村实用人才和社会工作人才培养力度。要发挥京津两市在农村实用人才和社会工作人才方面的培养优势，整合利用两市高校和科研机构资源，从招生和培养上向河北倾斜。河北要依托本省农业资源丰富和社会工作机会较多的优势，免费或优惠为京津两市提供农村实用人才和社会工作人才培训基地。

二、创新选才合作路径

第一，加强人才市场建设。要打破三地人才流动壁垒，统筹建立三地互流互通的统一的人才市场，为各类人才的流动和选拔录用提供贯通的服务平台。要加强合作，制定和健全三地统一认可的人才市场制度与规定。

第二，建立统一的职业资格认证体系。应加大职业资格认证体系的研究工作，三地职业资格评审部门要主动联手构建职称评审委员会，制定统一的职业资格评审鉴定标准和程序、专家库。

第三，建立健全三地一致的用才考核评价激励机制。要根据区域协同发展的要求统一并分类制定党政人才、企业经营管理人才、专业技术人才、高技能人才、农村实用人才、社会工作人才等各类人才的考核评价制度和人才使用规划，建立健全紧密围绕组织绩效的、能激发人才活力的并保障人才合法权益的评价激励机制，在考核评价中发现人才，在考核评价后选拔人才。

第四，构建规范协同的三地党政人才选拔任用制度。在公务员录取方面，三地组织部门要制定统一的公务员招生选拔政策，实施统一的公务员录取资格考试，实现考试资格互认互通；在党政人才晋升方面，要把到三地交流经历作为党政人才选拔任用的一项重要条件，要把对区域协同发展的贡献作为党政人才选拔任用前综合考核评价的一项重要内容，从干部选拔任用制度上牵引三地党政人才积极为京津冀协同发展服务。

三、创新用才合作路径

第一，应出台用才互助合作政策，疏通用人路径，以人才互助合作政策为基础，以薪酬待遇为调节杠杆，以人才市场为流动载体，统一三地户籍制度、完善三地社会保险关系接续办法，使人职匹配，把人才放到最需要的地方发挥出最大的生产力。

第二，应联合出台引导企业创新用才路径的政策，建立人才使用委托制度、与竞争对手合作使用同类人才制度以及建立跨行业间人才使用制度。

四、创新留才合作路径

第一，应携手打造人才创新创业服务平台和载体，健全"环渤海区域人才协作联盟"峰会制度，统一规划并定期举办京津冀区域人才交流、合作、服务等活动，应该统一规划和优化布局功能完备的人才创新创业载体，按错位发展、优势互补的原则新建一批创新创业孵化平台，吸引和留用各类人才到载体安家落户。

　　第二，要联手推进三地人才服务体系建设。制定区域统一的薪酬激励制度和人才奖励体系，探讨知识、技术、管理等生产要素参与分配的方法，制定统一政策，畅通高层次人才在三地参政议政的渠道。

（石家庄经济学院　白海琦）

关于老区发展的几点建议

近期国家提出的脱贫计划振奋人心，特别是习近平总书记专门提出老区的发展问题，作为革命老区的一名公民，感谢党和国家对老区的关心和照顾，关于老区发展，提出几点建议：

第一，要想富先修路，国家几个老区大多都位于山区或偏远区域，交通问题比较突出，在当今"速度第一"的时代，交通落后严重制约了老区的发展。国家在一些重大交通项目的制定和规划时，应优先考虑老区，而不是绕开老区。没有快捷的交通，外边的企业往往不愿意投资，因此进一步导致贫穷区域越来越穷。举个例子：甘肃、贵州等地的大部分城市都通了城际、高铁和动车，而东部的老区临沂还是绿皮车，出行非常不便。临沂到济南270公里，需要4个小时；到青岛260公里，需要4个小时；到北京600多公里，需要12个小时；到上海700公里，需要12个小时。这样的交通哪个大型企业愿意在临沂大规模投资呢？

第二，国家在制定政策时，最好做到资金专项专用。避免地方为了短时间内出成绩，将一些照顾老区的政策用到其他更容易出效益的地方，使国家的政策空投而无法落地。

（中国电信临沂分公司　王志坚）

建议板块和轴带相结合
加快长江经济带建设

长江经济带是我国东中西开发的主轴，也是我国三大战略之一。2014 年国务院出台了《关于依托黄金水道推动长江经济带发展的指导意见》，现在还在编制长江经济带的规划纲要。因此建议"十三五"规划纲要中对长江经济带单列章节，对加快长江经济带建设加强指导。

在"十三五"规划纲要中要明确长江经济带空间布局。具体而言，在当前以长江三角洲、长江中游、成渝城市群划分上中下游，以区域板块编制有关规划的基础上，"十三五"时期要充分发挥横跨东中西的重要轴带对长江经济带区域发展的引领和带动作用，即以长江为主轴，以沪昆和沪蓉北通道为两翼，构建东中西联动发展、综合协调的长江经济带。长江主轴依托长江黄金水道，加快建设沿江高铁，依托上海、南京、合肥、武汉、宜昌、重庆等城市，建设长江经济带的核心区域。"沪昆"轴带依托杭瑞高速和沪昆铁路，加快建设沪昆高铁，依托上海、杭州、南昌、长沙、贵阳、昆明等城市，建设长江经济带的南线支撑。"沪蓉"轴带依托沪蓉高速公路，加快建设郑万高铁，规划建设襄阳—信阳—合肥的高铁，依托上海、南京、合肥、信阳、襄阳、万州、成都等城市，建设长江经济带的北线支撑。

（湖北大学　汉沈）

以国家级新区为重点
统筹推进国家综合功能平台建设

《中共中央关于制定国民经济和社会发展第十三个五年规划的建议》提出"用发展新空间培育发展新动力，用发展新动力开拓发展新空间。"截至 2014 年年底，国家已批复设立 11 个新区，以占全国 0.17% 的地域面积，承载着全国 1.35% 的人口，创造了占全国 4.29% 的地区生产总值。2015 年以来，国务院又相继批复设立了湖南湘江新区、南京江北新区、福州新区和云南滇中新区。2015 年 1—9 月，国家级新区继续保持了良好的发展态势，从地区生产总值、规模以上工业增加值、地方财政收入、进出口总额等方面均保持了平稳较快增长，呈现蓬勃发展态势，在促进经济发展、扩大对外开放、推动改革创新等方面发挥着示范引领作用。

当前，国家层面的经济功能区有自贸区、综合保税区、自主创新示范区、经开区、高新区等，肩负着从体制机制改革、开放型经济、创新发展、先进制造业集聚等方面各有侧重但相对单一的主体功能。国家级新区是国务院批准设立，承担国家重大发展和改革开放战略任务的综合功能区，覆盖范围广、承载功能全、辐射带动力强。建议以国家级新区为重点，统筹推进国家级功能平台建设，形成区域经济发展的核心增长极。

第一，在发展布局上统筹。目前，全国 15 个国家级新区，已经实现了东中西部和东北地区全覆盖。国家级新区要以"一带一路"建设、京津冀协同发展、长江经济带建设为引领，统筹所在区域内园区、综保区、自主创新示范区建设，形成集约效应，放大发展优势。特别是要将自由贸易试验区在更大范围推广复制工作与国家级新区建设统筹考虑，综合布局，建议以现有国家级新区为基础和核心建设内陆地区的自由贸易试验区。

第二，在规划功能上融合。国家级新区由于规划面积较广，且一般覆盖了国家级经开区、高新区、综保区等平台，综合了产业发展、城市建设、生态建设、城乡统筹、对外开放等功能，集中了创新、协调、绿色、开放、共享发展的各方面。建议将国家级新区的规划功能与其他国家级平台的功能进行有机结合，鼓励新区依托现有的国家级和省级经济技术开发区、高新技术产业园区、海关特殊监管区域等，建设产业集聚区，打造一批特色鲜明的专业园区，不断壮大产业集群，发挥产业集聚优势，提高新区产业综合竞争力和企业经济效益。

第三，在运营管理上整合。要避免各类功能区重合造成的体制摩擦，努力增强工作合力。要不断增强新区行政统筹能力，整合行政管理资源，创新行政管理体制，提高行政效率，进一步拓展新区的辐射带动功能。

第四，在项目政策上倾斜。建议将重大项目优先在国家级新区布局、重大改革率先在国家级新区试点、优惠政策优先向国家级新区倾斜。以党中央、国务院的名义出台《推进国家级新区改革发展建设的指导意见》，召开国家级新区工作会议，建立部际联席会议制度，支持解决新区建设发展过程中的重大困难和问题。

（湖南湘江新区管理委员会　郭丁文）

创新跨区域交通规划
促进区域协同发展

　　根据媒体报道，合宿青铁路项目可行性论证会议近日在合肥召开。该线路途经定远、泗县等皖东北地区进入江苏泗洪、宿迁、新沂等苏北腹地，最终通过鲁南沂蒙地区终到青岛。该条铁路在连接主要城市的同时，重点考虑地区协同发展，沿线不但照顾了明光、泗县、泗洪这类皖北、苏北欠发达地区，也照顾了宿迁、新沂、沂蒙地区等革命老区。该项目的建设将大大缩短合肥与皖北地区、苏北地区、山东半岛的时空距离，对完善淮海地区铁路布局，加强互通互达，方便群众出行和开展区域交流都具有十分重要的战略意义。建议该条铁路在"十三五"期间能够纳入国家规划，争取早日建成，打通东北、胶东半岛直至西南、华南地区的联系。

（江苏泽达园林建设工程有限公司　袁赛亚）

加强西部地区互联互通

第一,加强西部地区内外通道建设。尽快构建相邻直辖市、省会城市之间多种方式的连接通道,使之形成便捷、快速、大容量的客流、物流通道;构筑以重庆、西安、贵阳为节点的向北、向东、向东南、向南跨区域大通道建设,以兰州、成都为节点的向西大通道建设。

第二,加快西南地区铁路通道建设。增建兰州经天水、汉中、巴中、广安至重庆的客运专线,将即将建成的兰渝铁路定性为以货运为主兼顾客运;改造增建或利用既有线路的方式,形成西安经汉中、巴中、南充、遂宁、内江、宜宾、昭通至昆明铁路大通道,最终形成昆明至北京的新通道;改造提速广元经巴中、达州至万州铁路,最终形成兰州向东南通道;规划建设重庆经思南至桂林高速铁路,形成重庆至广州客运专线;启动川藏铁路建设;启动南宁至越南、昆明至泰国、昆明至孟加拉湾国际铁路建设;加快在建及已启动前期工作的铁路建设,尽快畅通大西南铁路运输通道。

第三,加快对老少边穷地区通道建设。对可能途经这些地区的大通道建设,给予倾斜照顾;对人口比较集中的区域,适当规划国内或区域大通道途经该区域。

第四,对国内干线规划选线要有刚性规定。着眼于国土综合开发,着眼于区域协调发展,提高交通设施建设的经济社会效益,使干线尽量不绕行,制定绕行的最大边界距离、辐射人口、建设投资的多方案比较等便于操作的硬指标。

第五，充分发挥大江大河的航运效益。构建沿江沿河串联主要城市的便捷陆路通道，使之很好形成补充。

（重庆 必 元）

建议创新新疆能源开发组织形式

　　新疆是我国为数不多的能源宝地和油气进口的战略通道，能源产业是推动新疆跨越发展极具优势的支柱产业。由于能源产品是关系国计民生的战略物资，根据国家的产业政策，能源资源的开发主要由国有企业实施，所以国有企业特别是中央直属企业始终是新疆能源开发的绝对主力军。这些"大块头"的央企进军新疆能源开发领域，为新疆经济社会发展增添了强劲的推动力，同时也带来了一些诸如央企与地方"两张皮""条块分割"的问题：一是能源资源开发对新疆 GDP 的贡献同对新疆地方财力等方面的贡献很不对称；二是地方政府在能源开发中"话语权"缺失；三是诸多央企隶属关系不同，存在着无序开发和非规范竞争情况。"新常态"下加快能源开发，推动新疆更好更快发展，应当认真贯彻落实十八届三中全会关于"更加注重改革的系统性、整体性、协同性"的部署，按照《中共中央关于制定国民经济和社会发展第十三个五年规划的建议》提出的"推进国有资本布局战略性调整，引导国有资本更多投向关系国家安全、国民经济命脉的重要行业和关键领域，坚定不移把国有企业做强做优做大，更好服务于国家战略目标"要求，着力创新新疆能源开发的组织形式。一是必须巩固发展央企在新疆能源开发中的主体地位，强化中央政府在维护国家能源战略安全中的主导作用；二是必须认真落实中央关于资源开发要更多惠及当地的治疆方略，促进央企扎根新疆，做大做强；三是应当促进新疆能源资源得以科学、集约、可持续开发利用，打造当代中国能源革命的增长点。

根据新疆能源资源的富集程度和开发前景，务实地研究创新在疆能源开发组织形式，可以考虑对在疆能源开发央企进行战略性重组，形成两个足以跻身世界 500 强的现代化、特大型的中央直属产业集团（省部级）：

一是中国西部石油石化产业集团。主要承担新疆油气开发、石化产业和同西部邻国的能源合作，形成亿吨油气当量产能和亿吨油气当量进口，以及特大型石油天然气深加工、精加工的产业集团。

二是中国西部煤业集团。主要承担新疆煤炭煤电煤化工产业开发和优化升级，形成数亿吨煤炭、数千亿千瓦装机、数百亿立方米煤制天然气产能的产业集团。

组建上述两个属于国家国资委序列的特大型产业集团并在新疆注册，有利于更好发挥国家在新疆能源开发中的主导作用，对于推进我国能源革命有着全局性、战略性的意义。对于新疆来说，不仅可以极大地促进能源开发与新疆科学跨越深度融合，使"石油大上、新疆大富"的梦想成真，同时，根据生产建设兵团计划单列后维稳功能明显强化的经验，在新疆布局"重量级"经济实体，对于促进各民族交往交流交融，推动建立"嵌入式的社会结构和社区环境"，遏制和压缩"疆独"势力活动空间都有着十分重要的作用，必然会为实现新疆社会稳定和长治久安的总目标提供更多的正能量。

（新疆自治区委党校教师　姬肃林）

淮河流域发展应列入"十三五"规划
国家级重点发展战略

淮河流域发展要求列入"十三五"规划期国家级发展战略，是因为淮河流域发展已经滞后了，生态环境污染了。现在提出将淮河流域上升为国家发展战略，实际上也是从整体角度上补上短板，从全局上啃掉这块难啃的硬骨头，是让占全国总人口八分之一的淮河人同步实现小康，也是为了不影响全国的全面小康，对全面建成小康社会具有重大意义。

因为淮河流域实地情况的特殊性，需要有相应的措施，建议：

第一，从国家层面统筹规划，综合考虑协同发展，建立跨省区的协同发展体制。

第二，加大对淮河治理和生态环境的保护力度、加强对重点工业污染源的治理、加快城乡污水治理、改善淮河流域水质、加强淮河干、支流湿地的保护发展。

第三，做好淮河这篇水的大文章，要有发展为主旨的新理念。目前已经具备了根治、开发淮河流域的条件，通过工程措施让淮河水可以通江达海，将洪水资源化，做到汛期蓄水、常年用水变害为利，使全流域人民永远不受旱涝之苦，与全国人民同步进入小康。

第四，促进沿淮地区经济一体化发展。长期以来，沿淮地区缺乏省际协调、各自单独体系发展，人为的分割了内在联系。要将沿淮地区内统一组织、协调，特别是交通方面——公、铁、水联动，物流方面上下游统一。将信阳、淮滨、三河尖、正阳关、淮南、蚌埠、洪泽湖、淮安、滨海连为一体，打造成为物流集散体系。区内将发展优势特色产业群，将淮河打造为全国经济增长极。沿淮范围内，可根据当地特产建设各种基地或产业，如食品类基地、能源原材料基地、先进制造业中心。此外旅游业发展也是一大优势，淮河沿岸有历史文化名城、绿荫地带、连片湿地，都能成为旅游乐园。

第五，淮河流域发展上升为国家战略，定位为中东部协调发展示范区，纳入国家总体布局，在重点生态文明建设，城乡一体化、城镇化和现代农业等方面，率先进行体制机制探索。建议中央设立淮河流域发展机构，设立日常办事机构，拟定流域发展战略、规划，以及相关重大政策、协调各项重大问题。

（河南省淮滨县发展改革委　方积玉）

发挥新媒体阵地正能量作用

我国新媒体存在一些诸如"负能量有人赞，正能量无人看"的怪现象，一些新媒体也是一味地追求阅读率，使得我们的新媒体传播阵地变得混乱。在新媒体已经成为大多数年轻人生活当中不可缺少的一部分的今天，我认为，除了积极立法，像习近平主席说的"互联网不是'法外之地'"以外，我们也要把如何在互联网上传播正能量当成一个重要课题，要深度研究如何把党的精神和国家政策与接地气的互联网传播方式相结合，不拘泥于传播形式和手段地传播正能量才是"互联网 +"媒体的未来。放低传统媒体人的身段，不呆板、不高冷、不自说自话，摘下无冕之王的隐形王冠，用互联网思维深入了解传播受众的想法和感受，才是"互联网 +"媒体人的未来。

（《职业女性》杂志出版人　雨　浓）

关于"中国文化走出去"战略的几点思考

我对"中国文化走出去"的思考源于我从事工作的特质。21 世纪初中国推出"文化走出去"战略以来，成就斐然。2015 年 8 月，据孔子学院总部简报，目前，全球有 1400 多家孔子学院和课堂，注册人数总计 170 万。孔子学院总部在《孔子学院发展行动计划（2016—2020 年）》（草案）中提出，到 2020 年，全球孔子学院将达到 550 所，孔子课堂 1200 个。据粗略估算，截至目前，全球约有 1 亿人学习过汉语。目前全国有 346 所大学开设了对外汉语教育专业，培养了 63000 余名本科生或研究生，这 63000 名中国学生就是将来可能从事对外汉语工作的储备力量。

语言是文化的载体，以孔子学院的模式在世界范围内推广汉语是"文化走出去"战略的重要举措、有效举措。但在这一举措实施过程中出现的一些问题需要我们反思。比如，日本所有的国立大学都不接受孔子学院。目前日本共有 9 所孔子学院，分别是与北陆大学、大阪产业大学、福山大学、冈山商科大学、关西外国语大学、立命馆大学、立命馆亚洲太平洋大学、樱美林大学和札幌大学合作开设的，这些大学都是日本的私立大学，而且大学排名并不靠前。美国有的州拒绝开设孔子学院，还有已经开设的孔子学院与总部的合同到期后便不再续签的情况。上述情况意味着，如果一味采取国家财政大量投入、政府主导推动的方式有时会使其他国家警惕、甚至招致反弹。因此我认为，"十三五"时期的"文化走出去"战略应考虑以下几方面：

一、"走出去"战略应以赢得域外民心为旨归

文化影响力的根本特性在于"直指人心"，"中国文化走出去"的目的在于使中国文化、中国模式、中国故事走进他国人民的内心，走进岁月和人类历史深处。目前，世界上存在不同的社会制度和不同的宗教，每个国家的文化不同、利益不同、梦想也不同。如果我们单边强调"中国文化走出去"，也许会招致他国文化的排斥，并被冠以文化侵略、文化殖民主义。

日本世论综合研究所和中国零点研究咨询集团 2015 年 10 月 15 日发布的《第 11 回中日共同世论调查》显示，2013、2014 和 2015 年分别有 90.1%、93% 和 88.8% 的日本人对中国人持反感态度；而在中国，2013、2014 和 2015 三年分别有 92.8%、86.8% 和 78.3% 的中国人对日本人持反感态度。触目惊心的数字告诉我们，建立国民之间的好感和信任任重道远。国家主导推广汉语为中国"文化走出去"打下了良好的地基。与此相并行，为了降低国外对中国国家意识形态的戒备心理，"文化走出去"应该采取一种国家隐退幕后、"民间"走在台前的方式。比如我们可以在海外的大学设立研究基金会，支持汉学研究项目。中国人讲孔子好、讲鲁迅好，外国人未必信服，但是如果他们自己讲，尤其是他们的文化精英讲，效果会比中国人讲好许多。比方说，日本战后，竹内好开启日本鲁迅研究的大幕后，丸山升、山木英雄、伊藤虎丸、北冈正子、丸尾常喜、藤井省三、代田智明等几代日本学人，不断地刷新着日本鲁迅研究的新高度，正是他们本国人的研究和传播使中国鲁迅在日本深入人心。

二、提供可供全世界分享的"核心价值"是"走出去"战略的关键环节

近代以来，西方提出了一些所谓的"全球价值"理论，比如"人权""民主""自由"等，这些观念在世界范围内得到了广泛的认可和接受，而中国文化在世界文化格局中目前处于"价值缺位"的状态。中国功夫、中国菜、中国熊猫这些中国元素"走出去"了，但是中国的核心价值观并没有得到世界各国的广泛认可和接受，中国没有提出可以在世界范围内形成广泛共识的"可分享价值"，为世界提出新的全球治理框架。那么，我们可以提出哪些有别于西方所谓"全球价值"或者说"普世价值"的核心价值呢？我认为从人与人、人与社会的关系建构角度出发，可以提出"和为贵"理念，由"和谐中国"延伸到"和谐世界"。从人与自然的关系建构角度出发，可以提出"天人合一"理念，强调人与自然的和谐相处，这同时也是全世界解决生态问题、环境问题的重要法宝。将中国的价值理念推广为"全球价值"是使中国成为新一轮全球化主导国家的关键性举措。中国要成为有影响力的全球性大国，就要使"中国的价值"成为"全球的价值"，使"中国的理想"成为"全球的理想"，使"中国的文化诉求"成为"全球的文化诉求"。

三、文化"走出去"过程中，必须具有区域国别的概念

"一带一路"战略倡议的提出，体现出最高决策层对于中国进入世界并重塑世界格局的考量，是有具体路径和方式的。这也提醒我们在思考文化"走出去"的时候，必须要有区域国别的概念，必须要了解具体的民族、族群以及宗教的情况。中国文化走向世界，但外部世界既不是

单一的，也不是静止的。如今是多元世界，外部情况十分复杂，"走出去"应该首先谋划布局，要有区域、国别、宗教、语言的具体观念，仔细研究对象国家和区域的政体、经济、宗教、文化、语言等情况，不单是我们深入当地去研究，而且还可以利用当地人来研究。由此可以进一步加强对"走出去"的不同模式进行理论探索，同时也要重视中国文化"走出去"的能力建设和成效评估，"中国文化走出去"要有具体针对性，不能"一锅烩"。

四、提炼产品的文化属性，在"走出去"过程中形成喜闻乐见的中国精神、中国气派

目前，我们强调比较多的是"走出去"，其实并不是所有中国文化都需要走出去，中国文化经典、可以代表中国形象的优秀文化产品是最应该走出去的。我们要先练好内功，做好本体，做出具有文化品格和文化内涵的文化产品。文化产品既有商业属性又有意识形态属性，商业属性是普遍的，意识形态属性是特殊的，因此要将文化管理体制纳入社会主义市场经济体制中去，在坚持意识形态属性的同时，更突出文化属性。韩国的电视剧、日本的动画片在世界范围内得到了广泛的认可和喜爱，是韩日文化成功走向世界的典范。《舌尖上的中国》是我们中国文化"走出去"的经典范例，纪录片从美食角度切入，可以消除其他国家的文化戒备心理，降低文化敏感性和排他性。因此，从内容上我们可以多选择接地气的题材；从传播渠道上，我们可以借助网络平台、移动社交媒体等便捷手段。另外，媒介仪式也是"走出去"的有效手段，可以通过国际展、文化交流节等活动，建构和塑造国家形象。将文化产品的开发、制作、发行、营销、效果调查、反馈做成产业链条，形成合力。

从学术的角度看，目前国家为"走出去"战略推行了"国家社科基

金中华学术外译项目""经典中国国际出版工程""中国图书对外推广计划"和"中国文化著作对外翻译出版工程"等多种项目支持。对于"引进来"的项目支持比较少，似乎不太重视。孔子讲"不患人之不己知，患不知人也"。只有引进国外优秀的文化资源，我们才可以知己知彼。所以我认为"引进来"和"走出去"应该是并行不悖的。我们"引进来"欧美文化、日本文化、南美文化、非洲文化、阿拉伯文化，我们了解对方文化的特点、了解对方的所思所想，我们才能找到一种他们可以接受、认同的方式，真正地走入对方文化之中。

总之，文化"走出去"的过程，既是提升中国文化影响力和感召力、讲好中国故事的过程，同时也是在主动进入多元文化和世界文明语境的征途中，在与欧美文化、东亚文化、南美文化、非洲文化、阿拉伯文化等的对话与竞争中，去创新性地阐释中国文化的基本价值，从根本上超越百年难题的中西文化体用二元论的过程。我们应该以中国模式和中国道路对世界历史文明的贡献为理论出发点，以重新发现中国文化的原创性动力为基础，塑造新的世界文化走向和格局。

（北京语言大学人文学部　于小植）

推动"十三五"期间
文化产业大繁荣大发展

我国拥有历史悠久、丰富多样的文化资源，具备文化产业发展的先天优势和优越条件。但据调查，我国专家和民众普遍认为，我国文化产业发展滞后，文化产品和服务的有效供给相对不足，亟须推进文化产业的供给侧结构性改革。2014 年，我国文化产业增加值仅为 2.4 万亿元，占 GDP 比重仅为 3.8%，远落后于美国 11.3%、韩国 9.8%、巴西 7.9%、俄罗斯 6% 的水平，这也从数据上支撑了文化产业供给不足的论断。

我国文化产业发展滞后的主要原因有：一是我国文化产业的行政管理部门较多，容易出现部门职能交叉重叠、难以协调一致的情况，难以形成统一政令和合力。文化产业行政管理部门有中央宣传部、文化部、新闻出版广电总局、财政部文资办等部门，其中文化部负责对动漫产业的管理，新闻出版广电总局负责对广播影视、出版发行产业的管理。二是我国文化产业的市场化不充分，很多地区还存在政府直接干预或垄断，对民间投资的准入限制过多，导致文化产品和服务的市场供给短缺。三是政府面向人民提供公共文化服务时，采用文化事业单位和国有文化企业直接提供的方式较多，采用政府购买文化服务、政府与社会资本合作（PPP）的方式较少，既不利于为人民提供丰富多彩、喜闻乐见、质量较高、效率较优的文化服务，又不利于带动非公有文化企业的发展。

  "十三五"期间，应当致力于营造有利于文化产业大繁荣大发展的良好营商环境。一是加快文化领域的大部门制改革，优化文化行政管理部门职责划分，强化对文化产业的统一管理，尤其是应对地方政府的文化局、广播电视局、新闻出版局等文化相关部门进行精简合并。目前，一些地方已将文化产业关联管理部门合并为文广新局，但大部分地方尚未合并。二是建立文化市场的负面清单制度，对广播影视、出版发行、演艺、娱乐、动漫、游戏等文化产业，除法律法规明令禁止进入外，均允许社会资本投资兴业，优化在资质认定、登记注册、证照办理、行政收费等环节上的管理，给予非公有文化企业与国有文化企业同等的政策待遇，为社会资本投资提供便利和鼓励。三是在政府对人民提供公共文化服务时，大力推行政府购买服务方式，让专业化的文化企业为人民提供专业化的文化服务。在政府建设展馆、图书馆、美术馆、艺术馆等文化公共设施时，大力推行政府与社会资本合作（PPP）模式，充分发挥民间资本作用，提高公共文化设施运营的效率。

（北京市青联委员 王博雅）

关于完善我国公共文化服务体系的建议

第一，加快推进公共文化服务的法制化、标准化和规范化建设。在法律层面，加快推进《公共图书馆法》《公共文化服务保障法》制定工作；在法规层面，制定图书馆、文化馆等公共文化机构管理条例；在政策层面，完善公共文化机构建设标准、管理办法、服务标准、服务规范、评估标准。

第二，构建现代文化服务体系建设的多级治理体制。成立国家文化产业发展领导小组，构建跨部门协调机制；进一步运用对外文化部际联席会议工作机制，协调政府各部门的对外文化交流活动；整合中央和省两级文化市场执法权，强化基层属地化管理责任，赋予乡镇一级协助管理文化市场的事权与财权。

第三，发挥市场经济在现代文化服务体系建设中的决定性作用。培育和发展社会力量，促进文化服务体系建设；加强制度建设和依法行政，提高机关效能和管理科学化的水平。

（清华大学公共管理学院　潘雅婷　潘翻番　叶志鹏
李　蹊　肖　磊　殷浩淳）

关于历史文化名镇名村保护的建议

目前，我国在保护历史文化名镇名村的过程中存在诸多问题，建议采取如下措施：

第一，保护修复的资金来源比较单一，单靠国家财政拨款无法做到面面俱到，可以尝试引入民间资本，共同管理与保护。

第二，在修复开发的过程中存在严重同质化现象，没有体现出不同历史文化村落的不同文化底蕴与文化内涵，建议考虑避免单一的旅游开发，引入高校科研力量恢复古村落历史内涵。

第三，修复与保护过程中常出现原住民被迁出，使得村落缺失原有的生活气息，建议采取原地保护开发的策略，提高原住民生活水平的同时，也让原住民意识到只有共同保护好现有历史文化建筑才能吸引更多游人，让更多人体验到历史文化村落独特的魅力。

（北京大学城市与环境学院　罗　毅）

加强传统文化教育的建议

建议由教育部牵头，在各大中小学校分批分级开展各类具有中国特色的传统文化教育，并组织编写一套适应各个年龄、各个教育层次的教科书及其相应的教学大纲，让每个阶段的学生都深入了解相应的传统文化内容，掌握几种经典的传统文化艺术形式。还可考虑在时机成熟的时候纳入相应的升学考试内容。

（中国社会科学院研究生院 赵德宇）

打造高端民族文化品牌

供给与需求不匹配、不协调和不平衡是我国经济现阶段的主要矛盾，而矛盾的主要方面在供给侧。随着人们生活水平的提高，对高品质的健康服务及文化需求日益增强。因此需要进行产业化整体布局，对相关的供给和推广推陈出新，实施结构性改革，将政策支持、资金扶持落实到位。重点整合树立几个高端民族品牌，培育出更多更好的新产品，例如将太极推广成像瑜伽那样的全球流行的产品，把产业链打造起来，使之真正为国家经济发展贡献力量，为中国人民、世界人民带来更多实实在在的好处。

（北京元海太极拳文化有限公司董事长　刘彦英）

加大电子书"走出去"支持力度

我国历史上就是世界出版大国和文化输出大国。近年来，随着国力增强和我国在世界影响力的上升，"走出去"战略取得突出成效，中国出版业在世界的传播力、影响力不断扩大。近几年来，与纸质书市场衰退相比，世界主要出版市场电子书均呈现强劲增长态势，特别是在移动设备尤其是智能手机增长的驱动下，数字阅读量急速增长。据调查统计，英国是欧洲目前最大的电子书市场之一，其智能手机的覆盖率有望在未来 5 年中升至 75%。美国电子书的销售额将在 2017 年超过纸质书达到 82 亿美元，而纸质书的销售额至少会在未来几年中减少一半以上。其他欧美国家和大部分新兴经济体，对电子书的需求也明显上升。目前国家出版物"走出去"政策主要支持纸质图书。面对全球阅读市场变化，适应"互联网＋"大数据时代发展，建议"十三五"规划进一步明确针对电子书"走出去"的支持政策。具体主要在三方面给予政策和资金扶持：一是纸质图书的数字化转换和电子书国际化标准格式转换，这个转换数量大、成本高，单靠企业是难以承担的；二是技术研发，包括电子书自然语义分析和搜索、推送及大数据统计分析等核心技术开发；三是电子书推送平台和渠道建设，利用和开发多种渠道，建立以中国企业为主导的电子书销售网络。

（国家新闻出版广电总局　宋建邦）

关于"十三五"弘扬中华传统文化的
思考与建议

　　习近平总书记强调：要继承和弘扬中华传统文化，弘扬中华传统美德，弘扬时代新风，振奋中华民族精神。这一重要论述体现了我国对弘扬中华传统美德、扎实推进社会主义核心价值的高度重视，此举对实现中华民族伟大复兴的中国梦，具有十分重要的意义。

　　我国推进和谐社会的建设，需要以传承和弘扬中华传统的美德做基石。道德是社会关系的基石，是人际关系和谐的基础，而孝礼文化正是一切道德的基础。正所谓"孝乃德之本"，一切道德的根本都来自于孝，以孝而生善，以善而生仁、义、礼、智、信。《礼记·大学》有云："古之欲明明德于天下者，先治其国；欲治其国者，先齐其家；欲齐其家者，先修其身……身修而后家齐，家齐而后国治，国治而后天下平。"以此可见，修身、齐家、治国、平天下这几者之间是一种循序渐进的关系，它蕴含着对道德养成的秩序性的思考。所谓"物有本末，事有终始，则近道矣"，真正完美逻辑程序的根本就是"修身"，而修身的起点就是对孝礼文化的学习、推广与践行。

一、"孝"与"礼"的文化价值

"孝"与"礼"作为两种和而不同的社会意识形态，都是随着人类社会的产生而产生的。我国最早的诗歌总集《诗经》中有"率见昭考，以孝以享"之句，而在论语中孔子已经提出"为国以礼"的思想。

"孝"在中国最初的意义是人们在生产劳动、与自然不断斗争中祈求平安而进行的祭祀活动，自西周开始，逐渐由宗教向伦理意蕴转化，后经曾子、孟子等历代儒家不断完善，孝文化从此全方位展开。直到汉代"以孝治天下"开始，历代统治者为建立稳定的社会秩序都以"孝"为治国钢绳，故《孝经》说"王以孝治天下"，而孝也由此从伦理学进入政治学，把孝作为安邦定国的基础，这是古代中国的治国特色，也是中华传统文化的核心基础。

"礼"的起源，自于人情，"人情之实也，礼仪之经也，非从天降也，非从地出也，人情而已矣"。礼的原始意蕴中包含礼俗之义，即风俗、习惯的意义，后转变成一套规范体系，准则体系。"道之以德，齐之以礼，有耻且格"，按照"礼"的规范和原则处理人与人之间的关系，它是以文明为先导对社会制度和人的精神道德的综合治理，加速了中国社会的文明进程。

二、孝礼文化的社会价值

孝礼文化并不是完全分开的两个部分，二者相辅相成又和而不同，它们不仅在历史上有着举足轻重的作用，在现代文化的发展中，更清晰地体现出它们的价值。社会在进步，人的意识也在进步，要更好地经营一个小家庭，一个大国家，从而实现"平天下"，就应该从孝礼文化入手。孙中山先生曾说过："现在世界中最文明的国家，讲到孝字，还没有像中国讲得这么完全。所以孝字更是不能不要的。能够把忠孝二字讲到极点，国家便自然可以强盛"。然而，在传统生活方式日益解体的今天，其覆盖传统文化的意义也在随之消失。从伦理的角度来看，孝道中的孝亲思想不能说是封建社会独有的思想文化，应该是我国社会发展中一个永恒的课题。"修身、齐家、治国、平天下"离不开孝与礼的文化根基。

三、推广孝礼文化的几点建议

1. 立足中华文化根脉，唤醒文化基因，让传统文化走进群众心里

在"十三五"期间，我们要进一步深刻理解传承弘扬传统文化的根本意义，并从实际中，加强全国社区建设，以孝礼文化为核心起点，以多种传统文化的形式走进群众，深入民心。中国传统文化博大精深，首先找到文化的基点——孝礼文化，通过社区文化建设，以孝礼文化主题为核心，以多种形式将中国传统文化展开，引导人们向往和追求讲道德、尊道德、守道德的生活，形成向上的力量、向善的力量。引导百姓重视家庭建设，注重家庭、家风，紧密结合培育和弘扬社会主义核心价值观，使中华民族传统家庭美德发扬光大，使千千万万个家庭成为国家发展、民族进步、社会和谐的重要基点。

2. 传承中华传统文脉，培养文化土壤

在"十三五"期间，为了让文化融入当代生活，让文化的传承与当代人接轨，可以建立"园林＋国学堂"的模式，将公园清理所腾退的存量用房有效利用起来，作为中华传统文化传承场所，不但可以节约政府大量政府投资，使得中华传统文化真正地融入到社区群众中，也进一步加快我国传统文化传播的速度和体现中国文化承载的独有内涵。

3.着力统筹谋划，构建文化传承体系

首先，建立研究基地，以儒家文化为重点，扶持建设一批优秀的传统文化研究基地，大力推广"园林＋国学堂"模式，把"园林中的国学堂"模式作为弘扬传统文化的重要阵地。其次，完善非遗保护，通过园林中的国学堂和社区群众文化的结合，将传统文化的传承和发展纳入百姓日常生活，使其渗入群众的思想意识中。同时，建立中国传统文化传承体系的人才培养机制，真正建立起与传承弘扬传统文化相匹配的文化人才支撑体系。

我们将切实落实总书记提出的："使中华民族最基本的文化基因与当代文化相适应、与现代社会相协调，以人们喜闻乐见、具有广泛参与性的方式推广开来……努力用中华民族创造的一切精神财富来以文化人、以文育人"。

（北京工商大学　赵　珂）

踏上文化复兴路　唱响和平中国梦

按照大国发展史的普遍情况，大国崛起一般遵循以约三十年为一个跨度的三部曲，即政治（军事）格局重新平衡、经济建设为中心（休养生息）、文化复兴加速（民族意识觉醒），每一部曲的时间约为三十年。结合我国发展史，"十三五"时期，我国将迈上文化复兴之路的起点。习近平总书记召开全国文艺座谈会，也证明了中国文化复兴征程的开启。"十三五"时期直至未来 30 年，我们将从"洋为中用"的文化时代，走向"中为洋用""中西一体"的文化时代。

大国崛起之政治革新（1949—1978 年）。1949 年，中华人民共和国成立，此后直至 1978 年的约三十年，中国共产党在政治制度构建中探索前进，巩固了具有中国特色的社会主义政治制度。期间，虽然在前进道路上遭受了一些挫折，但我国与所有新建立国家一样，需要一个政治稳定的缓冲期。这为中国 1978 年改革开放奠定了一系列不可或缺的政治制度基础。

大国崛起之经济繁荣（1978—2011 年）。1978 年，在中国已经成为政治稳定、国家主权独立的大国后，党的十一届三中全会启动了中国人民期待已久的改革开放，为世界产业转移向中国开启了国门，中国共产党领导中国人民开始了新的开放发展时代，成功搭上了东亚经济崛起的快车。2011 年，中国跃升为仅次于美国的世界第二大经济体，城镇化率超过 50%，整体上正式步入城市社会。

大国崛起之文化复兴（2012—2050年）。2012年党的十八大召开，习近平总书记提出"两个一百年"奋斗目标，实现中华民族伟大复兴的中国梦从此响彻全球。目前，距离中国共产党成立100周年的2021年"全面建成小康社会"还有5年时间，距离中华人民共和国成立100周年的2049年"建成富强民主文明和谐的社会主义现代化国家"还有33年时间。我国正走在中华民族伟大复兴的路上，也走在中华文化复兴的路上。

鉴于此，"十三五"时期，我国应重视文化复兴，为2049年建成世界文化强国打下坚实基础。

对内，应坚持社会主义先进文化的前进方向，坚定文化自信，增强文化自觉，用中国梦和社会主义核心价值观凝聚共识、汇聚力量，加快文化改革发展，扶持优秀文化产品创作生产，繁荣发展文学艺术、新闻出版、广播影视事业，为人民提供更加丰富的文化食粮，努力建设社会主义文化强国。

对外，加强国际传播能力建设，加强国际话语体系建设，着力打造融通中外的新概念和新表述，形成富有吸引力和感染力的中国话语，拓展海外文化市场战略布局，扶持国家对外文化贸易基地、海外文化贸易促进中心、境外文化贸易合作区建设，讲好中国故事、传播好中国声音、阐释好中国特色，推动中华文化"走出去"。

（国务院发展研究中心、新疆大学文化发展研究中心　张晓欢；
北京工商大学　赵　珂）

关于重视家教家风的建议

一、深刻理解习近平总书记关于家教家风讲话的重要性

习近平总书记在 2015 年春节团拜会上，就家教家风问题做了十分重要的讲话。习总书记的讲话引起强烈反响，中央纪委网站专门开辟了"中国传统中的家规"专栏，介绍了包括"江南第一家"的郑义门、浙江金华兰溪诸葛村等，许多媒体都在关注家教家风话题。

习总书记的讲话很有针对性，现在家教家风存在很多问题，包括父母望子成龙、望女成凤的片面教育，留守儿童无人教育，忽视道德教育以及有的父母负面的言传身教等问题。尤其一些党政干部，身负重任后，也不重视家教家风，不仅自己走上犯罪道路，还将妻子、儿女及其他亲友带入犯罪深渊的不乏其例。他们的家族式腐败对社会风气造成了极坏影响。可见，家教家风问题绝不只是个人、家庭或家族的问题，而是关系到党风、政风、民风的重大问题。因为家庭是社会的细胞，父母是人生的第一任老师。家教是一个人从幼年，甚至是从胚胎开始，由亲情、最主要的是由母亲给家庭生命的传承者——自己的后代传递的最无私的爱和希冀，形成的有益于一个人融入社会行为的规范或规矩；这是一种最温馨的教育，缺少这种教育会给人造成终生的心理缺陷和遗憾。这种来自亲情的教育是人最容易接受的，也是终生难忘的；同时，还因

人在幼年时期头脑单纯，好像一张白纸，画下的痕迹是最深刻的。因此，家教家风会影响一个人的终生，对不少日后参与社会管理的人来说，还将影响社会。因此，从我国的实际来看，要使党风、政风、民风都得到根本好转，并能长久保持，必须从重视家教家风做起。

二、培养什么样的家教家风

1. 培养理想志向

习近平总书记强调："少年儿童从小就要立志向、有梦想、爱学习、爱劳动、爱祖国，德智体美全面发展，长大后做对祖国建设有用的人才。"习总书记讲话的核心就是要加强少年儿童的理想志向教育。一个人，尤其是青少年，只要有了正确的理想志向，就会远离低俗，昂扬向上，具有前进的不竭动力。古往今来，凡有大成就者，青少年时期必有宏伟志向。周恩来青少年时期"为中华之崛起而读书"；毛泽东青少年时期说"吾人之大志，欲改造中国与世界"。所以，他们能成为一代伟人。随着我国改革开放取得的巨大成功，千万个家庭的生活在不断改善和提高，在这一大背景下，一定要让青少年怀更大的理想，树更大的志向，为国家、民族更加富强而奋斗。

2. 加强感恩教育

感恩教育是一种以情动情的情感教育，是一种以德报德的道德教育，是一种以人性唤起人性的人性教育，是一种以善良回报善良的思想教育。一个人从生命孕育开始直至离开人世，无时无刻不在接受来自家庭、社会、自然等的恩情，对恩情的体验最为深刻。因此，无论在何种情况下，感恩意识都是道德体系中最容易被唤醒的，是启发人的道德良知的灵丹妙药。感恩的本质和核心是善，失去或缺少了善，感恩就无从谈起。一个人在青少年时期心中种下善良的种子，不仅有利于自己，也会有利于家庭和社会。

3. 加强勤俭节约教育

勤劳和节俭是中华民族的优良传统，也是造就一个有用之才的必经之道。勤劳才能获取财富和知识；节俭才能积累财富和养成美德。资料显示，曾国藩家族至今八代共出有 240 多位优秀人才，就在于曾国藩倡导了勤俭的良好家风。他在家书中讲得最多的就是勤俭两个字。他苦口婆心讲述要勤俭的缘由："吾细思凡天下官宦之家，多只一代享用便尽，其子孙始而骄佚，继而流荡，终而沟壑，能庆延一二代者鲜矣。"李嘉诚要求儿子生活上克勤克俭，不求奢华。他给小孩零花钱时，先按10%的比例扣下一部分，名曰所得税，这样让小孩知道钱不是想要多少就可以得到多少，用钱时要节俭。

4. 培养艰苦奋斗精神

"自古雄才多磨难，从来纨绔少伟男"。一个成就大事业的人，必须经受苦难的磨砺，于磨难中吸取经验，才能创出自己的事业。俗话说："娇子不如杀子"。娇养只会使后一代弱不禁风，俗话说，温室里的花朵经不了日晒雨淋。"猪圈岂生千里马，花盆难养万年松"。这些都是经验之谈。过去讲"侯门多荡子"，现在可是"奢门多败子"。所以，富裕的澳大利亚人有句名言："再富也要'穷'孩子。"要多给子孙后代留精神财富，世界许多政要人物相约不给子孙留金钱财富。

5. 重视学习能力的培养

父母不能包办孩子一生的事情。父母对后代最大的爱是其精神的塑造和能力的培养；父母对孩子终生有用的东西不是物质财富，而是正确的人生观和学习能力的培养。"授人以鱼不如授人以渔"，只有善于学习的人，才能应对人生的各种挑战。而我国的现实是父母包办太多。有位教育家说过："做父母的最好只有一只手"。意思就是说父母对孩子不要包办太多，要让孩子自己动手。同时，要让孩子养成自主学习的习惯。叶圣陶先生说过："什么是教育，简单一句话，就是要养成良好的习惯。"

三、如何培养良好的家教家风

1. 始终贯彻社会主义核心价值观

社会主义核心价值观 24 个字分为国家、社会、个人三个不同层面。国家层面的富强、民主、文明、和谐和社会层面的自由、平等、公正、法治都是建立在个人层面的爱国、敬业、诚信、友善基础上的。一个社会，如果没有社会成员个人的这些美德，社会层面和国家层面的核心价值观就无法支撑。而个人层面的核心价值观主要是通过家庭培养的。这与儒家伦理是相一致的。按儒家伦理，先修身齐家才能治国平天下。良好的家庭教养，使人获得进入公共社会的基本品质，然后才能更好地服务社会和为国家富强做贡献。可见，家风向民风辐射，民风向社风延伸，社风集中反映于政风和党风。亿万家庭的良好家风的汇聚，体现的就是社会主义核心价值观。

2. 党政干部要带头建立良好的家教家风

中国有以吏为师的传统。自古以来，中国历史上不少著名士大夫家族都有良好的家教家风，其后代大都十分杰出，成为后人的楷模。如中纪委网站推出的浙江金华兰溪诸葛村，居住的都是三国蜀相诸葛亮的后代，资料记载历朝历代的诸葛亮后裔中没有出过一名贪官。能如此，应与诸葛亮留下了著名的《诫子书》不无关系，告诫后代要淡泊明志，宁静致远。中纪委推荐的位于浙江金华浦江县的"郑义门"也是如此。还有如宋朝的司马光、岳飞家族等。这些官宦家族严于律己，精忠报国，对中华民族的繁衍起了很好的引领作用。今天，以为人民服务为宗旨的党政干部，不仅自己要作为表率，还要管好自己的身边人，建立良好的家教家风，并向社会宣传自己的家教家风，为邻里、亲友、同事及社会起好表率作用。

3.各级党政干部学校、共青团、妇联、关工委、妇女儿童工作委员会、精神文明办等都要重视家教家风

各级党政干部学校要开设家教家风课程。一是要认真学习和深刻理解习近平总书记关于家教家风的重要讲话及意义，理论结合实际，从正反两方面的典型案例深入剖析党政干部家教家风存在的问题。二是探索家教家风与党风、政风、民风的内在联系。使广大党政干部认识到，凡出问题的党政干部，大都与缺乏良好的家教家风有关。三是结合中国传统家教家风，如孝文化、勤俭节约、吃苦耐劳、精忠报国等对党政干部进行家教家风教育。四是组织学员参观家教家风点，如中纪委推荐的浙江郑义村，诸葛村等。各级共青团、妇联、关工委、妇女儿童工作委员会、精神文明办等都要重视家教家风，将建立良好的家教家风作为本部门、本系统党政干部和员工的学习内容，要求他们重视家教家风，建立自己的家教家风，通过他们影响社会和千千万万的家庭。

4.党政机关要将家教家风作为干部教育的重要内容

党政干部的家教家风很大程度上会在党政机关的形象、风气上反映出来。因此，党政机关要重视本单位员工的家教家风教育。一是机关要将家教家风作为学习的重要内容。要求党政干部严于律己，塑造自己的贤配偶，严管妻儿及"身边人"，防止这些人利用领导的权力和影响为其个人谋利。二是请对家教家风有研究的老师到机关举办关于家教家风的讲座；请家教家风好的典型到单位介绍经验。三是在机关内部开展家教家风评比活动，对那些家庭和谐、教育子女等方面做得好的如"五好"家庭给予表扬和物质奖励，树立学习典范。

5.国民教育系统要将家教家风的内容贯穿于各级各类学校

家教家风的内容实质是国民教育的思想品德教育的内容。因此，国民教育系统要将家教家风内容对不同阶段的学生进行差别化教育。对于学前的幼儿要以儿歌、动画片、视频、漫画等形式进行家教家风教育。

小学阶段，主要应通过讲述伟人、名人的故事等形式进行教育；在实践上，应要求学生热爱劳动，经常帮助父母做家务等。在中学阶段，除讲家教家风故事外，还应选取《孝经》《朱子家训》等部分内容及相关文章学习。大学阶段，要普遍开设家教家风课程和讲座，在培养学生正确的价值观和人生观的同时，使他们重视亲情、感恩家人、老师和社会。

6. 各级宣传部门要重视家教家风的宣传

建立良好的家教家风离不开对家教家风的宣传。一是要充分发挥各种传播渠道的舆论导向作用。电视、广播、报刊等传播渠道要积极宣传孝敬父母、尊敬师长等家教家风。二是加大家教家风公益广告的宣传力度。通过电视、广播、网络等渠道展示和进一步提高家教家风宣传效果。三是街道、社区、农村村镇要充分利用墙报、宣传栏介绍家教家风做得好的家庭，张贴关于家训语录和标语，使家教家风成为广大民众学习的重要内容。四是利用各种媒体举办讲座，介绍和宣传家教家风，宣传家教家风好的家庭，树立典范。五是利用报刊、杂志开辟家教家风专栏，进行家教家风征文，出版发行这方面的专门杂志、优惠出版专门著作。六是开展文明家庭、和谐家庭、学习型家庭、良好家教家风家庭等创建活动，结合城乡文明建设带动家风培育。要建立家教家风宣传长效机制，使全社会都重视家教家风的培养。

（广东省委党校教授、广东省人民政府参事　黄铁苗）

把中华传统文化经典著作列入
国民教育体系的必修课

中华民族传统文化经典是民族精神的之魂，是民族力量之源。中华民族核心价值观存在于两千年来传诵的《三字经》《论语》《孟子》《大学》《中庸》《周易》等经典篇章之中。中华民族传统文化经典教育是延续了两千年的、被实践证明是行之有效的人伦教育、修身教育、人格教育，培育了历代具有至大至刚人格的先哲先贤，以及爱国爱乡的中国人。古人云"不立规矩，无以成方圆"。童蒙时期接受传统文化经典教育好比为一个人做人"立规矩"。有了这个"规矩"，才能够"成方圆"。因此，中华民族传统文化经典教育是真正的素质教育。

中国是世界上文化传统最深厚的国家之一，建议高度重视传统文化经典的教育，从以下几个方面着力：

第一，从国家立法层面着力。由全国人大对教育法进行修订，将优秀民族经典文化纳入国民教育系列，作为国民教育基本内容，落实到学校教学大纲和课程内容中去。

第二，从教学实践方面入手。小学利用早读时间读《三字经》《百家姓》《千字文》《千家诗》《唐诗三百首》等，不要求考试；初中选择一些《论语》《孟子》中关于修身的章节；高中将《论语》《孟子》《大学》《中庸》作为必修课。

第三，从师资方面重视。从现有教师中选拔，提倡教学相长。推动师范大学加强对这方面人才的培养。

第四，从制度层面推动。编制《国民教育系列民族经典文化目录》，供教材编制时选择。利用中考、高考和公务员考试等国家考试指挥棒来推动，增加对国学知识的考题比例。

总之，将传统文化经典教育纳入国民教育体系已是当务之急、刻不容缓。它关系到提高中国文化软实力，关系到重建民族核心价值观，关系到延续中华民族文化命脉和精神命脉，关系到提高全民族文化认同，关系到中华民族的伟大复兴中国梦的实现。

（辽宁沈阳市　石　宁）

关于"十三五"时期高铁建设的建议

1. 玉林市地处广西东南部，与广东接壤，上接西江流域，下接北海湛江，具有良好的区位优势。目前玉林常住人口 650 万以上，外出务工经商人口 100 万以上，是全国著名的侨乡，对外交流频繁。但是高铁建设滞后于全国及本省其他地区。希望尽快解决玉林人民无高铁出行难的紧迫问题，使玉林跟上全国发展的步伐。具体建议：一是短期缓解方案，即尽快上马洛湛铁路永州至玉林段的电气化双线改造工程，满足玉林至广州的动车需求。二是从长远考虑，建议解决桂林—玉林—湛江之间的高铁联通问题，尤其是玉林—湛江的高铁联通问题。玉林与湛江两地交流频繁，目前仍依靠 20 世纪 50 年代修建的黎湛铁路，运能严重不足。建议修建黎塘—湛江的客专，实现黎湛铁路客货分离。

（中国科学院苏州医工所　李立建）

2. 建议将洛湛铁路永州至玉林段扩能改造列入"十三五"规划，按照 250 千米 / 时标准一次性建成双线电气化国家一级铁路，其重要意义在于：一是彻底解决玉林 700 万人民群众出行难问题，推动该市经济发展；二是广西可通过南广高铁至梧州北山形成第二条北山高铁通道，促进区域协调发展；三是该铁路在贺州与贵广高铁交会，形成湖南通往珠三角第二高铁通道，大大缩短娄底、邵阳、永州等湖南人口大市到达珠三角的时空距离，有力拉动湘中西经济发展。

（梧州工业园区投资开发管理有限公司　罗昌庆）

3. 汉巴渝高铁是连接长江经济带和丝绸之路经济带的战略纽带和重大骨干工程，可以结束广安、巴中等革命老区不通高铁的历史，成为全国综合运输大通道和区际铁路干线通道的重要组成部分，对进一步推进区域经济合作，完善西部地区铁路运输网络，推动沿线经济社会追赶跨越、加快发展均具有十分重要的意义。为此建议：第一，将汉巴渝列入国民经济和社会发展第十三个五年规划；第二，加快审批汉中经巴中至重庆高铁项目建议书；第三，推进汉中经巴中至重庆高铁项目早日开工建设，力争汉中经巴中至重庆高铁项目在 2017 年左右开工建设，在"十三五"期间建成通车；第四，积极利用在建的西成高铁线路经西安—汉中—重庆—贵阳—南宁—海口线路，该线路优于西安—安康—重庆—贵阳—南宁—海口线路，有利于资源合理配置，避免重复建设。

（巴中农村　彭柳儿）

4. 巴中是革命老区、贫困地区，需要高铁大通道规划与建设，利于与外界缩小差距，有利于巴中经济发展、人员往来。希望规划建设：第一，西安到重庆高铁线路过巴中，规划建设汉巴广渝高铁，帮助西部地区融入全国高速铁路运输网；第二，成都到郑州高铁过巴中，规划建设成都—三台县—南部县—巴中—万源—十堰—信阳—合肥—南京—上海高铁，形成新的沪蓉高铁网，可在十堰站接郑州到重庆高铁和郑州到北京高铁，形成新的北京到成都高铁网；第三，建议以上高铁标准时速350—380 千米 / 时、双线。

（杨　伟）

5. 宁西高铁沿线城市人口众多，西安、南阳、信阳、六安人口均在 600 万以上，途经经济欠发达的皖西、豫南、豫西南、伏牛山区贫困县、陕东南、关中及南水北调中线工程水源地、秦巴山区、大别山区等中西部区域。宁西高铁是这些地区经济发展不可缺少的基础设施，有助于带动沿线区域经济社会发展。高铁有助于加强西北、华北、西南与华东、中南等地区的交通联系，将直接串联上海、南京、合肥、西安、兰州、西宁、乌鲁木齐七大省级行政中心，对于落实丝绸之路经济带战略，加快实施长江经济带、中部崛起和西部大开发等国家级战略具有重要价值。宁西高铁最大的优势就是线路短，几乎一条直线连接西北和华东，在西安至合肥之间与现存线路相比都能节省大量路程，优化路网作用非常显著。

（中国中铁　王伟；南阳二机集团　李儒峰；淘宝电商　李　品）

6. 建设宁西高铁合西段符合国家战略决策，符合时代发展，符合人民群众利益，产生的经济社会效益有：第一，有利于带动沿途 46 个国家级贫困县脱贫；第二，可以辐射 5000 多万人口；第三，将成为长三角到大西北的最快捷通道，担起现代丝绸之路的主动脉，落实中央"一带一路"的发展愿景；第四，可串联六大省会城市；第五，有助于促进东中西部协调发展。总之，宁西高铁作为中国铁路"八纵八横"重点的一横，对于全国路网布局完善尤为重要，应当尽早立项建设。

（东莞市台铃车业有限公司　李红晓）

7. 建议修建时速 350 千米的西安—商洛—南阳—信阳—六安—合肥—南京高铁线，其意义在于：第一，宁西高铁是丝绸之路经济带的桥头堡西安和长江经济带的龙头上海之间最便捷的铁路通道，对于贯彻"一带一路"战略意义重大；第二，宁西高铁经过南水北调中线工程水源地丹江口水库的核心区、国家秦巴山区连片扶贫规划区域及国家大别山片区发展与扶贫规划区域。对于提高库区经济发展水平，改善群众生活条件和扶贫济困、缩小地区差异作用显著；第三，以陇海高铁为主轴，宁西高铁为副轴，"双轴联动"将有利于加快中原经济区建设。

（嘉能科技　习　程）

顶层设计上层统筹还是要起作用

目前，全面建设小康社会已进入关键时期，如何让革命老区的秦巴山区众多人口走出贫困，摆脱因交通环境受限而长期难以脱贫致富的难题，规划建设成绵巴万源安康高铁意义重大，是一项功在当代、利在千秋的民生工程。成绵巴万源高铁即规划新建一条连接成都经过德阳市绵阳市至万源市的高速铁路，地图上大致走向为成都青白江国际铁路港—德阳市—绵阳市—巴中—通江—万源—安康—十堰市，对接西武高铁、郑万高铁。修建成绵巴万源高铁有利于提升对外开放水平，有效对接"一带一路"战略。有利于优化四川铁路路网，形成新的经济产业发展带。有利于促进老区经济建设，让沿线人民共享改革成果。该铁路所经地区，大多为革命老区秦巴山区。该地人民为革命作出了巨大的奉献，输送了大量的人才。在改革开放的今天，该区域内大部分地方仍然贫穷落后，亟须改变发展面貌。该区域旅游资源丰富，尤其是红色旅游资源丰富，自然风光秀丽，旅游产业有极大的潜能可供挖掘。该区域长期的落后，主要因素还是严重受制于交通问题，远离交通主干线，经济社会长期得不到较快发展。如果国家能在交通规划上给予倾斜，将有效地推进该区域的发展，彻底改变这些人口大县长久以来的交通落后、经济落后的局面，让沿线人民共享改革所带来的成果。

（四川省成都市高新区　　胡　敏）

网友建言十一条

1.中国讲求以和为贵,"和"在当今社会的理解就是和谐,就是协调,就是步调一致的往前迈进。发展需要两条腿协作努力,总理讲中国要发展好双引擎,那么搞好双引擎的协调发展,就能更好地建设祖国,尽早实现中国梦。

(中国政府网网友 中国梦)

2.党中央"十三五"规划建议中"推动物质文明和精神文明协调发展"提及文化发展事项,其中涉及公民个体的内容包括德智体,唯独没有"美"。建议在"十三五"规划《纲要》起草中,充实"美"的内容,明确提出"加强美育教育"。因为美与德智体一样都是公民素养的重要组成部分,而且美育是公民文化素养与文化消费能力的重要前提。

(中国政府网网友 枞树下)

3.建议将促进城乡区域协调发展,统筹实施"四大板块"和"三个支撑带"战略组合,推进以人为核心的新型城镇化写入"十三五"规划纲要。将"一带一路"建设与区域开发结合起来,加快基础设施互联互通,支持在"一带一路"沿线国家开展国际产能合作。推动京津冀协同发展,在交通、产业、生态等方面率先取得实质性突破。推进长江经济带建设,构筑综合立体大通道,引导产业由东向西梯度转移,建设产业转移示范区。推进以人为核心的新型城镇化，加大棚户区和城镇危房改造力度。深化户籍制度改革，落实《居住证暂行条例》，以居住证为载体提供相应基本公共服务，取消居住证收费，使农业转移人口和城镇居民共享共建城市现代文明。

（中国政府网网友　歌唱祖国）

4. 超大城市人口太集中，容易出现较多弊端。应该分散经济投入，分散产业分布，分散工厂建设，鼓励多在中小城市创业、建立工厂和公司，这样大家不需要都背井离乡去外地务工，大城市病、节假日铁路运输困难、地区差异问题都将迎刃而解。

（中国政府网网友　我为国家）

5.《中共中央关于制定国民经济和社会发展第十三个五年规划的建议》中两次提到"社区"，一次提到"全民健身"，体现了政府对基层群众美好生活的高度关注。社区健身器材的安装始于全民健身运动的开展，是国家实施的惠民工程，这些社区健身器材集锻炼身体和休闲运动于一身，深受社区居民的喜爱。为了更好地满足人们日益增长的个性化需求，建议在规划编制中考虑：开展社区健身器材功能需求的调查研究，研发具有手机充电、照明等配套功能，面向小朋友、老人等特定使用对象的设计标准化、系列化的新型社区健身器材。

（中国政府网网友　王　超）

6. 十八届五中全会提出推动物质文明和精神文明协调发展。对"十三五"规划提出如下建议：第一，加强精神文明建设要以习近平总书记在文艺工作座谈会上的讲话为指导。第二，近年来，不少大学生不是很了解中央政策及重大思想，要加强大学生思想学习、加强党的思想教育。第三，随着智能手机的普及，大中小学生不再捧着具有书香味

177

的书本学习了。党的十八大以来一些地方推出了 24 小时图书馆等，建议在本次规划中加强这方面工作建设。第四，在小学时应加强传统文化教育，在中考高考中加入对这方面的考查。第五，应在各村都设立图书馆，并由当地的大学生管理。

（中国政府网网友　嗯哼哦）

7. 编制好规划，必须深入分析判断国际经济走势和国内面临的主要矛盾，把握好稳增长、调结构的平衡，既要通过稳增长为结构调整创造空间，又要以结构调整提高可持续增长能力，推动解决产能过剩、人口老龄化、社会保障体系薄弱、公共服务不足等深层次矛盾，把发展成果更好地体现在增进民生福祉上。

（中国政府网网友　焕土取沙）

8. 新型城镇化和社会主义新农村建设是惠及亿万城镇居民、乡村农民的国家战略，在建设过程中，必然会涉及大量的项目投资，同时在某些方面也会触及到广大居民、农民的切身利益。希望在"十三五"期间，国家对这两个领域项目资金的跟踪审计监督更加严格，诸如棚改、危房改造等涉及面广的相关政策能够更加清晰、明确、透明，对借机谋取非法利益、损害广大人民群众切身利益的事件、人员加大惩处和问责力度，切实保障国家惠民工程的稳步推进和实施，切实保障广大民众的根本利益不受侵犯，避免强拆、群体性上访、官商黑勾结等事件发生。

（中国政府网网友　老实农民）

9. 农业一定要注重解决农田水利设施。目前农田水利设施还是很大一块短板，也是制约农民粮食增产的一个重要原因。就我的家乡湖北而言，农田水利设施较差，近几年鄂西地区一入夏就开始大旱，农民在三伏天还要去抗旱，十分辛苦。要大力推进新型农业，提供一些鼓励政策，现在农村劳动力出现了青黄不接的情况。

（中国政府网网友　聚精会神）

10.北京、上海、广州、深圳等一线城市聚集了大量毕业时间较短的大中学生，他们像蚂蚁一样集群蜗居租住在市郊结合部，从事着低端制造业或服务业，被形象地称为"蚁族大学生"。这些绝大多数来自于中小城市或农村的外乡人有家难回、有家不回的根本原因是中小城市的就业机会或创业机会本身较少，鲜有的机会也被当地强大的关系网所垄断屏蔽，无法返回或羞于返回。他们多数从事的职业卑微，收入薪水在大城市购房置业简直如天方夜谭，如果通过吃苦奋斗无法在大城市安身立命，没有希望和盼头融入大城市生活，不能成家立业或安居乐业，就有可能觉得社会对他们不公平，他们中的一部分人有可能会在多年苦熬之后仇视或痛恨社会。有鉴于此，"十三五"规划应提出政策，引导大城市"蚁族"大学生回流中小城市，鼓励他们在城镇化浪潮中引领大众创业、万众创新、白手创富，助推中小城市腾飞发展。

（中国政府网网友　梦大旺）

11.全面加快县域经济发展，不断提升县域经济发展活力，进一步提高城镇化水平。总体上要以富民强县为目标，以改革开放为动力，以工业化为主导，以农业产业化为基础，以城镇化为支撑，动员全民创业，发展民营经济，确保县域经济实现跨越式发展，走出一条富有特色的城乡一体化发展道路，加快社会主义新农村建设。为此，建议如下：一是在发展阶段匹配、资源环境允许的县市，在强工兴城上狠下功夫，充分发挥自身的优势，依托区位优势发展大工业，依托资源优势发展深加工，依托基础优势推进产业集群。特别要引进一些大项目、科技含量高的项目、市场前景广的项目，实施龙头带动，构建促进县域经济发展的强大"引擎"。二是实施项目拉动，创造推进县域经济发展的催

179

化剂。项目是"经济之母，财富之源，工业之本"。做好项目规划对接，以项目载体拉动投资。组织力量，集中精力，狠抓项目的策划、论证，多储备事关县域经济社会发展全局的重大项目，要重管理、优服务，狠抓签约项目开工、开工项目投资、投资项目投产、投产项目增资、关联项目配套，确保重点项目的签约率、履约率、开工率、资金到位率和投产率。三是实施城乡互动，打造促进县域经济发展的动力航母。城市作为区域经济核心，是人流、物流、信息流、金融流的中心和枢纽，对农村的发展具有带动和辐射作用；农村作为城市发展的腹地，为城市提供源源不断的物质、人力资源和广阔的市场空间，对城市的发展具有基础性和支持作用。实施城乡互动，激活城市向心力、辐射力，充分发挥城市对农村发展的拉动作用和农村对城市发展的促进作用，以城带乡、以乡促城，促进城乡互动融合，消弭二元经济结构，有效破解"三农"难题，努力打造促进县域经济发展的动力"航母"。四是加快金融改革与发展。加快农村金融体制改革和创新，以农村信用社为主体，实施股份制改造，组建农村商业银行。成立担保机构，吸引社会资本参股，支持中小企业融资。五是不断深化农村各项改革，重点加大事业单位改革和乡镇综合改革的力度，减少县、乡财政供养人员。实施行政村合并和乡镇合并战略。六是扶持壮大民营经济发展。民营经济是经济发展的主体力量，积极培育、扶持、引进民营企业是增强活力、加速发展的关键之举。引进知名度高、牵动力大、行业领先的民营大企业、大集团，支持有品牌、有市场、有发展潜力的重点企业进行资产重组，扩张规模、提升档次，是发展民营经济的重中之重。

（中国政府网网友　石现梦想）

共建共想 同心同得

2016—2020

三、绿色发展

　　绿色是永续发展的必要条件和人民对美好生活追求的重要体现。必须坚持节约资源和保护环境的基本国策，坚持可持续发展，坚定走生产发展、生活富裕、生态良好的文明发展道路，加快建设资源节约型、环境友好型社会，形成人与自然和谐发展现代化建设新格局，推进美丽中国建设，为全球生态安全作出新贡献。

　　——摘自《中共中央关于制定国民经济和社会发展第十三个五年规划的建议》

"绿色金融与供给侧改革"势在必行

近年来，我们在经历经济高速发展的同时，面临日益严峻的环境污染问题。华北地区乃至整个中国都笼罩在雾霾之下，生态环境保护面临巨大压力和挑战，人民群众对蓝天白云的渴望已经上升为最迫切的生存需求。作为经济活动的金融中介，银行在经济发展中处于举足轻重的地位，因此，在信贷投放中金融企业应以"绿色"发展作为重要目标之一，大力支持节能环保、绿色能源、生态修复等产业的发展，将"三高"企业列为限制淘汰类客户，支持传统企业进行产业升级和节能环保改造，从资金的"供给侧"进行结构性调整，帮助企业实现"绿色"快速发展。

（中国农业银行北京崇文支行行长　广　森）

关于完善国家级自然保护区
集体林管理的建议

一、国家级自然保护区集体林管理面临的问题

国家级自然保护区设立后，山林所有权与保护区管理权分离。保护区在管理集体林过程中面临诸多问题，以乌云界国家级自然保护区为例，该保护区位于桃源县南部山区，2006 年经国务院批准建立，总面积 33818 公顷。其中集体林面积 32841 公顷，占保护区总面积的 97%；包括实验区集体林面积 9778 公顷，缓冲区集体林面积 7595 公顷，核心区集体林面积 15468 公顷。集体林管理面临的主要问题包括：

第一，林农收入减少。调查表明，自乌云界国家级自然保护区设立，实行竹木禁伐后，人均年收入为设立以前的 68.32%，减少了 31.68%。2014 年桃源县全县农村人均纯收入为 7440 元，保护区内核心区人均收入仅为保护区外人均收入的 56%，为 4166 元；缓冲区为 61.5%，为 4575 元；实验区为 73.5%，为 5468 元。普遍比全县农村人均纯收入水平低三分之一以上。

第二，管理难度加大。保护区内有毛竹林面积 12148 公顷，占林地面积的 44.1%，每年需要对其进行间伐，是区内林农的主要生活收入来源，而林业部门没有砍伐指标。另外，区内有 5 万多亩人工杉林属于

20世纪80年代至90年代林农响应国家号召营造的，这部分人工林已进入成熟期，区内林农为了生活需要或偿还造林时的借款，需对成熟人工杉林和毛竹林进行砍伐，而保护区管理局按照《中华人民共和国自然保护区条例》，不允许他们进行砍伐，造成管理难度越来越大，由此引发的社会群体矛盾和越级上访越来越多。

第三，集体林权改革困难重重。一方面，林权制度改革以后，由于产权得到明晰，林农作为权利人对山林有了经营自主权，其经营意识得到极大增强。另一方面，保护区建立以后，按照自然保护区条例对区内林地实行了禁伐。这样，在这些以集体林地为主的自然保护区凸显出来的林权矛盾非常突出。前者为维持生计，千方百计砍伐贩卖竹木、想方设法避开执法者，随意进出保护区，与管理者的矛盾越来越尖锐。后者强调依法行政，依法禁止人为砍伐。在通讯、交通越来越发达的今天，自然保护区的传统监管模式面临越来越大的挑战，保护区执法越来越显得力不从心。从严处理，于情不忍；从轻处罚，于法不容，处于两难境地。

二、有关建议

第一，建议国家逐步征收国家级自然保护区内的集体林。有计划、有步骤地征收自然保护区核心区、缓冲区、实验区的林地，变私有或集体所有的林地为国有林，作为自然保护区公共资产继续加以保护。征收标准可以参照国土部门相关标准执行。建议在国家扶贫攻坚计划中安排保护区生态移民专项资金，并从用地指标方面给予支持，对保护区内特别是核心区的居民实施生态移民，以减轻保护的压力。

第二，建议提高国家级自然保护区集体林的补偿标准。国家级自然保护区兼具生态环境保护和经济发展的双重压力，建议在国家征收政策未落实以前，将国家级自然保护区尤其是以集体林为主的自然保护区的生态公益林补偿标准提高为实验区 50 元 / 亩 / 年，缓冲区和核心区提高为 100 元 / 亩 / 年。同时根据经济发展速度，每年每亩提高 3—5 元的补偿资金，并建立健全相关的法律法规，保障集体和农民的资源权利和利益。

第三，建议加强重点生态功能区生态转移支付资金的管理。建议国家尽快出台《生态转移支付资金管理办法》，明确生态转移支付资金优先解决当地禁止开发区（如国家级自然保护区）的基础设施建设和群众的生计问题。同时，上级相关部门应加大对生态转移支付资金用途的监督检查力度，杜绝生态转移资金的变相使用。

第四，建议适度放活经营权。对实验区的集体林，尤其是人工用材林、经济林、竹林，在不破坏生态功能的前提下，允许农民依法自主经营，保障林木所有者的处分权。建立自然保护区与周边社区利益共享机制；鼓励发展生态旅游和非木材林产品，支持发展林下产业，让社区群众在生态保护中受益。

（湖南乌云界国家级自然保护区管理局　钟吉明）

关于加强城市雨水利用的建议

雨水利用不仅能缓解水资源短缺状况，而且具有削减城市洪峰、减少洪涝灾害、改善城市水环境和水生态的重要作用。虽然部分城市已经进行了雨水利用工程建设，取得了较好的经济社会效益，但大部分城市在雨水利用方面尚未取得实质性进展。建议：

第一，加强顶层设计，切实落实责任。将雨水利用、工程建设列入国家"十三五"规划及水资源保护与利用的相关专项规划，给予充分重视。建立健全政府政绩考核制度，并作为一项重要的考核内容，定期考核相关负责人。

第二，不断健全雨水利用法规体系。在科学研究和试点建设的基础上，我国城市应发布《关于加强建设工程用地内雨水资源利用的暂行规定》等雨水资源利用的规范性管理文件，明确要求新建、改建、扩建工程进行雨水利用工程设计和建设，切实提升雨洪水资源利用力度。雨水综合利用工程作为建筑工程的组成部分，应与主体工程同时设计、同时施工、同时投入使用。节水工程竣工后，应按照国家有关规定进行验收，未经验收或者验收不合格的，不得交付使用。

第三，不断完善雨水利用技术标准体系。随着雨水利用工作的推进，我国城市应出台有关技术标准。编制《城市雨洪利用技术导则》和《雨水控制与利用工程通用图集》，发布《城市雨水利用工程技术规程》《透水砖路面施工与验收规程》《雨水控制与利用工程设计规范》和《下凹桥区雨水调蓄排放设计规范》等，为我国城市雨水利用提供技术支持，明确建设项目在雨水蓄存设施建设方面的约束性标准。例如可设定在小区中每新建 10000 平方米的硬化面积，配备不小于 300 立方米的雨水调蓄设施；50%的绿地应建成下凹式集雨绿地；透水砖铺装不得低于 70%等指标。

第四，完善雨水利用设施建设的激励机制。财政部门应协同水利部门出台相关文件，将雨水收集利用设施建设作为一项重要内容，加强对雨水利用的考核奖励，充分发挥奖补资金的激励作用。

第五，不断加大城市雨水利用设施建设。结合城镇开发建设、老旧小区改造、中小河道治理及农村环境整治，加快推进雨水利用工程建设，按照"滞、渗、蓄、用、排"相结合的原则，大力推进"海绵家园""海绵城市"建设。一是充分利用公园、停车场、居民小区、产业园区、绿化带等，建设透水铺装、下凹式绿地、雨水花园、植草沟等雨水利用工程。二是大力推进雨水泵站改造，建设下凹式立交桥区雨水泵站，汛期充分发挥集雨作用，提升防洪排涝能力。

（唐山陡河水库管理处　卢正臣　王桂青　张丽艳）

关于加强城市再生水利用的建议

我国是世界上人均占有水资源最少的国家之一。"十三五"时期应通过立法和规划引导，提高水资源利用效率，加强城市污水处理和再生水利用，通过齐抓共管节省宝贵的水资源。建议：

第一，明确规定城市中再生水的强制使用范围。规定城市园林绿化用水和冲厕用水等必须使用中水，进一步落实居民区冲厕使用中水，加快实现新建居民区冲厕使用中水，对在30—50年内不会进行拆迁的老小区进行管网节能改造，使其达到冲厕使用中水的标准。洗车行业、供暖企业、全国所有建筑工地的用水、政企事业单位日常洗手用水、所有酒店宾馆及夏季海水浴场的洗浴用水全部使用达标的中水。在消防活动中推广使用中水，推动消防部门或有条件的企业单位、居民小区利用再生水进行消防灭火或演练，所有的消防车水箱灌装用水采用中水。

第二，加快城市污水处理厂再生水工程及配套管网设施的建设步伐，提高再生水的处理能力和输送能力。严惩不进行污水处理就违规排污的企业，责任追究到人；因地制宜，积极开展分散的、小范围的污水处理和就地回用，发展和规范单体再生水工程设施；结合道路建设和再生水管线的延伸，向城市主要道路、广场提供再生水，用于绿化、清洁、景观河道和洗车等；积极发展再生水源热泵项目，既可解决城市热源不足问题，又可推进再生水的综合利用。

第三，研究制定再生水利用扶持政策和保障措施。依法实施规范化管理，努力扩大再生水用户和使用范围，依靠科技进步，提高城市再生水利用的管理和服务水平；加强定额计划用水管理，以行政手段推进再生水利用，对应当按规定建设再生水利用设施而未建以及有条件使用再生水而拒不使用的用户，依法核减其自来水用水计划，超计划加价收费，利用经济杠杆扩大城市再生水利用规模；加快推进城市供水价格调整，合理确定自来水、再生水之间的比价关系，提高自来水价格，拉大自来水与再生水的价格差距，利用价格杠杆，引导用户使用再生水。

（青岛陶行知研究会　杨　升）

关于建设海绵城市的建议

第一，做好顶层设计。海绵城市建设涉及规划、建设、国土等多个部门，体制的分割不利于建设的整体性，因此，加强顶层设计、推进统筹建设非常重要。

第二，以综合的手段和方式解决城市水资源问题。建立生态预留地保护机制，像保护基本农田一样，保护好城市生态用地。

第三，形成自下而上的标准体系。标准建设不应只局限在水这个行业，而应把水生态文明建设贯穿到各个行业综合考虑。

（北京市禹冰水利勘测规划设计有限公司董事长　吴　震）

关于环境保护的建议

　　虽然人们对绿色环保已经日益重视，但仍需加强宣传教育，完善环境污染监督机制。

　　第一，畅通公众参与渠道，鼓励公众利用网络平台对环境保护案件、线索、问题进行举报，构建政府引导、全民参与的监督管理机制。

　　第二，利用"节能周""低碳日"等平台，依托有关行业协会、企业开展宣传活动，普及废旧商品回收利用、分类回收的必要性和方式，引导消费者树立绿色、循环、低碳的生活理念。

（北京大学环境科学与工程学院　郑　彤）

关于提高自然保护区生态补偿标准的建议

国家划定了许多自然保护区，但是财政拨款主要用于保障工作经费和基础设施建设，对保护区内的农民和林场职工补偿不足，现在生态林补助标准是 14.5 元 / 亩，分到每户最多的只有一千元左右，最少的仅几十元。补偿标准和一般生态林的补偿标准一样，但保护区不能进行生产经营活动，境内的人工林和楠竹林都不允许采伐。希望在"十三五"期间，将保护区的生态林补助提高到 50 元 / 亩，国家有关的开发项目和资金向保护区倾斜。

（湖南省舜皇山林场　朱喜云）

关于全面推进城市垃圾治理的建议

《中共中央关于制定国民经济和社会发展第十三个五年规划的建议》（以下简称《建议》）提出："坚持绿色富国、绿色惠民，为人民提供更多优质生态产品，推动形成绿色发展方式和生活方式，协同推进人民富裕、国家富强、中国美丽""加大环境治理力度。以提高环境质量为核心，实行最严格的环境保护制度，形成政府、企业、公众共治的环境治理体系""坚持城乡环境治理并重，加大农业面源污染防治力度，统筹农村饮水安全、改水改厕、垃圾处理，推进种养业废弃物资源化利用、无害化处置。"2015年11月3日，住房城乡建设部等十部门联合发布《关于全面推进农村垃圾治理的指导意见》，体现了《建议》关于农村环境治理的精神和要求。

本人认为，城市的环境治理任务也非常紧迫，建议制定一个全面推进城市垃圾治理的指导意见或条例，体现城乡环境治理并重。本人曾两次前往美国西雅图和三次前往德国法兰克福探亲，这两座城市的垃圾治理经验十分值得借鉴。那里的人们居住在以别墅为主、公寓为辅的楼群里。住别墅的人家购置数量不等、色泽有别、用以临时存放不同类别垃圾的垃圾桶，下有滚轮以利推拉，放在靠近街道的地方；公寓外靠近街道处都有一个以上容量相当大的、有滚轮带盖的公用垃圾桶。每家每户都有当地管理部门印发的垃圾处理日程表，该表明确规定一个星期内每天可处理的某一类别的垃圾。每天傍晚，住别墅的人家按规定将装好垃圾的、允许明天处理的垃圾桶推放到自家楼前的马路旁，住公寓的人家则将该类别垃圾投入楼前的垃圾桶内。凌晨，收容该类别垃圾的专用车循设定的路线有序地停靠在接近垃圾桶的马路上，随车的工人将垃圾桶推拉到车旁，司机操纵机器依次分别将垃圾桶内的垃圾倒入车内，然后将垃圾桶归回原位。随车的人员负责监督所倒垃圾是否符合规定。清运垃圾的专用车开往指定地点，进行无害化、资源化等专业化处理，从而实现城市垃圾的有效治理。

本人认为，在实现全面小康的国家，应加快制定全面推进城市垃圾治理的指导意见并切实践行，提高城市的居住品质。

（中国食协党委委员、离退休干部党支部书记　王恒为）

强化绿色建材标准
为国家环境治理、生态保护目标而奋斗

　　岩（石）棉和玻璃棉有防火和保温的作用，但它们存在巨大的生态环境隐患。它们的粉尘吸入人体后，人就会得病，甚至会造成癌症，给城市居民带来巨大的健康风险。此外，岩棉和玻璃棉（纤维）的不可回收性、无法自然降解性和化学性质的稳定性，必然导致进入我们的农田、土壤、江河、湖海、山川，它们的微小颗粒，散布在我们居室的地上、阳台上、空气中等各个角落。

　　但截至目前，全国还有很多建筑工程将岩棉（石棉）、玻璃棉（玻璃纤维）用于外墙保温和建筑构造部位。个别地方的建筑墙体革新部门甚至推广含有玻璃纤维的室内隔断部件。如：各个建筑工地都在使用彩钢活动房作为办公和生活居住临时用房，很多工厂也都在使用夹芯彩钢的钢结构做厂房，其中的屋面和墙体都是以岩（石）棉和玻璃棉作为夹"芯"隔热防火材料。这些彩钢厂房包括汽车厂、精密机械厂，还有可能是生物制药厂、食品厂、粮食储备仓库；在市政道路施工中，一些企业在道路的钢筋混凝土和沥青混凝土之间放置玻璃棉或玻璃纤维，起增大摩擦力的作用，这也会导致环境的污染，因为农民常把谷子之类的粮食放在道路上晒打；我更曾亲眼所见由玻璃纤维制成的儿童游乐器材，纤维就裸露在外，孩子从下面穿过时，就有可能碰到头和皮肤，它会刺入皮肤，而且很难拔出，就算全包在树脂内，久而久之，总有裸露的那一天，同样会伤到人。

在我国的基础设施建设领域，如大量使用岩棉和玻璃棉（纤维），将会给我们的新型城镇化、社会主义新农村的建设带来极大的危害，违背了绿色发展、环境治理、生态保护的治国宗旨。

推广一种建材产品，需要从长远的、战略的眼光和视角来考察、界定它的合格属性、可行性。我们的建筑工程的寿命一般要求是 50 年，在如此长的时间中，难保不因破损造成玻璃纤维或石棉的外露，对居民健康造成威胁。因此，这类产品在推向市场前，必须充分考虑它们在长期使用过程中的破坏性。而目前的绿色建筑标准在使用"环保建材"方面强调不够，给不良建筑商留下了可操作的不良空间，我国的绿色建筑标准应加入"环保建材"的要求。

我们还应该制定更严格的建筑设计、施工标准，禁止使用岩棉和玻璃棉（纤维），特别是粮食仓库、食品厂、药品厂等建筑。生产、建设、施工、监理行业要严格执行禁止规定，把相关禁止使用非环保的材料及危害性公布于众，让施工现场的所有员工进行监督，如有违反（包括设计、施工方面），可从设计和建筑从业资质上给予制裁，并对相关企业给予经济处罚，严重的吊销其相关许可证。

对于工业与民用建筑的环保节能保温的解决方案，可以会同科技部及全国有关技术专家进行科学论证并且进行公示征求意见，找到一个既环保又节能的最佳技术方案。如：对于岩棉和玻璃棉（纤维）的阻燃、防火保温的特性，我们可以用相同性质的替代品（如膨胀珍珠岩、发泡水泥、镀锌钢丝网等环保材料），这不是不能攻克的难关。

绿水青山就是金山银山，建设美好的、洁净的家园是我们每一个公民的共同心愿！为实现我国的"十三五"规划的创新发展、协调发展、绿色发展、开放发展、共享发展贡献出我们每个人的微薄之力吧！

（武汉重型机床厂（家属） 李　鹏）

关于大气污染防治与雾霾治理的建议

进入 21 世纪以来，我国主要经济区域雾霾频发，无论是因为燃煤、机动车还是工业排放引起，空气污染的根源是能源消费结构的问题。建议"十三五"规划重点引导能源消费变革，降低重点地区化石能源一次消耗，全面推广电能替代，在全国范围内优化配置资源。

第一，引导机动车能源消费变革。在重点地区推广市区电动公交车和城际电动客车；大力推进电动出租车；在重点地区存量公用车（如校车、救护车、工程车等）更新时大力推广纯电动汽车；继续加大对购买和使用电动汽车的税费优惠。

第二，引导供暖能源消费变革。在北京、天津等北方特大城市采用高参数的热电联产燃气机组。根据城市远期规划建成区范围，在北方城市全面推广使用大容量、高参数、热电联产供热机组，全面淘汰散烧煤和小锅炉。在技术、经济条件允许的情况下，以地源热泵等方式为补充。通过政府补贴、特殊电价政策等形式，在不属于城市远期规划建成区范围的集镇、中心村等农村人口集中地区建设地源热泵等小规模集中采暖系统和沼气化、煤气化的厨炊方式，减少散烧煤。严格控制劣质煤、非洗精煤的市场流通，劣质煤、非洗精煤只能用于远离城市区域的坑口发电。

第三，引导港口能源消费变革。在环渤海港口全面实施岸电，在其他地区港口全面推广岸电，减少船舶燃油消费。

第四，引导工业能源消费变革。全面推广以地源热泵制热、地源热泵辅热等电能替代技术，减小工厂化石能源一次消耗。全面推广洁净煤技术，减少工业排放。加强废气处理管控，控制污染排放。

第五，加大"南北互供"投资力度，提高电能清洁度。规划建设西南—华北、西南—西北、华中—华北、东北—华北的特高压交直流线路，实现南北互供。充分发挥西南水电和华中水电的调节能力，以全国的水电调节能力为基础进行全国的电源发展规划。在负荷中心再规划建设一批抽水蓄能机组，提高调峰能力。开展全国范围的节能减排调度，基本原则是雾霾重点地区以热定电，重点火电基地定功率满发，光伏、风电全面接纳，水电、抽水蓄能和非重点地区机组进行全国调峰，提高电能清洁度。

（四川自贡供电公司　周　泓）

京津冀雾霾治理

　　我经常关注近年来北京及周边地区的雾霾现象，现将个人的一些想法和建议提供给你们，望能对改善京津冀空气质量状况略尽力量。

　　第一，风力发电场快速建设的不利影响。尽管北京在自身工业化污染源控制上做了相当大的努力，但雾霾天却越来越多，到了人们无法忍受的程度。究其原因，我认为这与风电场侵占进京主风带，削弱消耗了风能，降低了风力等级有关。近十年来，风力电厂在内蒙古和张家口飞速建设，达到了星罗棋布的程度。专家学者们在风电场选址时，可能没考虑北京对过境风的需求。如果京西北今后一段时期的风电场仍然不考虑这个因素去建设，后果会很严重，以后再叫停就是投资的浪费。

　　第二，风力走廊建设不足。合理维持进京风源风力，让宝贵的风顺畅地过境，就要合理规划风力走廊。考虑固体建筑相对树木等柔性物体对风力消耗的大小，我认为首先要规划的是风力走廊上的植被，应该统筹园林绿化林业环保交通等相关部门，作出统一的规划，在主风带上禁止栽植乔木类植物，并且应尽量顺应主风向，避免垂直栽植。

（张家口市涿鹿县谢家堡乡政府　刘国瑞）

关于建立药品回收机制的建议

目前，公众对药品的储备有一定盲从性，对于储备药物的管理意识比较缺乏，常导致一定量的储备药物过期，而过期药物因其降解成分复杂，会对环境造成极大的破坏，已被明确列入《国家危险废物名录》。居民对于过期储备药的处理一般是随生活垃圾丢弃，不仅造成了浪费，也在一定程度上污染了环境。建议国家建立过期药品回收长效机制，减少药品过期造成的环境污染。一方面，政府机构可以建立与药品生产经营企业的长效联动机制，要求医药企业建立完整的药品生产、回收以及处理的渠道，并在药品包装或说明书上标明提示，指导消费者合理处理过期药物；另一方面，还可以联合街道及社区，加强社区相关方面的管理职责，鼓励社区对居民开展药品回收相关知识的宣传讲座。

（北京协和医学院研究生会）

"互联网＋"助力可再生资源回收行业腾飞

我国是世界头号资源消耗大国，再生资源回收产业在规模上居世界首位，但其发展一直处于较低水平，制约发展的瓶颈突出，全国可回收而没有回收利用的资源价值超过万亿元，资源综合利用水平不足40%。互联网能够打破时空限制，为个体之间的互通和交流提供便利，实现交互式传播。再生资源回收行业先天具有互联网化的条件，其规模小、价值低、分布面广、回收分散等与互联网扁平化的特点相一致。互联网与再生资源回收产业相结合，通过线上线下资源整合打造新型交易平台，创新回收模式，有利于实现行业转型升级，促进行业向绿色化、信息化、产业化深入发展。

第一，消除消费者与回收商之间的信息壁垒。回收行业由于频次低、时效性差等特点，逆向物流中的消费者与回收商之间具有很高的信息壁垒，二者在市场中处于随机匹配状态。"互联网＋回收"，通过网站、APP、公众号等平台，利用物联网、智能机等设备，可以打破消费者与回收商之间的信息壁垒，促成二者之间的精准匹配模式，降低交易成本，提高回收利用率。

第二，减少逆向物流链条环节。扁平化是互联网的又一个特征。"互联网＋回收"，可以直接搭建起消费者与回收公司甚至加工处理企业之间的桥梁，减少逆向物流的链条环节，降低交易层级，将节省的费用在消费者和回收公司之间进行分配。

第三，实现标准化、安全化、透明化、规范化经营。"互联网＋回收"，通过对回收人员身份验证、职业培训等，提高了从业人员素质和受尊重度，消除安全隐患；破解信息壁垒，改变过去乱定价的行为，使回收价格更加透明；消费者与回收人员之间便捷的交互沟通，提高了彼此的信任度；定向数据跟踪，消除废旧物品回收后随意处理产生的二次污染等问题。

第四，促进正向物流与逆向物流的高度融合。正向物流与逆向物流具有天然的关联性，传统运作模式使两个物流体系一直处于相互割裂状态。"互联网＋回收"，信息的及时性、操作的便利性等，可使两个物流体系结合起来，在正向物流完成消费的同时通过逆向物流进行回收，可以产生巨大的经济社会效益。

第五，数据分析产生附加值。"互联网＋回收"，系统记录了废旧物品回收的品类、数量、地点分布等信息。通过这些数据，可以对消费总量、消费习惯、产品生命周期、实际消耗量、废旧物品走向等进行分析，为生产者、供应商、政府等提供决策咨询。

（中国核工业建设集团公司　于晓龙）

改革创新实现电力行业绿色发展

　　"十二五"以来，我国电力技术取得了许多重大成就与突破，在特高压输电技术、智能电网、新能源并网等诸多方面实现了中国创造，同时在输变电运行控制技术与输变电装备制造等方面也已达到世界领先水平。截至 2015 年 11 月底，全国 6000 千瓦及以上电厂发电设备容量突破 14 亿千瓦。但随着大气污染问题的日益严重，传统化石能源大规模开发、使用对环境造成的破坏日益凸显出来。因此，作为主要能源消耗、污染物排放的电力行业，如何依靠科技创新，节能减排实现绿色电力，对于我国加快协调、绿色发展具有重大意义。

　　目前，我国绿色电力发展面临的问题包括：一是能源结构依赖于化石能源，发电是以煤炭为主体的火电能源格局，同时也存在着能源利用率不高的问题。二是市场资源配置不均，部分地区存在着"窝电"和"缺电"矛盾并存的现象。三是电网建设滞后，电网建设普遍滞后于可再生能源发展，大量可再生能源电力输出受阻。四是电力环保技术发展较为缓慢，节能减排技术水平相对落后，存在着技术指标迁就市场的问题。

　　创新、绿色是推进电力行业可持续发展的必然选择，"十三五"期间，应致力于产业结构优化升级，推动技术变革，为实现绿色电力营造良好环境。一是大力发展清洁型能源，开发水电、风电、太阳能等绿色可再生资源，不断提高非石化能源的比重，同时要提高煤炭等化石能源的利用效率，发展清洁、高效的超临界煤电项目。二是着力提升电网的资源优化配置能力，科学规划电网，提高电源的输送力和效率，使电源可以送得出、收得来。三是建设智能电网，运用现代技术，完成对基础电网的升级改造，扩大应用领域，构建互动平台，实现其在新能源电动汽车、新型储能等方面的应用。四是加强先进技术研究，统筹协调节能、减碳、控制常规污染物之间的关系，减少污染物及废物的排放，同时也要避免二次污染，做到煤电的优化使用。

（国家电网公司人才交流服务中心　林　杨）

能源互联网促绿色发展
主动配电网迎创新未来

随着我国经济发展表现出速度变化、结构优化、动力转换等重要特点以及经济步入中高速增长的新常态，电力需求逐步放缓。与此同时，我们面临以大面积雾霾为表现的环境污染和应对全球变暖的气候谈判的双重压力，面临全面推进能源生产、消费、技术和体制革命以及全方位加强国际合作的新要求，分布式、智能电网、电动汽车、用户储能、需求响应和能源互联网等各种新生事物不断涌现，并得到快速发展。为适应新形势下的发展需要，"十三五"时期亟须对电力规划进行调整和创新。电网企业应以能源互联网促绿色发展，以主动配电网迎创新未来，进一步加快电网"两头"建设。

构建能源互联网，需要进一步加强远距离输电、可再生能源发电、储能、智能用电、信息通信等关键技术研发。中国特高压和智能电网的成功实践，为构建能源互联网奠定了重要基础。但能源互联网的推进实施还面临不少的问题和挑战，如短期内可再生能源发电综合成本仍然高于化石能源、能源互联网的构建还需加强国际合作等。相信随着国家加大技术投入和国际社会的共同努力，能源互联网的应用和"人人享有可持续能源"的目标将在未来逐步实现，环境污染和全球化变暖等问题将得到有效控制。

中国将来一定会有大量的分布式电源并网，其中包括分布式光伏或者小型储能电站等。小型电源会通过互联网聚合起来替代大电源，充分发挥分散性、智能性的优势。因此应全面提升主动配电网的感知能力；运用大数据分析技术实现规划运行一体化，从而提高配电网控制能力。其中最关键的环节是加大对大数据分析技术研发和应用推广的投资力度。只有通过数据的收集和分析评价，提高整理效率，才能创造出价值。比如运用大数据分析技术，生成将智能电表数据与网络拓扑、SCADA 等有机结合的应用，进行用电行为分析，为用户提供定制供电服务；运用大数据分析技术进行精准的负荷预测和分布式发电预测，深度挖掘数据价值为用户提供高品质服务等。未来配电网的功能应当是将电源和用户需求有效对接起来，允许双方共同决定如何最好地实时运行。总之，要充分利用主动配电网的可控资源，研究可以实现主动规划、感知、管理、控制与服务的装置与系统，使配电网高度兼容分布式能源，这是配电网在"十三五"乃至未来一段时期内主要的发展模式。

（国网大庆供电公司　李　乔　于东旭）

加快完善环境治理体制机制

"十三五"时期是我国实现发展转型、污染防治的攻坚期，更是资源环境瓶颈约束日益凸显和发展矛盾日益尖锐的困难期。环境保护要统筹各方面因素、加大力度、深挖潜力、化解风险。要不断完善环境监督机制，切实落实"五位一体"战略部署，推进不同环境因素同步、关联因素联动，打破传统制度束缚，注入绿色文明内涵，建立更为灵活适用的体制机制。要进一步强化层级管控，建立更为严格的环境准入条件、标准和环境保护制度屏障。在此基础上，进一步建立模块化的环境工作管理思路，优化环境管理体系，强化多主体协同推进，切实提高环境保护工作的实效性与针对性。要转变环境治理格局，倡导"社会共管、成效共享"，建立多方联动的环境保护工作体系，实现多方发力，确保实现与全面建成小康社会相适应的环境改善目标。

（中国矿业大学（北京）化学与环境工程学院　韩志鹏）

制定中国煤炭消费总量控制规划的建议

中国是世界能源生产和消费最大的国家，煤炭在能源消费中占主导地位。2014 年，中国能源消费量为 42.6 亿吨标煤，其中煤炭消费占66％。中国煤炭消费占全球煤耗的 53％左右。"十三五"期间，中国的经济发展步入新常态，为能源部门全面改革提供了极为宝贵的战略机遇。煤炭消费总量控制规划应体现和贯穿习近平总书记提出的能源体系"四个革命、一个合作"的理念，把低碳化、绿色化和循环经济作为重要取向，大幅提高能源绿色化程度，形成煤控战略的顶层设计和总体部署。

一、做好区域和省市煤炭总量控制规划

中国有两个煤耗高的连片区域：一个区域是北京、天津、山东、山西、河北、河南、上海、江苏、浙江、安徽，另一个区域是湖北、湖南、重庆、四川和贵州，这两个区域是空气质量区域联防联控的重点。京津冀地区 2020 年耗煤量应比 2012 年降低 1.3 亿吨，长三角应降低 0.39亿吨以上，整个空气质量联防联控地区 2020 年的耗煤量应低于 2012 年的水平。2020 年，其他地区应遵循空气质量不得恶化的原则，在煤炭清洁化和末端处理上加大力度。

中国应全面建立 30 个省级煤控规划。省、自治区、直辖市政府需要制定整体性、差异化的省级煤控规划。各省、自治区、直辖市的煤控规划要明确资源环境红线约束，并制定煤炭减量化、清洁化和能源替代的省级指标。建立省级碳排放总量控制目标、省级能源强度和碳强度目标、省级大气污染物减排目标、省级可再生能源配额制目标和建筑可再生能源利用 15% 目标，同时因地制宜地开展煤炭替代。

城市是区域、省和市三级煤控规划落实的关键。全国有重点城市 74 座，人口密度大，经济规模强，但是空气污染严重，对公众身体健康影响大，首先要抓好这些城市的空气污染治理。在 2015 年前半年的 PM2.5 浓度排名中，74 个重点城市中污染前 10 名城市是保定、郑州、邢台、邯郸、石家庄、衡水、唐山、济南、廊坊和武汉，把空气污染严重的城市地区的煤炭消耗降下来，改变城市能源结构是当务之急。2013 年，全国 74 个重点城市 PM2.5 浓度的年平均值为 70.2 微克／立方米，仅 3 个城市达标。2014 年，74 个城市均值为 62.4 微克／立方米。2015 年上半年，全国 74 个重点城市 PM2.5 平均浓度值为 57.6 微克／立方米，比 2014 年降低了 7.8%，比 2013 年降低了 18%，有 11 个城市达标。

二、落实部门煤炭消费控制规划

建立各部门煤控目标，具体如下：电力部门煤耗 13.3 亿吨标煤，占总煤耗量 53%；制造业部门煤耗 9.5 亿吨标煤，占 37.8%；建筑部门 2.3 亿吨标煤，占 9.2%。在制造业部门中，钢铁、水泥、煤化工、焦炭、化工（不包括煤化工）、建材（不包括水泥）、有色金属和其他行业的煤耗分别为 3.4 亿、1.4 亿、1.2 亿、0.46 亿、0.48 亿、0.3 亿、0.5 亿和 1.76 亿吨标煤。部门煤控的主要任务包括：设定各部门的资源环境生态红线，各部门用水量、碳排放量约束；设定各部门的节煤节电潜力；设定各部门 2020 年单位产品和单位产值的耗水、耗煤、耗电指标；设定 2020 年单位工业增加值能耗；设定部门节煤节电和环保投资。部门煤控的主要政策和措施是抓好分类指导，化解产能过剩，实施部门煤耗增量存量双控，尤其是现代煤化工、电力和建筑部门的增量煤耗。

三、现代煤化工行业需加强规划

现代煤化工行业是煤炭消费新的强劲的增长点。据不完全统计，目前中国处于运行、试车、建设和前期工作阶段的煤制油项目 26 个、煤（甲醇）制烯烃项目 58 个、煤制天然气项目 67 个。如果全部投产，预计 2020 年可能形成 4000 万吨 / 年煤制油产能、4100 万吨 / 年烯烃产能、2800 亿立方米 / 年煤制天然气产能。煤炭消费量将从 1.28 亿吨标煤上升到 4.77 亿吨标煤，增加 273%，煤化工行业亟须加强规划指导。现代煤化工是高耗能、高污染、高水耗和高碳排放的行业。不仅如此，在现代煤化工项目中，对能源转换的煤制油和煤制气的大规模发展存在很大争议。从国际的实践经验看，南非的煤制油和 20 世纪 80 年代美国大平原煤制气项目的失败都说明这类项目无法与国际能源市场的商品油气相竞争。可见，煤化工行业的缺陷是其经济性、竞争性不足，社会环境外部性和气候变化风险性又很大。

"十三五"期间，煤制烯烃和煤制乙二醇发展要降温减速，缓批项目。现代煤化工行业首先要搞好各类示范试点。以能源的清洁化、高效化、环保化和低碳化为方向，考虑国际油气市场供需关系的巨大变化，除作为战略技术储备外，煤炭能源转换商品化（煤制油和煤制气）的前景是暗淡的。

提高能效和推进可再生能源发展是电力煤控的重要战略措施。"十三五"期间，年均电力需求增速预计在 4% 左右，煤电装机容量

2020 年前达到峰值 9.6 亿千瓦，电力煤耗占煤炭总消费量的 53%，这为电力部门的绿色低碳转型提供了难得的机遇。"十三五"电力规划将煤电在新增装机中的定位应由"主力电源"向"补充电源"过渡。通过空气质量、水资源和全国温室气体排放总量红线有效限制煤电增量。在煤控情景下，2020 年电力总装机容量中非化石能源发电装机比重提高到 44.2%，燃煤发电装机比重下降到 51% 左右。停止建设煤矸石和劣质煤发电项目。鉴于电力工程项目的长周期性，除个别煤电项目需经中央有关部委特别审批外，"十三五"时期全国应不再审批新建煤电项目。地方对新煤电项目的审批权要严格把关，做到谁审批、谁负责、谁追责。

"十三五"期间，能效提高是电力煤控的重要战略措施，应达到每年实现的能效电量占全社会用电量 0.6%—1% 的目标。"十三五"期间煤电容量将会达到饱和，足以满足中国未来的经济发展需求。2020 年前系统实施现有煤电机组改造，供电煤耗预计可从 2014 年的 318 克标煤/千瓦时下降到 300 克标煤/千瓦时。实施绿色低碳调度，煤电的重要性将进一步降低。2017 年建立全国性碳交易市场，煤发电的空间将进一步压缩。

四、建立亚洲能源安全合作机构

统筹国内国际两种资源两个市场，促进国内煤炭消费总量下降。中国应该在国际能源合作中发扬包容、透明、合作、共赢的能源安全观，加强与世界各国对话交流和务实合作，引进先进技术装备和管理经验，促进全球能源安全，繁荣国际能源市场。待时机成熟后，与其他国际机构一起，构建全球能源治理体系。2014 年中国煤炭消费按照实物量计算比 2013 年下降 2.9%；据 2015 年前 10 个月统计，原煤生产量和进口量同比下降 3.6% 和 29.9%；可见中国摆脱对煤炭依赖、优化能源结构的愿景将有望实现。

五、完善煤企退出机制和产业转型

煤炭行业要实施煤炭生产总量控制，2020 年煤炭产量控制在 34 亿吨，现有煤炭产能达到 57 亿吨，化解产能过剩的形势严峻。通过中央政府的税收和基金支持，建立煤矿企业退出机制、下岗再就业保障机制、煤炭基地生态补偿机制和资源枯竭型城市的转型机制等有关机制，确保煤控政策的顺利实施。否则煤炭企业对煤控政策的阻力会很大。打破地方壁垒，消除市场垄断，扩大混合经济比例；加快兼并、关闭落后小煤矿；建立煤炭企业进入、退出机制；建立多元化的储煤系统，应对煤炭市场波动；促进煤炭基地生态修复和资源枯竭型城市的转型。在"十三五"期间，煤矿开采和洗选企业数量要从 2015 年的 6390 家减少到 3000 家以内。

完善煤炭企业职工再就业保障政策。对煤炭供应端的严格控制将使煤炭开采、洗选行业受到直接影响、导致一些岗位的减少和消失。根据中国煤控课题组预测，到 2020 年煤炭开采和洗选失业人数估计分别为 67.1 万人和 19.1 万人。"十三五"期间可根据国务院完善就业创业政策的要求，根据煤矿企业职工失业状况，及时完善和实施煤炭企业职工再就业财税政策，促进其再就业。

（自然资源保护协会中国项目　杨富强）

"十三五"期间建立"超安全生产制度"体系的建议

近几年来，我国安全事故频发，尤其是生产安全问题更为突出。它不仅影响到人民群众的生活，还影响到我国社会主义制度优越性的体现。"十三五"期间，我们必须以壮士断腕的精神解决这一问题。

一、建立"超安全生产制度"体系

针对我国频繁发生的生产安全事故，有必要建立起一套"超安全生产制度"。"超安全生产制度"体系就是在安全重于一切的思想指导下，在生产、经营、流通等领域建立一套超越普通安全标准的、用于管控风险、保证安全的制度体系。用"超安全生产制度"规范安全管理程序，在体制机制上完善安全管理的评估、检测、监测、预警、通报及善后处理、防范等各个方面，其目的是为了更好地处理安全与发展的关系，保证经济社会和谐稳定发展。因此，需要在现有的日常安全管理的制度基础上针对以下内容进行完善：

1. 建立多层次生产安全管理制度

各级政府负责人对本地区安全管理工作负总责。政府要具体推动安全生产管理工作，下级政府主要负责人要向上级政府签署安全生产"军令状"，保证安全生产人员、资金、措施得到落实，明确政府领导安全生产"一岗双责"。各级政府负有安全生产监管工作的部门负责人直接领导安全管理工作，安全监督管理部门依法对本行政区域内的安全生产工作实施综合监督管理。生产经营单位按照主体责任的要求，切实做好安全生产责任体系"五落实"和"五到位"："五落实"即"党政同责"、"一岗双责"、成立安全生产委员会、依法设置安全生产管理机构、落实安全生产报告制度。"五到位"即必须做到安全责任到位、安全投入到位、安全培训到位、安全管理到位、应急救援到位。并在职责范围内对本单位安全生产工作实施直接管理，实现多元管理、统分结合、党政兼管、责任明确、层层负责。

2. 建立单位主要负责人生产安全责任制度

生产经营单位是安全生产的责任主体。单位主要负责人对安全生产负有首要责任。任何生产安全事故，单位负责人都难辞其咎。因此，生产经营单位的主要负责人要时刻高悬安全之剑，按照党和国家及相关部门关于安全生产的要求，结合本单位的实际和特点，借鉴国内外同行业的先进经验，建立超乎一般安全要求的超安全生产经营管理制度，落实既管生产又管安全的"一岗双责"的制度措施，将一切事故防患于未然。

3. 建立生产安全岗位责任制

生产经营单位的安全岗位和责任划分必须明确。各单位必须设置专门岗位对安全生产管理工作负责；对玻璃幕墙、渣土堆场、尾矿库、燃气管线、地下管廊等重点隐患，煤矿、非煤矿山、危化品、烟花爆竹、交通运输等重点行业，交通运输、危化品仓储等重点流程尤其要重视。安全防范、安全生产工作的部门负责人具体统筹安全管理工作，安排专业技术人员对安全评估、技术改造、检测监测、隐患处置等，所有人员在执行岗位业务工作时，都要配合本单位安全生产管理，履行安全生产工作职责。

4. 建立严格的生产安全自查制度

生产经营单位要建立严格的安全生产自查制度，设置安全生产巡视员，全面负责单位日常安全巡查。对单位的安全设备、建筑设施、人员操作等进行监管，对单位生产生活方面的安全隐患、不符合安全生产规定的做法等及时指出、制止，责令整改，对关系到安全问题的重要流程要安排专人跟进，及时向上级部门汇报和向外界通报危急情况，及时排除隐患，杜绝事故发生，严禁各种漏报、瞒报安全问题的情况。

5. 建立自上至下的安全生产巡视制度

除各级安全监管部门和负有安全生产监管职责部门定期和不定期对区域内的生产运营单位进行安全检查、常抓常管外，国家要像反腐巡视一样，由离退休领导、专家、安全生产工作者等组成安全巡视组对安全隐患进行巡视排查，各省（市）则可交叉巡视，在省（市）范围内，各地市交叉巡视；尤其要建立定期制度，在国家重大庆典活动和长假之前必须进行安全巡视工作。

6. 建立安全生产人才培训制度

要加强安全意识培养和安全人才的培训。要鼓励高等教育和专科学校开设相关安全课程，灌输安全知识，培养安全人才，树立安全意识。条件允许还可选择适合的学校，设置安全管理专业或院系。主管部门要重视培养安全管理人才，行业协会也可承担安全人才培训责任。

7. 建立安全生产奖优惩治制度

政府对区域内安全管理良好的示范单位要给予表扬和奖励，总结其经验进行宣传推广。对安全生产先进单位可进行税收优惠。单位对安全生产管理的先进个人优先擢升或给予奖励。对于忽视安全生产的企业或个人坚决依法严厉惩处，对隐瞒安全隐患者要严惩不贷，对拒不整改的坚决停产停岗，对于不符合安全生产条件的要依法取缔。

8. 建立安全生产绩效考察制度

落实安全生产监督管理责任制，要切实改变普遍存在的重视产值进度、忽略安全管理的现状，将安全生产运营的指标放在绩效考核的前列。政府应将安全管理工作纳入国民经济和社会发展的规划，将安全管理的效果纳入公务人员政绩考察的指标体系中。

9. 建立安全隐患有奖举报制度

我国地域辽阔，人口众多，安全问题防不胜防，因此，要建立安全生产有奖举报制度，要设置简单易记的举报电话，让群众及时打给有关部门。接到信息的有关部门及时通知事故隐患点，及时排查，对有价值的信息要公开给予奖励，以鼓励众多人士关注安全问题。

10. 建立安全智库制度

党和国家高度重视智库建设。重视智库建设的目的在于借助社会精英才能关注和解决社会现实问题。我国安全问题如此严重频繁发生，单靠安全系统的同志难以完全解决问题，因此，有必要通过建立安全智库，借助社会精英的智慧共同关注这一问题。建立安全智库是一个系统工程，包括队伍建设，建议上报渠道的建立，落实和反馈机制的建立等。

通过上述制度的完善建立起类似于全面质量管理（Total Quality Management，以下简称 TQM）系统，全员参与的全面安全管理（Total Security Management，以下简称 TSM）系统。

二、完善"超安全生产制度"管理体制机制

"超安全生产制度"必须更加注重对安全管理工作的重视，进一步完善安全管理的体制机制。

1. 监测预警机制

重要生产部门要强制安装安全生产监控设备，定期进行多层次的安全生产风险检测评估，并针对重要部位和装置进行重点排查。单位发现事故征兆必须即时发布预警信息，事故隐患排除需作出登记备

案，对于多次收到预警的部门或单位要及时停产整顿，直至事故隐患排除。

2. 全面监督机制

推动各级工会和鼓励行业协会等组织对相关单位安全管理工作进行民主监督，建立生产经营单位负责、政府监管、职工参与、行业自律和社会监督的机制。同时，要借助新闻媒体信息传播速度快、受众面广的特点，使相关安全信息为广大民众及时了解，充分发挥舆论监督作用。

3. 安全监察机制

安全监管机构是专门从事安全生产检查与监督的执法部门，要强化其职能，充分发挥其监督、监察等作用，并授予其更多的法律、经济、行政等权限手段。进一步完善现有法律法规，根据《安全生产法》等出台相关的安全检查监察的实施标准、细则。同时，要与时俱进，尽快建立科学合理的安全生产技术标准，保障执法人员安全，确保落实监督、监察工作。

4. 应急响应机制

高危行业企业集中的地区必须设有应急响应机构，各部门单位必须针对可能的突发情况备有预案，并定期进行应急演习。发生事故时，第一时间发布应急救援信号，组织指挥救援队伍实施救援行动；必要时向其他部门发出救援请求；并及时向上级政府汇报和向周边单位如实通报事故情况。事故发生后必须组织调查，严厉追究责任、积极赔付损失，总结经验教训、落实整改提高，并将相关信息记入个人或企业诚信档案。

三、牢固树立"超安全"意识

我国安全生产制度已经不少，许多安全事故发生的关键原因在于安全意识淡薄，安全意识的高低体现了生产力水平和国民素质的高低。因此，要牢固树立"超安全意识"。"超安全意识"是"超安全生产制度"的灵魂，"超安全生产制度"是"超安全意识"的载体。"超安全意识"是指生产、经营、流通相关人员始终具有将安全生产置于高于一切的高度自觉性；每个人都要将安全入心入脑，使安全之弦紧绷，安全警钟长鸣，一刻也不松懈。为此：

1. 各级党政干部学校要为学员开设安全教育课程

要给所有分管安全的党政干部及国有企业负责人专门开设安全培训课，由安监系统的领导专家授课。授课内容包括安全法规、安监技术、安监案例分析、国外安监经验等，对法规和技术要进行考试。考试成绩要作为任职参考。

2. 在国民教育中加大安全教育内容

对不同年龄段的学生采用合适的方式，如以漫画的方式向儿童灌输安全知识；以介绍典型安全事故案例和个人安全知识为主对中学生进行安全教育；对大专院校的学生进行安全专业课程和相关法律知识教育。

3. 要强制中小企业参加安全培训

中小企业本身因规模等客观条件限制，在安全管理方面存在缺陷。因此，要特别加强对中小企业的安全防控教育。另外，地方安监部门要派出专人协助帮扶企业加强安全教育和管理。

4. 安监系统干部要将"安全重于泰山"作为座右铭

一是各级安监部门可在大堂悬挂一口定时敲响、铭刻有"安全警钟"字样的大钟，以示安全警钟长鸣，使每位安监干部无论出入都不忘身负安全重责，时刻谨记安全重于泰山；二是请有关领导人题写"安全重于泰山"或"安全无小事"等警示语，制成金属小标牌置于安监干部案头作为座右铭；三是要求安监部门人员在制服左胸上都要配戴专门制作的"安全无小事"警示徽章，以提醒自己将安全铭记于心并影响民众。

5. 建立安全事故纪念馆

知耻近乎勇。从失败中吸取教训是我党发展至今的一条重要经验。"十三五"期间国家和各省（市）都要建立"安全事故纪念馆"，将生产生活中各类重大安全事故实例资料陈列其中，以组织党政干部、群众和青年学生参观，起到"前事不忘，后事之师"、以史为鉴的作用。

四、借鉴国际经验

2013 年，我国煤矿行业共发生 13 起重大事故，百万吨死亡率为0.293，而德国的数字是 0.04，我国安全生产的管控水平与发达国家相比仍有很大差距。2012 年，我国每 10 万辆机动车死亡人数 133 人，美国为 13 人。我国应该从发达国家生产安全管理中吸取有益经验，提高生产安全管理水平。

1. 完善法律体系，确保安全生产

发达国家十分重视安全生产的立法。例如美国政府在保障矿业生产安全方面的立法就经历了《联邦煤矿安全法》《联邦煤矿安全与健康法》《联邦矿山安全与健康法》等多次修订补充，确保了执法单位有法可依。日本的安全生产管理也形成了以《劳动安全卫生法》《劳动灾难防止团体法》等为基础的较完备的法律体系，保证了安全管理过程中的评估、监测、预警、通报及善后处理等内容的顺利进行。

2. 健全监管制度，规范生产行为

德国对安全生产监管采取的是"二元管理"的监管制度，一方面，由政府劳动保护机构开展劳动保护和监察工作，另一方面，由法定事故保险机构和行业组织开展监督工作。前者工作重点在于确保政府制定的法律法规得到贯彻落实，后者工作重点在于为企业的劳动保护实施监察和引导，并结合国家法律法规制定行业标准。日本的《劳动安全卫生法》

则规定了企事业单位必须指派劳动安全卫生负责人，各车间班组必须设置安全卫生管理员，专门负责安全管理工作。日本还成立了"中央劳动安全卫生委员会"专门负责检查生产单位的安全措施落实情况。

3. 革新生产技术，升级安全装备

重视对新技术的采用和对旧技术的改进，是欧美国家解决安全生产问题的一条重要经验。美国在高危险生产行业，如采掘、化工等，采用机械化、信息化生产方式，并加强管理，有效避免对生产者生命和健康的损害。美国矿业生产三十多年的经验表明，信息技术在矿业生产过程中对事故隐患的预见性、对事故发生率的降低起到了极为重要的作用。此外，自动化采掘机械及技术的使用既提高了生产效率也减少了可能遇险的人数。而新兴检测报警设备对瓦斯泄漏有很好的监控作用，提高了安全系数。

我国在制定"十三五"规划时也应广泛征求国内专家学者意见，集思广益、广纳民智。不断健全完善安全生产制度和法律保障，创新管理思路、方法手段，树立超安全发展理念，推进安全生产工作向精细化、专业化、信息化、法治化方向发展，切实解决生产安全问题，努力遏制重特大生产安全事故的发生，实现建设平安中国的目标。

（广东省委党校教授、广东省人民政府参事　黄铁苗）

关于在黑龙江省应正确处理好农业生产与环境保护关系的建议

在黑龙江省，农业在经济社会发展以及生态环境保护中具有基础性地位。农业生产和生态环境有着极为密切的关系，大气、水和土壤对农业生产来说，既是资源，又是环境要素。生态环境条件良好，农业生产就发展；生态环境条件恶劣，农业生产就停滞甚至遭到破坏。而近年来，我国农业生态环境和农产品污染问题日趋严重，耕地环境质量不断下降，农产品有毒有害物质残留问题突出，已成为制约农业和农村经济发展的重要因素。如何搞好农业环境保护工作，如何防治农业环境污染、逐步改善农村环境，如何提高农民的环境意识，转变农业增长方式，使农业生态环境由恶性循环走向良性循环，是关系到农业能否持续发展的重要问题，是建设社会主义新农村的重要任务。笔者建议在"十三五"期间，在大力发展农业生产的过程中，应正确处理好与环境保护的关系，努力实现黑龙江农业和整个经济社会的可持续发展。

农业资源是农业发展的基础。在自然界中，不仅不可再生资源是有限的，应当科学合理地加以开发利用，而且可再生资源的"再生"也是有条件的。对可再生资源，如果无节制地开发利用，也会使其遭到破坏甚至枯竭。因此，必须处理好农业资源开发利用与保护的关系，在自然承载限度内和确保永续利用的前提下，科学合理地开发利用农业资源，争取以较少的农业资源消耗获得较高的农业生产效益。要做到这一点，就必须牢固树立农业资源保护意识，建立鼓励农业资源合理利用和保护的机制，在发展中保护，实现经济效益、社会效益和环境效益的统一，实现当前利益和长远利益的统一。

提高农民素质，倡导文明的生产和生活方式。农民素质的高低直接影响着农业资源利用和农业生态环境建设的水平与成效，所以，应把提高农民综合素质摆在重要位置。改革完善涉农教育，重视学以致用，围绕增强农民的自我发展能力，大力加强科学知识普及、先进实用技术培训，提高农民接受和运用科技成果的能力，提高农民保护农业生态环境和合理开发利用农业资源的能力。加强农业面源污染等防治与治理的宣传教育，树立农业循环经济理念，以控制农业面源污染等、保护农村生态环境为重点，提高广大农村干部群众对农业面源污染等治理重要性的认识，增强和提高防治、治理农业面源污染等的自觉性和主动性，建立农业面源污染等治理的社会参与机制，使广大群众特别是广大农村群众积极参与农业面源污染等的防治与治理。加强农村思想道德教育，正确引导农村消费结构升级，形成有利于节约资源和保护环境的文明生活方式。

加强农业资源综合整治，稳步提高资源集约利用水平。加强土地宏观管理，实行最严格的耕地保护制度；依照依法、自愿、有偿的原则，促进农民土地承包经营权流转，形成集中成片规范化生产和合理经营规模，推动耕地集约利用，提高农业规模效益；加强耕地质量管理和建设，发展保护性耕作。尽快制定节水农业专项规划，促进水资源合理利用；根据不同地域的特点，在统筹规划、全面推进的同时，明确不同年代、不同时期节水农业的发展流程和发展重点，实现水资源效益最大化；完善政策法规，将推广农业节水的原则和要求以法规形式固定下来，使农业节水工作由以往行政推动为主向以经济、法律手段为主转变，由过度依靠工程节水向制度鼓励与工程建设相结合转变。加快大中型灌区节水设施建设，大力推广节水技术和设备，逐步建立节水型栽培模式和灌溉制度。结合各地水资源状况，合理确定种植结构。引导农民合理科学施肥，大力推广测土配方施肥技术，大力推广农田化肥减量增效工程、推广农药减量增效集成技术，坚持有机肥与化肥合理匹配，提高化肥利用率，优化用肥结构，搞好有机肥综合利用与无害化处理；改善土壤理化性质，培肥地力，降低化肥施用量，提高资源综合利用率。通过发展绿肥种植、推广秸秆还田（大力推广农作物秸秆综合利用，减少秸秆焚烧和弃置污染水源）、建立农膜回收制度、加快高效、低毒、低残留农药新品种和动物源、植物源、矿物源等农药新品种、新制剂的引进、试验、示范和推广，减轻农业面源污染。农业部门应加强农药使用等的监管，根据本地病虫害发生的特点和农产品质量安全的要求，适时发布农作物病虫害防治用药指导目录，指导农民正确选药，对分散农户加强用药技术培训；在蔬菜、水果等鲜食农产品主产区推行农药使用监督员制度，巡查农药使用情况；在蔬菜、水果生产过程中开展农药残留监测，对农药残留超标的农产品不得采摘销售；充分发挥园艺作物标准园和病虫害专业化统防统治组织的示范带动作用，引导农民安全合理用药。加强农村清洁能源建设，积极推进农业废弃物循环利用，加快实施规模畜禽场沼气治理工程和农村户用沼气工程，改进和完善人畜禽粪便处理等措施，大力发展农业循环经济，努力形成资源—产品—再生资源的循环流动，最大限度地减少对农业资源的消耗和对生态环境的污染。

加强示范引导。农民最重眼见为实，黑龙江农业农村工作一条基本的经验就是树立样板，推广示范，以前这方面的工作已经做了很多，建议还要以生态农业示范村、示范乡建设、农业面源污染控制和平衡施肥示范基地、规模化畜禽养殖场综合治理示范工程、沼气示范工程等为载体，进一步加大示范引导力度。各级各有关部门应加强资源整合，集中相关资金支持示范项目建设，并切实加强对示范项目的技术指导和考核验收。

　　统筹城乡发展，提升农业资源利用和生态环境保护的层次。加快推进城市基础设施向农村延伸，加强环境保护和生态建设的城乡衔接，促进城乡产业融合、资源共享，大力推进城乡经济社会发展一体化，促进城乡空间结构合理布局、资源要素优化配置、农村产业转型升级、公共服务趋于平衡。加快发展高效农业保险，增强农业抵御自然灾害的能力。预防、控制和减轻工业"三废"对农业生态环境的污染和破坏。

　　建立强有力的法律、法规体系。尽快制定、完善黑龙江农村对化肥和农药使用管理、控制化肥农药污染、控制有机废弃物排放、促进有机废弃物循环利用、发展农村循环经济、农业节水和严格控制危险废物、城镇垃圾、工业废弃物对农村污染等方面的地方性法律法规，同时，明确执法主体，规定相应的权利和责任，使农业污染的防治有法可依、有法可循，从而做到有法必依、违法必究。

　　加强领导，切实落实责任。黑龙江应按照农业法和环境保护法的规定，将农业环境保护切实纳入国民经济和社会发展相关计划，将农业面源污染等的治理纳入政府议事日程和新农村建设规划，明确解决农业生态环境问题的资金渠道或资金来源，根据不同类型的农业生态问题，有针对性地制定预防和治理的政策和方案。建立环境保护责任制度，建立健全黑龙江各级政府政绩考核制度，将农业环境保护工作指标纳入领导年度目标考核中去。引入农业环境评价体系和循环经济的概念和方法，加强农民专业技术组织的建设，推动面源污染控制成熟技术的推广应用和研究示范；结合监测和普查，完善农业环境安全的评价体系；制定全省农业发展环境保护标准，建立健全相关管理监督体系。建议省农业部门尽早制定《黑龙江农业污染防治工作实施方案》，明确指导思想、目标任务、工作重点，把农业环境综合治理和日常工作结合起来，细化工作内容，提出工作措施和工作要求，加大全省农业污染的治理力度。各级环境保护行政主管部门依法对环境保护工作实施统一监督管理，各级农业行政管理部门对本辖区的农业环境实行监督管理，对污染和破坏农业环境的单位或个人进行现场检查，对农业领域内建设的项目、技术推广项目对农业环境评价报告进行预审，组织开展农业环境建设、农业环境监测和农业环境规划等。有关部门应制定周密的意外事故防范措施和应急预案，发生事故或者其他突发性事件的，应立即采取有效的防范措施，及时报告人民政府，由政府采取防止或者减轻危害的强制应急措施。

推动科技进步和创新，增强农业资源节约、环境保护的能力。增加农业科研投入，建立多渠道、多元化的农业科研投入体系。建议整合黑龙江高等院校、科研单位、农技推广部门等各方力量，加强农业面源污染等控制技术的研究和创新，重视并积极开展农业科技的引进、开发、创新与推广工作。强化科学技术对农业的渗透，用现代科技武装农业。健全农业科技体系，提高农业科技成果的推广和应用水平，改善农业生产条件，提高农业资源利用率。

（河北唐山市陡河水库管理处　卢正臣　张丽艳）

建议金沙江上游河段禁止水电开发

金沙江上游虎跳峡以上至奔子栏河段应禁止水电开发。理由如下：

第一，虎跳峡是世界知名景区，三江并流重要河段，旅游资源丰富，适合发展旅游。

第二，虎跳峡至奔子栏河段两岸是丽江市玉龙县、迪庆州香格里拉市的粮食主产区和主要人口聚居区，具有悠久的农耕文明、多样的民族文化和多样物种基因资源，对文化保护、生物资源保护具有重要意义。

第三，该地区为滇川、滇藏连接大通道，交通枢纽聚集，历来为茶马古道要冲和内地藏区缓冲区，对维护藏区稳定和巩固国防有重要意义。

第四，该河段开发方式、淹没高程迟迟未定，给沿江两岸基础设施建设、农民家园建设、支流水电开发带来影响，各方面的意见较大。

（国电迪庆香格里拉发电有限责任公司　王建功）

网友建言十三条

1. 我国改革开放以来，经济得到迅速发展，各省都在争先恐后地发展经济，生怕落后于其他省市，也往往存在不分析不考核就引进项目的现象，使得内地一些城市经济不好不坏，环境却越来越坏，冬天出门都看不到路，夏天也看不到蓝天。强烈建议各省根据自身优势打造不同于其他省的经济发展项目。

（中国政府网网友　BB杜）

2. 人的生活目标离不开"幸福、健康、长寿"原则。物欲的膨胀，追求高富贵极乐的心态让本质的生活变味了。引领全国人民选择正确的生活态度，关键是要提倡绿色健康生活理念和生活方式，来造就绿色幸福家园。政府要彻底做到"三不该"：不该用经济发展的速度来衡量全国人民的幸福指数；不该用破坏环境为代价来一味地换取物质增长；不该以发展为理由损害全民的健康权。希望政府在"十三五"规划里把绿色健康发展做到实处。

（中国政府网网友　冰之情）

3. 为什么私家车多得甚至不得不需要限行，主要是公共交通不发达。例如万全县距张家口市只有15公里，竟没有公交，人们不得不开车。我认为大力发展公共交通，是破解汽车尾气排放量大的一个重要手段。

（中国政府网网友　丑　石）

4.《中共中央关于制定国民经济和社会发展第十三个五年规划的建议》中三次提到"垃圾"，说明政府对这个关键词的重视。垃圾处理是社会文明程度的重要标志，关系人民群众的切身利益，建议在规划编制中考虑：改进方式方法，提高垃圾分类效率，完善垃圾分类标准体系，减少垃圾收转运过程中的二次污染；设计垃圾分类装置的智能闭合和清运提醒等智能化、信息化功能；强化变废为宝的宣传引导，践行垃圾回收再利用的理念；开展全民特别是幼儿及小学生的垃圾分类教育，整体提高国民垃圾分类意识；适时推进垃圾分类的立法，以制度约束行为；引入市场机制，借力"互联网"，孵化出开展垃圾回收业务的电商企业。

（中国政府网网友　王　超）

5. 中国每年都有大批废旧家电、服装、手机、干电池、塑料瓶、塑料袋等废旧物品被丢弃，如果得不到有效的回收利用，对环境会带来极其严重的污染。垃圾是放错了位置的资源，建议在"十三五"时期我国建立完备的废旧物品回收处理体系，对所有废旧物品进行回收有效利用，并制定法律法规形成一整套完备的管理制度体系。首先，建设回收处理废旧物品的企业，让废旧物品有回收处理的场所并给予政策扶持，形成产业链，这对促进经济发展有积极的带动作用。其次，通过宣传让老百姓了解废旧物品随意丢弃对环境的危害性，并让他们了解废旧物品回收点具体位置在哪儿、具体接收哪些回收的物品。最后，由废旧物品回收点对回收物品进行分类整理，送到处理的企业进行回收处理。

（中国政府网网友　智者乐水）

6. 瑞典生活垃圾处理的终极目标是留给下一代一个主要环境问题基

229

本解决的社会。因此，所有垃圾都必须根据其特性正确处理，避免给人类和自然造成危害。其处理效果显著，变废为宝，再利用比较好，值得我国在建设资源节约型社会的过程中借鉴并实施。正视我国扩大了的城市规模，日益严峻的环境形势，妥善地解决垃圾回收与处理，势在必行。

（中国政府网网友　石现梦想）

7.2015年12月2日，李克强总理主持召开国务院常务会议，决定全面实施燃煤电厂超低排放和节能改造，大幅降低发电煤耗和污染排放。建议：第一，全面实施燃煤电厂超低排放和节能改造，使所有现役电厂每千瓦时平均煤耗低于310克、新建电厂平均煤耗低于300克，对落后产能和不符合相关强制性标准要求的坚决淘汰关停，严格按照常务会议决定的2020年前全部达标的时间节点推进相关工作。推出所有煤电机组均须达到的单位能耗底限标准。第二，深入实施大气污染防治行动计划，促进京津冀、长三角、珠三角等重点区域煤炭消费零增长。实行区域联防联控，坚决淘汰黄标车和老旧车，治理机动车尾气和扬尘污染，提高油品标准和质量。第三，大力发展风电、光伏发电和生物质能，加快水电、核电等清洁能源基础设施建设，控制能源消费总量，提高非化石能源发电比重，减少能源资源消耗，实现经济、社会和生态效益的统一。

（中国政府网网友　歌唱祖国）

8.每逢汛期和雨季，很多城市都是一片汪洋，给国家和人民群众生命财产带来巨大损失，原因是长期以来只注重地面建设，忽略地下管网建设力度，或有些城市地下管网建成时间过早不能满足现在发展需要。建议在"十三五"时期：第一，对全国所有城镇地下管网建设情况进行排查，建立档案，规划建设大口径排水管道以解决雨季排水不畅问题。第二，排水管道应与各个城市的污水处理厂管道相连接，在排水的同时能尽量多蓄水，使宝贵的水资源得到最大限度的二次利用。第三，希望通过科技创新使中西部地区在汛期或下大雨时雨水可以通过水渠或者管道流向沙漠地区，并建设大型蓄水池或者水库进行防沙治沙，遏制水土流失以此来改善中西部地区生态环境，改善中西部干旱少雨对人民生活的影响。

（中国政府网网友　智者乐水）

9. 这个冬天，家里老人气管炎犯病次数明显增加，"导火线"是住在城乡结合部的我们，经常整日被动呼吸着弥漫秸秆（稻草、麦秸、玉米秸）焚烧后烟尘的空气。焚烧秸秆也是当下农民迫不得已的选择。解决秸秆焚烧问题总的思路是：通过政策引导，让农民对作物秸秆"不愿烧"。要做到这一点，不能单单就秸秆言秸秆，也不能简单地以"禁"和"堵"来对待秸秆焚烧。解决秸秆焚烧问题的重点是"将秸秆变'废'为'宝'"，并使之成为政府、社会和农民的共识。具体建议举措：由国家按照作物收获物（如水稻、小麦、玉米）价格 30% 的标准，来确定秸秆的国家收购价格，由国家统一回收并综合利用（诸如秸秆还田、制作有机肥、用作发电燃料等）。经费来源建议：中央转移支付、省级财政支持（2014 年安徽省累计投入 11.5 亿元奖补资金用于秸秆禁烧和综合利用）、市县配套经费，其中中央财政应不低于七成，且主要应从工业发达的粮食输出地区征收。

（中国政府网网友　朝花夕逝 3010790）

10. 近三十年来，大量化肥、化学农药及工业污染，使得耕地及环境不堪重负，耕地有机质的严重下降及有害物质的积累（无异于国土面积的流失）已给我们的生存环境带来威胁，并将祸及子孙，影响国家安全。所以，"十三五"规划应该坚定不移地走"绿色发展"之路。

（中国政府网网友　涂市天福）

11. 内燃机，是石油天然气等能源转化为动力的唯一的工具，是汽车、舰船、工程机械、农用机械等的动力源。内燃机效率的高低，决定了烧多少油，同时也决定了排多少烟。目前，我们所制造使用的普通内燃机，它的效率只有不到30%，其中，柴油机的效率略高一点，汽油机和烧天然气的机器效率略低一点。因此，我们有大量的石油能源被浪费，同时也加剧了环境污染问题，并造成经济效益低下。如果我们把内燃机的效率提高到60%，每年节省的石油就是两亿吨，我们的石油对外依存度也将大幅下降，并能进一步解决我国石油能源安全问题。同时，将减少二氧化碳排放6亿吨，空气质量大气环境会有大幅度的改善，各行各业的作业成本和运输成本也会大幅降低，经济效益大幅提高，整个国民经济会有一个特别巨大的飞跃。

(中国政府网网友　老头说梦好)

12. 绿色发展很重要，尤其是农业发展要绿色。现在农业面源污染很严重，农药兽药和有毒基因在农产品中残存，加上重金属污染，导致农产品很不安全，影响广大民众的身体健康。希望全社会都关注农产品不安全、危害广大民众身心健康的问题，其中监管部门责任重大，要引起高度重视。

(中国政府网网友　公正水平如镜)

13. 现在都倡导保护环境改善生态，只希望从农村村干部做起，在植树的季节每人每年为自己生活的地方种活一棵树。农村人数基数大，每人栽种一棵就有数亿棵树了。

(中国政府网网友　微　尘)

共建共想 同心同得

2016—2020

四、开放发展

开放是国家繁荣发展的必由之路。必须顺应我国经济深度融入世界经济的趋势，奉行互利共赢的开放战略，坚持内外需协调、进出口平衡、引进来和走出去并重、引资和引技引智并举，发展更高层次的开放型经济，积极参与全球经济治理和公共产品供给，提高我国在全球经济治理中的制度性话语权，构建广泛的利益共同体。

——摘自《中共中央关于制定国民经济和社会发展第十三个五年规划的建议》

关于做好"一带一路"沿线国家投资的建议

第一，成立统一的海外投资综合管理机构。建立"走出去"协调工作机制，搭建和完善海外投资信息平台，借助各种力量提供及时、准确、完善的信息服务，加强海外投资指引、监管和风险警示；制定产业集群"走出去"整体规划，避免恶性竞争和重复建设；简化境外投资审批流程，争取实行一站式审批服务，努力为国际间劳动力自由流动提供制度便利。

第二，明确央企在我国实施"一带一路"战略中的主力军地位。建立央企国际化经营专项考核机制，在考核指标上更注重海外经营的投资效率而不是投资规模，并考虑经营的社会效益，灵活设定考核指标。

第三，实施贸易倍增计划。对沿线国优先主动削减关税，为其提供更巨大、更开放的"中国市场"；加快实施自由贸易区战略，带头推进贸易自由化、投资自由化和服务便利化；对沿线最不发达国家分商品实施零关税待遇。

第四，建立"一带一路"国际联盟。推进与沿线国的外交关系，积极签订双边、多边协定，深化合作关系，签署更优惠的税收协定和升级投资保护协定，营造良好的投资环境；提高我国对沿线国家发展的援助力度，创造投资机会，明确国际发展援助的具体目标、重要领域、主要政策等，制定专项的国际发展援助规划。加强海外宣传，塑造有利于"走出去"的舆论环境，注意宣传策略，建议在海外宣传上高举贸易全球化大旗、贸易自由化大旗、世界互联互通大旗、互利共赢大旗。

（清华大学公共管理学院国情研究院　地力夏提·吾布力）

进一步扩大自由贸易试验区试点

营造法治化、国际化、便利化营商环境，构建与国际高标准投资、贸易、管理规则接轨的自由贸易园区。在实行准入前国民待遇加负面清单管理制度、国际贸易功能集成、口岸通关监管模式创新、人民币资本项目可兑换、跨境人民币业务、融资租赁等方面先行先试，加快形成可复制、可推广的制度框架和经验做法。

（北京大学环境科学与工程学院　赵旭飞）

建设境外农业合作区
深化农业国际产能合作

聚龙集团是中国棕榈油贸易领域中市场份额最大的内资企业。2008年以来，随着国内粮油加工产业产能过剩态势的日益凸显，本着"输出产能，对接资源，开拓市场，保障供给"的基本思想，聚龙集团在国家境外经贸合作区农业产业型园区建设政策的指引下，开始整合企业在印尼的农业产业资源，积极筹划建设中国·印尼聚龙农业产业合作区，着力为中资涉农企业走向印度尼西亚开展国际产能合作打造完备的公共服务平台。

2015年，国家明确提出要以企业为主体，政府发挥促进和推动作用，大力推进国际产能合作，为我们广大"走出去"企业深入开展国际产能合作提供了政策指引、指明了发展路径、坚定了合作信心。与此同时，我们也真切感觉到了农业企业在国际产能合作中的诸多挑战与困难，亟待得到国家的政策支持与助推。其中，最突出的难题就是农业国际产能合作的金融资源配置严重不足，主要表现为境外农业资源开发投入大、回收期较长（棕榈种植开发成本10年才可收回），迫切需要足额的中长期项目贷款支持，但国内商业银行参与度都不高，且缺少相适配的金融产品，部分有条件的政策性银行也在信用结构方面以"内保外贷"、高比例（30%）自有资金来控制风险，并且产品仅限于并购和开发贷款，从而制约了农业企业国际产能合作项目的可持续深入推进。

为此，我们诚挚期望国家在"十三五"期间能够从如下几个方面着力，帮助企业解决国际产能合作中的现实难题：

第一，希望国家能够设立农业国际产能合作专项基金或在中央财政外经贸发展专项资金中开设农业合作专项，协调丝路基金、东盟基金等基金项目对农业国际产能合作予以重点支持，同时结合国家"两行一基金"项目规划与部署，充分运用现有政策并做适度调整与突破，对农业企业国际产业合作中的基础设施建设项目与农业开发项目给予资本金、项目贷款配套支持，助推农业企业国际产能合作深入推进。

第二，衷心期待国家能够大力推动国内金融机构创新，扩充融资渠道，破除战略性资源开发领域的纯商业融资障碍，支持企业以境外资产、股权等权益为抵押开展贷款，支持企业境外发债，允许有资质的"走出去"企业可以试行"外保外贷""外保内贷"等多种融资模式，充分盘活企业境外资产，通过商业模式解决企业融资难的问题，促进企业境外投资的规模化可持续发展。

第三，将国家援外项目建设与企业国际产能合作相结合，将文化"走出去"与国际产能合作紧密结合，在援外基础设施建设项目中优先考虑企业国际产能合作中的基础设施建设需求，以援外资金助推企业基础设施配套建设，助企业降低综合开发成本、以企业项目开发凝聚人心；同时，希望能将我们的友好城市、孔子学院建设与双边人才培训交流等项目与企业产业国际合作结合起来，深化民间文化交流，促进民间外交，为推动产能合作营造良好的环境氛围。

（天津聚龙集团党委书记、董事长　杨学𪢮）

关于在"十三五"时期分类制定
双边贸易政策的建议

"十三五"规划建议提出"开放发展",开放发展预示着加速中国与主要贸易伙伴国的双边贸易自由化进程,但同时,要具体问题具体分析,划分国别类型,调整双边贸易结构,建议划分为三类:

一、产业互补型梯度差异国家

产业互补型梯度差异国家是指美、欧、日、韩等与中国的产业结构区别较大的国家。上述国家完成工业化较早,产业结构逐步向以第三产业为主进行转变;根据相关实证研究,中国与上述主要贸易伙伴国家的贸易自由化对就业的影响呈现长期正向关系,建议在降低双边关税水平,取消双边非关税壁垒的同时,强化对主要发达国家贸易谈判和磋商,探索与主要发达国家建立良好双边贸易关系的路径。

1. 对美贸易政策

在后金融危机时代,美国由于经济增长依然乏力,就业压力严峻,开始注重开拓国际市场以缓解国内经济压力。2010年年初,美国总统奥巴马在国情咨文中设定了五年出口倍增的目标,提出五年内通过国际贸易增加200万个就业岗位的计划,中国作为其重要的贸易伙伴,受到该计划的影响。美国在 1969—1974 年曾出现过出口倍增的情况，美国拥有全球顶级的研究型大学，有大量的研发开支和世界顶级的金融机构，其金融服务业占国内生产总值的三分之一，这些优势都使美国最有可能成为全球下一轮产业革命的发动机。在这样的形势下，作为美国第二大贸易伙伴，中美双边贸易政策对中国就业产生了较明显的影响。根据美国经济分析局的统计数据，从 2000 年到 2012 年年底，美国对华的货物出口总额从 162 亿美元上升到 919 亿美元，增长了 4.7 倍，其民用飞机及零配件、汽车及零配件、集成电路、自动数据处理设备等均是美国的主要出口商品。根据相关研究显示，中国的劳动密集型产业在未来一段时间内仍处于优势产业，而美国的金融服务业仍占其国内生产总值的相当比重，这表明中国和美国的贸易没有根本冲突，加快其贸易自由化进程对两国就业均会有一定帮助。此外，美国"五年出口倍增计划"将为中国的经济结构调整提供动力，契合了中国"扩内需、调结构、稳增长"的改革主题，建议中国政府逐步降低经济增长对外部市场的依赖，加快向更为均衡的经济结构转型，这对于中美两国的就业都将是有利的。

2. 对欧贸易政策

中欧双边贸易经历了长时间的调整磨合，已经步入较稳定的发展轨道，但短期内双方在人民币升值及市场开放等领域的纷争使得双边自由贸易就业效应出现了短期负向情况。要克服这样的影响，就要分析导致此种情况出现的原因，对症下药。当前中欧经济形势均已基本稳定，市场需求逐步复苏，但人民币对欧元升值使得中国产品在欧洲市场的竞争力逐渐下行，欧盟对中国企业的反倾销措施日益频繁，使得中国制造在欧洲市场频繁受挫，由于货币升值对劳动密集型出口市场的影响大于资本密集型，这就需要中国经济转型和产业结构调整，产业结构必须由低端加工制造向高端设计研发转变，才会使得中国企业劳动力结构早日迈过"生产力门槛"，跨向资源和高技术密集型行列。由于欧盟经济仍处于复苏阶段，中欧双边经贸关系仍存在部分争端与摩擦，加之人民币对欧元相对再次出现贬值趋势，也将可能导致欧盟的贸易保护主义加剧。为此，要探索建立双边贸易争端诉求长效机制并及时发布预警信息，引导中国企业把握欧盟市场变化规律，抵御风险，保障中欧双边贸易自由化朝着更趋合理的方向发展。

3. 对日贸易政策

中日两国的双边贸易自由化对中国就业的冲击一直呈现平稳状态，在经历 2002 年至 2004 年短暂的下挫后，转向上升态势。中日两国无论从产业结构上还是居民消费需求上都具有很强的互补性，而且两国在空间距离上具有得天独厚的优势，中国经济高速发展扩大了日本产品的市场，中国相对低廉的劳动力也有助于日本降低生产成本。中日贸易依存度加大了日本对中国的贸易顺差，中国已经成为日本第一大出口市场。截至 2012 年 1 月，日本有超过 2 万家日资企业在中国进行制造业生产活动，但是这些企业大部分不拥有创新性的核心技术，而这些制造业生产活动又创造了大量劳动密集型的就业岗位。由于中国致力于加快转变经济发展方式和进行产业升级，因此建议中国在继续加速与日本双边贸易自由化的同时，加快对日本核心技术的引进力度，以对日本高科技半成品税收优惠的方式吸引更多的高技术以及高科技人才进入中国。

4. 对韩贸易政策

近年来，中韩两国的双边贸易自由化对中国就业的冲击一直呈现上升态势，这是由于中韩贸易的互补性是建立在双方比较优势存在差异的基础上的，中国自然资源和劳动力资源丰富，决定了中国在资源加工型和劳动密集型产业上存在比较优势，而资本技术密集型产业是韩国的比较优势产业，中韩互补的产业结构给双边贸易发展提供了广阔的发展空间。但是，韩国针对中国出口产品的各种贸易壁垒呈现数量增加和形式多样的发展趋势，因此，中国政府部门应当引导行业和企业与韩方建立畅通的沟通渠道和贸易磋商机制，逐步降低双边关税水平，取消双边非关税壁垒，为中韩两国经贸关系的发展创造良好的贸易环境。

5. 对加贸易政策

常年来，中加两国的双边贸易自由化对中国就业的冲击呈现平稳态势，两国经济的互补性为中国和加拿大的双边贸易提供了广阔的发展合作空间。加拿大自然资源储量丰富，是全球能源主要供应国之一，而中国是世界上最大的制造中心，中国需要加拿大的能源进口作为工业发展的基础性保证，加拿大需要中国为其提供传统的纺织服装、电器设备及其部件、钢铁制品等工业制成品。建议在"十三五"时期，进一步深化与加拿大经贸合作，夯实基础，为企业投资争取良好环境支持，同时引导企业优化出口商品结构，加快两国新技术对接、新产品的合作研发，增加高新技术产品在中加两国双边贸易的份额。

二、资源互补型梯度差异国家

资源互补型梯度差异国家是指俄罗斯、澳大利亚等与中国的产业结构有较大区别，同时自然资源较之中国具有绝对优势的国家，而中国的人力资本相比上述国家具有优势。相关研究表明，中国与上述主要贸易伙伴国家的贸易自由化对就业的影响呈现长期正向关系，建议深化与上述国家的务实合作，以双边自由贸易区的建设为契机，加快本币结算进程，把双边贸易自由化推向新的高潮。

1. 对俄贸易政策

根据相关研究显示，中俄双边贸易自由化对中国就业的长期影响关系为正向，这是由于中俄两国地缘优势和互补的经济结构决定的，俄罗斯是世界大国和科技强国，属于资源密集型国家，中国是世界上最大的发展中国家，俄罗斯资源性产品为中国高速的发展提供了动力，中国的劳动密集型产品为俄罗斯的发展同样注入了活力。两国发展的可互补领域广泛，一是科技互补。俄罗斯科技基础比较雄厚，也是重要的技术出口国，如果能够适当利用俄方的高科技能力，将大大节省中国经济发展过程中自主研发的财力和精力。二是能源互补。中国虽然资源较多，但人均数量少，开发和利用不够，而俄罗斯能源资源十分丰富，自俄罗斯进口能源型产品在中国市场上占据非常重要的地位。三是劳动力资源互补。中国人口13亿多，劳动力资源丰富。而俄罗斯人口仅1.4亿多，劳动力资源相对匮乏，这为双方开展就业领域的互利合作奠定了基础。四是工业结构互补。在工业结构上，俄罗斯存在着重者过重和轻者过轻的问题，即重工业发达，轻工业落后，而中国的轻工业则是传统优势工业，轻纺产品在全球市场已经占据稳定的市场份额，俄罗斯市场对中国轻工产品需求旺盛，而且已形成了一定程度的依赖性。建议在此基础上，强化与俄罗斯的战略合作关系，把双边贸易自由化进程提升到新的水平。以东北老工业基地振兴为契机，围绕天然气、森林、矿产、土地等能源领域启动重大项目，进行联合开发，积极探索黑龙江省的自由贸易内陆港区和保税区建设，促进中俄区域贸易成为新的增长极。建议海关和质检部门探讨建立俄中联合机制，加快两国边境新的口岸建设工作，电信和其他信息部门应就国际互联网流量交换及信息技术市场的共同开发争取与俄方达成共识，以促进两国经贸合作朝着更广泛和深入的目标迈进。

2. 对澳贸易政策

中澳两国同属亚太经济合作组织成员国，两国共同致力于经济一体化进程，促进绿色经济增长及加强监管合作和规制融合。建议加强与澳方的信息互通，了解对方的市场需求变化情况及宏观经济政策走向，使经贸合作更有针对性，更符合双方的实际需要。在进一步加深经贸合作的前提下，适时取消敏感性行业的投资设限，改革大宗资源性产品的垄断性经营方式，为中国企业对澳大利亚投资创造良好的政策环境，也将会在很大程度上促进双边经贸的深度融合。

三、无梯度差异型贸易伙伴国家

无梯度差异型贸易伙伴国家是指印度、东南亚等与中国的产业结构及自然资源相似的国家。上述国家人力资源丰富，国民经济水平不高，人均收入较低，与中国国情相似。根据相关研究显示，中国与上述主要贸易伙伴国家的贸易自由化对就业的冲击近期呈现下降态势，建议针对中国和上述国家的比较优势，将竞争转换为新的合作机会，发展产业内贸易，形成新的分工合作关系，培育新的增长点。

1. 对印贸易政策

近年来印度产品对中国市场依赖程度有所下滑，为了使中印双边贸易扩大数量并提升质量，建议与印度在竞争激烈的产业内建立新的战略经济对话机制，以印度发达的软件业作为突破口，建立中印双边服务贸易自由协定，促使中印两国双边贸易自由化对中国就业的影响从负向作用转为正向。以金砖五国开发银行建设为背景，实现中印双方的本币结算。以中印两国相互接壤的地缘优势为依托，大力开拓中国西藏地区的服务业发展，争取早日建立以促进服务贸易发展为主的中印双边自由贸易区。

2. 对东盟贸易政策

东盟不同国家自然禀赋及经济发展水平的不同，导致国家在资本及技术密集型产品上的互补性不同。中国与东盟自由贸易区各成员国间的经贸发展随着双边贸易便利化程度提高而不断提高，中国和东盟的自由贸易区建设应在生态、环保与新能源领域合作，制定与之相适应的贸易发展规划，利用自由贸易区各成员国经济发展水平的差异，进一步增进双边贸易的互补性。具体建议：一是进一步加快中国产业结构调整，增进双边经贸合作互补性，不断加大经济转型升级的力度，改善产业和贸易结构，加强对核心自主知识产权的重视，形成与东盟国家错位竞争的格局。二是充分利用自由贸易区优惠政策，引导企业开拓自由贸易区市场，加强与东盟的自由贸易区信息服务平台建设，制定专门的区域经济监测预警机制，对企业普及自由贸易区投资预警信息、自由贸易降税进程安排、原产地证书申领等信息内容。鼓励国内企业加强对自由贸易区各成员国的市场研究并积极利用次区域开发合作推动广西、云南等边境省区加速发展。

（深圳海关　王　可）

结合"一带一路"战略
推进健康服务业开放发展

"一带一路"建设是 21 世纪中国最重要的国家战略之一。"十三五"时期，我国健康服务产业创新发展，既要注重开拓搞活国内健康服务市场，还要积极应对健康产业全球化与医疗旅游快速发展的格局，实施"走出去"发展战略，努力开拓国际健康服务市场。

我国有五十多年援外医疗工作的历史经验，为"十三五"时期开拓健康服务业海外市场奠定了良好的基础。自 1963 年第一支援外医疗队抵达非洲，五十年多来，我国先后向 66 个国家和地区派遣援外医疗队员 2.3 万人次，开启了中国一项跨越五大洲、延续半个多世纪的伟大事业——援外医疗。五十多年来，中国医生在受援国防治传染病、常见病和多发病，而且为受援国引进了心脏外科、肿瘤摘除、断肢再植、微创医学等高精尖医学临床技术，同时将针灸推拿等中国传统医药以及中西医结合的诊疗方法带到受援发展中国家。我国政府为非洲许多国家无偿援建了上百所医院，赠送了大批医疗设备和药品，缓解了许多非洲国家的燃眉之急，医疗队员们还通过临床带教、学术讲座等形式为受援国培训医务人员留下了一支支"不走的中国医疗队"。在全球 13 个四类艰苦地区国家中，12 个有我国援外医疗队。半数以上医疗队员工作在受援国边远贫困地区。

因此，"十三五"时期，我国健康服务产业的创新发展，要结合国家实施的"一带一路"战略，注重与我国长期以来实施的援外医疗项目相对接，探索人道主义卫生援助与健康服务产业相结合的新模式，实现互惠双赢，为健康服务企业开拓国际市场、扩大市场份额、提高国际竞争力创造必要条件。对此，建议"十三五"国家卫生计生事业发展规划明确将抓住"一带一路"重大机遇、开拓健康服务业海外市场作为一个重要战略目标。

（安徽医科大学　杨善发）

助力基建行业实现高铁"出海"的中国梦

中国目前高速铁路建设成就和技术成果已获得国际社会的广泛关注和认可。"十三五"期间，随着"高铁出海"和"一带一路"战略的推进，中国高铁全产业链条输出将会把更多的铁路基建企业带入世界舞台。但据调查，我国的"高铁出海"仍存在着诸多问题。

从当前看，"高铁出海"的基建行业仍面临着这些风险和挑战。一是海外施工经验不足，主要是对当地自然环境、政策民俗及资源配置等情况调查了解不充分，同时对国际社会政权迭变，国际力量干预等政治风险未进行有效评估，导致我国铁路建设企业遭受严重打击。二是缺乏规范和标准输出意识，大多数企业仍将"高铁出海"观念停留在传统的低端劳务输出和初级产品输出层面，无法提供高端领域的全面合作和技术引领，降低了中国高铁在国际社会的品牌效应。三是对于国际社会的市场规则和法律体系水土不服。我国全面放开铁路建设市场时间尚短，行业内的市场意识、服务意识、履约意识都比较薄弱，对于国际社会成熟的市场经济规则和健全的法律体系无法完全适应，铁路建设行业存在着技术水平先进和市场意识薄弱的矛盾关系。

"十三五"期间，为了推动高铁"走出去"战略的进程，就必须不断提升我国铁路建设行业的国际竞争力。一是提高对海外市场的认知能力，通过政府建立信息共享平台，加强对国际社会各类信息的搜集和处理，使得企业能够掌握项目所在地的真实情况，从而制定出更符合实情的建设方案和应对措施。同时,政府应建立国家风险评估体系,利用资源优势,综合评估项目所在国的国家各类风险状况。二是铁路建设企业应充分发挥我国高铁管理先进,技术领先,经验丰富的优势,从单一的施工管理模式向总承包、投资、实物换资源等高端模式转变,着力打造"中国高铁"的标准输出,提高我国高铁在国际社会的品牌认可度。三是加强对国际条约以及国际惯用特许权协议的深入研究,同时应加快铁路建设市场化改革进程,在国内营造良好的铁路建设市场环境,既可提高我国铁路建设领域的市场竞争意识,又能吸引更多民资参与铁路建设,形成互利共赢的局面。

(中建铁路建设有限公司 李 观)

关于琼州海峡跨海工程尽快推进实施的建议

作为一个在海南岛生活了几十年的岛民，作为"一带一路"战略的积极拥护者，我建议将琼州海峡跨海工程列入国家"十三五"规划并且尽早实施。海南无论是在地理位置、区域发展还是军事战略上，都具有极为重要的战略意义。然而，当前海南与大陆的交通联系只有航空和海运，客货车等陆路交通工具只能通过海运货轮运输。而海运和航空不同程度受到环境气候的影响，极大地制约了海南的发展，一定程度上也影响了国家在政治军事上的部署。琼州海峡跨海工程，最早于 2008 年形成构想，原计划"十二五"期间开工建设，但是至今没有进展。海南的发展虽然不仅仅依赖于跨海交通，但跨海交通是其中一个重要因素，对于国家"一带一路"战略也具有举足轻重的意义。跨海工程建成后，琼州海峡铁路通过能力将由目前 8—10 对 / 日提高到 400 对 / 日，公路过海能力由目前滚装的不足 6000 辆 / 日提高到 10 万辆 / 日，海口至湛江的铁路旅行时间由目前的 4.5 小时缩短至 1.5 小时以内，公路出行时间由 7—8 小时缩短至 2 小时以内。总之，琼州海峡跨海工程对于完善全国综合交通运输体系，加强"泛珠江三角洲"地区的交流与合作，促进中国—东盟自由贸易区的发展，实施国家"一带一路"战略都具有重要而深远的意义，希望能够及早布局。

（海南大学　王明民）

网友建议六条

1.2014 年 12 月 15 日，李克强总理与哈萨克斯坦总理马西莫夫在共进早餐会谈时首次提出国际产能合作。现在越来越多的国家和地区积极响应和参与产能合作倡议。国际产能合作就像一粒"种子"，从它播种到发芽再到茁壮成长的过程，也正是中国不断扩大开放，推进产业转型升级的过程。因此建议：将鼓励企业积极参与境外基础设施建设和产能合作，推动中国装备走出国门，联合有关国家共同开发第三方市场和国际产能合作"3 乘 3"模式写入"十三五"规划纲要。积极对接各国发展战略，支持在"一带一路"沿线国家开展基础设施建设和产能合作，推动高铁、核电、通信等装备走出国门，拓展国际经济合作新空间。促进钢铁、水泥、建材等产业对外投资，搭建国内富余优质产能向外输出的桥梁。扩大出口信用保险规模，丰富汇率避险产品，为"走出去"的企业提供稳定的资金支持和规避风险工具，让中国企业在国际市场汪洋大海中搏击风浪，不断发展壮大。

（中国政府网网友　歌唱祖国）

2."一带一路"的大旗帜下，中国对外开放的步伐加快。国际产能合作带领中国的重工业走向世界。"十三五"要继续发扬光大对外合作的精神，除了铁路、大桥、高铁等项目，还要把国内其他有优势的项目引向国外，同时要将我国的自主研发品牌发扬光大，在世界市场中占据一个席位。

（中国政府网网友　三尺裤腰）

3. 关于亚投行投资方向及资金调度的问题，建议选取先进产业进行投资，各个加入资金国按加入比例进行调整，并领取相应资金进行本国专项投资，收益以投资内容规定的收益为准。

（中国政府网网友　哈　哈）

4. 中国作为国际舞台上的一支重要力量，受到了来自全球的瞩目。虽然前有中国国家宣传片登陆时代广场，后有中国国产电视剧电影吸引了大量国外观众，但由于文化差异等因素，立足于我国特色文化的传播内容，难以被许多国外民众理解，导致我国的正面国家形象很难深入国外民众心中。希望国家加大培养研究国际传播的人才，注重对受众所在国家文化等多方面的理解。在对外传播时，既注重中国特色，也关注国际惯例，更增强与其他国家受众的联系，提高传播效率，为我国在国际舞台上活动塑造更加有利的形象。

（中国政府网网友　camile）

5. "一带一路"建设，"筑路"是建立联系的手段，"建带"是加深联系、形成命运共同体的手段。在当今世界政治、经济与地缘关系格局中，"建带"显得比"筑路"还要重要。在世界利益格局中，既存在价值观联盟，也存在短期利益联盟。短期利益联盟能够在较短的时间范围内形成，但从长时间发展看，价值观联盟会更加坚固。因此，"一带一路"建设，关键也要考虑如何把短期利益联盟演化为长期价值观联盟，在此主要谈谈物流的方法。第一，根据物流有效辐射半径，将垂直于路的方向 500 公里范围内的节点城市、工业基地、商贸集散地和物流节点统统纳入到带的范畴考虑；第二，以中国的货源地、制造基地、商贸

253

市场作为源，以沿路国家城市、人口密集地作为汇，进行产品、产能、人才输出总体布局；第三，将国内大型批发市场、农贸市场、商品交易市场模式沿路输出，并配套餐饮连锁、院线；第四，让沿路国家在享受中国产品的同时，深入地了解中国文化、历史、现实人文特色；第五，丰富单一的孔子学院模式，大力弘扬中华文化、中国文明。

（中国政府网网友　讲　理）

6.争取更多的国际组织总部落户中国。如何吸引国际组织在中国落户，提出以下几点建议：第一，推动构建新型国际组织并落户中国。尤其那些符合21世纪人类发展理念的国际组织，努力使其成为促进我国经济发展、社会进步、科技创新的推动力量。比如：正在组建的亚洲基础设施投资银行；未来还可以组建丝路经济带开发银行、世界绿色发展基金、世界残疾人联合会等。第二，要合理布局落户城市。在选择相关国际组织的具体落户城市时，应尽量选择那些交通便捷、服务完善、具有较高现代化程度和国际交往经验的城市。第三，要为国际组织的落户制定相应的优惠政策。按国际惯例，东道国往往在资产购置、税收缴纳、人员出入境等方面给予落户的国际组织及其工作人员优惠的待遇。同时，具有外交身份的国际组织工作人员还可以享受相应的外交特权与豁免。在吸引国际组织落户时，我们应根据国际惯例制定相关的优惠政策。第四，做好国际组织落户的相关配套措施。国际组织落户后伴随的是东道国国家形象的展现。对我国而言，硬件方面固然重要，但重中之重是软件。其中，国民素质的提升，特别是民众国际交往能力的提升是一项紧迫的任务，尤其需要我们在教育体系中加以重视和培养。

（中国政府网网友　石现梦想）

2016—2020

五、共享发展

共享是中国特色社会主义的本质要求。必须坚持发展为了人民、发展依靠人民、发展成果由人民共享，作出更有效的制度安排，使全体人民在共建共享发展中有更多获得感，增强发展动力，增进人民团结，朝着共同富裕方向稳步前进。

——摘自《中共中央关于制定国民经济和社会发展第十三个五年规划的建议》

加快城乡中小学建设力度
促进城乡教育一体化发展

随着城市外来务工者的增多，其子女入学成为很多城市的难题。城市教育资源有限，供需矛盾日趋紧张。为缓解这种压力，必须促进城乡教育一体化发展，让更多农村孩子能享受更高水平的义务教育。建议：

第一，加快外来人口较多城市优质中小学建设。根据常住人口数量，确定学校建设目标和规模，保障外来人口子女享受同等、优质的义务教育。

第二，加快农村中小学升级改造。使农村中小学软硬件设施逐步达到与城市学校相当的水平。

第三，加强城乡教师资源交流与共享。推动城市优秀中小学校长在农村中小学轮岗与兼任，鼓励城市优秀教师到农村学校送课。增加农村教师到城市培训学习的机会，进行同课异构、交流互动，提高农村教师的教学能力。

（青岛陶行知研究会　杨　升）

关于均衡发展中小学的建议

近二十年来，随着城镇化进程加快，农民工进城务工和鼓励落户城市的政策推动，我国二、三、四线城市（即中西部省城、地级市、县城）人口膨胀，普遍增加 3—4 倍，而幼儿园、学校的增加与人口增长的速度极不相称，导致学校班员满额。

以湖北省大冶市为例，原有老城区小学、初中普遍 70—80 人一个班，有的甚至达到 90 人一个班（2001 年我儿子上学是如此，现在我外孙上学还是如此），老师上课要用小话筒讲课，课堂教学效果可想而知。然而，农村的小学、中学生源流失极其严重，有些学校在十多年时间之内由 1000 多人减到 300 多人，有些村级小学由几个合并为一个中心小学。

大冶市城区多年来只有一家公立幼儿园——机关幼儿园，民办或师资不全或环境差的私立幼儿园数量较多，估计这种状况在全国较为普遍。这种状况对我国未来的发展影响是巨大的，建议我国二、三、四线城市（即中西部省城、地级市、县城）根据人口增长规划好学校建设。建议每个县城城区应该有 5—8 所师资较好的公立幼儿园，8—12 座师资较好的公办小学和初中，5 所高中，2—3 所职业中学，严格控制班额（每个班最多不超过 45 人）。地级市、省城依据人口增长状况规划好学校建设，以促进我国人口素质的不断提高。

（湖北省大冶市财政局　明廷辉）

关于"十三五"时期做好共享发展
制度安排的建议

党的十八届五中全会提出坚持共享发展，要求作出更有效的制度安排，不断提高全民共享水平。现就共享发展的制度安排问题提出几点意见和建议，供编制"十三五"规划参考。

一、坚持和完善三类资产共享制度

我国社会总资产分为资源性资产、经营性资产和事业性资产三类，都属于共享对象，但不同资产的共享方式有差异。对这些资产实行公有制为主体、多种所有制经济共同发展的基本经济制度，是实现共享发展最重要的制度保障。

1. 坚持和完善资源性资产公有制

资源性资产包括土地、矿藏、森林、草原、水流等，在不同范围内分别属于国家和集体所有，因而分别由全民和集体成员以多种方式分享。要严格执行宪法和土地管理法、矿产资源法、环境保护法、森林法、草原法等法律关于资源性资产属于公有的规定。目前由国土资源部、农业部、环境保护部、水利部、林业局等部门分头管理各类资源性资产，这种多部门分工管理不同类型资源型资产的体制是可行的，但是需要进一步明确权责关系，加强统筹协调，完善各种资源管理制度，确保国有资源性资产真正用于全民利益，集体资产真正用于集体成员利益。

2. 实行经营性资产多种所有制共同发展

经营性资产在不同企业分别属于国家、集体、私人和外商所有，通过为社会成员提供就业机会和经营收益而实现分享。经营性资产权属比例取决于不同投资来源和市场决定资源配置并实现增值的状况，既没有理由要求公有制企业退出竞争性行业，也没有理由限制非公有制经济，应当在法律约束下让市场充分调节不同经济成分的经营性资产比例，维护多种所有制经济共同发展的繁荣局面。

3. 在科教文卫等事业领域充分发挥公有制单位的主力军作用

事业性资产主要分布于科教文卫体领域，绝大部分属于国家和集体，少量属于私人和外商。按照科学技术是第一生产力、人力资源是第一资源的观点，科教文卫事业承担发展科学技术和培养、保护人力资源的任务，实际上是整个社会生产力的重要组成部分，也是向全民提供公共服务的主要物质基础。公有制事业单位要通过提供科教文卫体等服务，为实现共享发展作出更大贡献。

二、建立健全公平教育和充分就业制度

教育和就业制度直接决定社会成员能否分享各种发展条件和发展成果。这方面的制度还存在一些不足，需要逐步完善。

1. 完善公平教育制度

一是调整和优化中小学资源配置，消除不同学校之间教学质量差异过大的现象，力求为青少年提供同等优质教育，以利于他们共同发展；二是调整和优化高等教育和职业技术教育结构，适当缩减本科教育规模，扩大职业技术教育特别是技工教育规模；三是调整和优化高等教育中各学科专业结构，更好地适应社会需要；四是调整和优化研究生教

育学术型和事业型结构，缩减学术型培养规模，扩大事业型培养规模。

2. 完善劳动就业标准

目前国内关于劳动标准的规定分散在不同法律法规中，有些规定不够明确，不同地方和行业就业的一些基本标准不统一，约束效力参差不齐。建议国家制定劳动就业标准法，对就业的最低年龄、工作时间，最低工资、加班工资、职业培训、公众假期、有薪年假、产假等内容作出更加明确和具有权威性的规定，以利于规范劳动就业活动。特别是要从制度上改善包括农民工在内的生产一线工人的劳动条件和工资待遇。

3. 建立三次产业就业促进和调节制度

第一产业要鼓励各种专业户和种养殖能手安心从事农业生产；支持那些学有所长的农民工返回农村创业，通过发展现代生态农业、规模化种养殖来稳定和增加就业；鼓励大中专农林专业毕业生到第一产业创业，以输送和补充高素质劳动力。第二产业特别是制造业要根据不同行业的特点，有选择地发展劳动密集型、资本密集型、技术密集型和劳动资本技术混合密集型产业，调整和优化各个生产环节的人员结构，加强以研发核心技术、培育自主品牌为目标的工作团队，通过产业技术进步来提高就业质量。第三产业进一步挖掘交通运输、商贸会展、餐饮住宿、旅游等传统服务业的就业潜力，促进和规范快递业务，继续发展金融、科教文卫、托儿养老、休闲娱乐和家政服务业，提供更多工作岗位。利用"一带一路"契机，积极承揽国际合作项目与工程，输出劳动服务，拓展境外就业空间。

4. 推行更加积极灵活的招工用工制度

坚持分区域定期举办各种职业招聘会，由部门、行业、区域和企业分别办好各类劳动就业网站，充分发挥网络在促进就业中的作用。加强跨区域劳动就业信息交流，防止虚假信息误导劳动力流动。企业要根据就业市场供求关系灵活掌握招工条件，通过提高工资待遇和改善劳动条件来吸引劳工。在扩大正规就业的同时鼓励和支持非正规就业。

三、按收入与贡献一致原则改进分配制度

在社会主义市场经济中，一般人分享经济社会发展成果是通过分配和交换实现的，分配遵循收入与贡献一致原则，贡献大者收入多，反之则少。这样既有利于发展生产力，又有利于社会成员特别是广大劳动者共享发展成果。

1. 在城镇企事业单位、党政机关全面加强劳动贡献和业绩考核，改进按劳分配制度

企业要以市场为基础考核劳动贡献和资本等要素贡献，克服对劳动贡献低估和对资本等要素贡献高估的问题；在劳动贡献考核中，要全面考核生产一线员工和管理层的业绩，克服前者贡献低估和后者贡献高估问题。事业单位全面推行绩效工资制，改进对专业技术人员的业绩考核方法和指标。加强党政机关干部或公务员业绩考核，把业绩考核作为干部提拔职级的前置环节。通过多种工资制实现收入与贡献直接挂钩，完善激励机制，增强工作动力。

2. 在农村完善按劳取酬和农产品价格保护制度

总结农村集体经济组织收入分配经验，将有普遍意义的成功经验制度化并加以复制推广。政府主管部门和各种中介组织通过改善农业生产条件、提供各种必要服务、减少税费来增加农户经营所得。完善农产品价格保护和补贴制度，减少流通环节，让价格保护和补贴的好处真正落实到农户，而不是由过多的中间环节克扣瓜分。

3. 按市场决定资源配置规律来建立健全资本参与分配的制度

资本参与分配的方式包括实业投资盈利、入股分红、存款取息等。这些方式都必须遵循市场决定资源配置规律，由市场决定初次分配中各种投资的收入水平及其在总收入分配中的比例。均衡调动劳动者和投资者的积极性，既不因劳动报酬过低而影响工作的积极性，也不因资本收

益过低而影响投资的积极性。拓宽民间投资渠道，规范收入获取方式，更加珍惜和有效保护人民群众的合法财产和收入，鼓励人们通过财富的不断积累和增值来实现共享发展。

4. 完善技术多途径参与分配制度

技术参与分配的主要方式是：专项技术折价入股，获得红利；专利技术一次性拍卖，转化为技术发明人的收入；技术创新奖励和资助。前两种方式要准确评价技术价值和应用前景，给予技术产权所有人合理收入；第三种方式主要是通过设立技术研发项目，给予一定经费资助，其中部分转化为劳动报酬，在一定程度上体现技术参与分配。逐步增加技术创新项目资助和奖励额度，实行项目经费按成果包干，分研发启动、成果中期评审和最终验收结项等阶段拨给经费，并按成果质量和技术水平浮动。

四、加快建立先富带共富制度

我国自改革开放以来实施的先富带共富战略符合共享发展理念，而且已经取得明显成效。总结这方面的成功经验，可以建立先富带共富制度，通过共享发展实现共同富裕。

1. 推进区域之间财政转移和经济合作制度化

提高财政转移支付的透明度，定期公布公共财政收入的地区来源和支出去向，以激励沿海地区对国家财政收入贡献较大的省份继续多缴税，帮助中西部发展。东部地区与西部地区按一定行政区划进行对口支援，包括由先富地区承担对口支援地区部分基础设施建设、投资办厂、转让技术、输送人才和帮助培养人才、救灾重建等，这是地区之间先富带共富的一种有效方式。在各省内部发达地区和相对落后地区之间也要积极开展对口支援。这种对口支援可逐步提升为区域间的经济合作，通过相应制度加以规范，长期坚持。

2. 完善社会帮扶和捐赠制度

支持和鼓励成功的民营企业家把收入用于再生产和技术创新，不断发展，为社会提供更多的就业增收机会。各地可以挑选一批种养殖能手，给予适当的资金和政策扶持，为他们提供必要的技术和市场服务，支持他们带动更多的群众共同致富。单位和个人捐赠对扶贫救灾有一定作用。全国各类捐赠活动不少，特别是发生重大自然灾害后，有组织和自发性捐钱捐物很多，对扶贫和灾区重建作出了积极贡献。但是也存在名目过多、透明度不够等问题，因此需要加强管理。对网上募捐活动要给予必要监管，防止利用网上募捐实行欺诈或中饱私囊。实行捐赠流向公示制度，确保捐款捐物切实用于贫困户和灾民。

3. 建立健全贫富监测和调控制度

目前国家宏观调控目标主要是实现经济增长、充分就业、稳定物价和国际收支平衡。在此基础上，有必要把缩小贫富差距列入国家宏观调控目标，并做好相应的制度安排。运用金融和财政手段，比如实行贷款利率优惠、减免税等政策，支持和鼓励企业到后富地区特别是贫困地区投资发展。设置反映城乡居民生活水平的综合指数，由人均收入、主要消费品的人均消费量、受教育程度、人均寿命等多种指标按一定权重合成，对全国、城乡和区域居民生活水平定期进行测算并公布结果。及时修订国家贫困标准，从国情出发制定家庭富裕和共同富裕标准，对经济社会发展水平作出更加科学的评价。继续做好基尼系数、高中低收入群体收入水平等指标的调查统计、测算和发布工作。

（广东省委党校中国特色社会主义研究所教授 郑志国）

关于完善法律治理体系的建议

　　第一，建议突出合规性审查在中国企业"走出去"中的地位和作用。法律风险已成为中国企业"走出去"和国际化过程中的重大风险之一。对于中国企业特别是国有大中型企业开展跨境并购、投资等活动，建议由相关机构进行审查、出具意见。同时对中国企业在境外运营的合规性，建议设置适当的审查机制，并由法律服务机构出具审查报告。

　　第二，建立证券集团诉讼制度。目前正在积极推进的注册制需要以集团诉讼以及连带的高额赔偿和违约制度作为保障，否则将无法确保市场信息披露义务的实现。

　　第三，提高刑事辩护律师的地位，落实刑事辩护制度。由于刑事律师得不到充分的职业保障，目前刑事诉讼控辩率低，许多律师不愿从事刑事律师行业，也导致刑事辩护制度没有得到有效发挥。建议推行以审判为中心的诉讼制度改革，突出刑事辩护律师的地位和作用，落实刑事辩护律师的职业权力和职业保障。

（北京市金杜律师事务所合伙人　龚牧龙）

从严治理资本市场 加强投资者保护

2015 年夏天的股灾使不少投资者蒙受巨大损失，甚至威胁经济金融稳定，很大程度上在于不少股票的价格偏离价值，除了资金杠杆的作用外，一些媒体和分析师起到了推波助澜的作用。为此提出几点建议：

第一，规范证券分析师行为。对于收取上市公司好处，不当提高对公司估值的，一经发现，像一些发达国家市场那样给予严厉处罚甚至终身禁入。完善分析师行业评价机制，使那些不被投资者情绪裹挟的分析师得到声誉上和经济上的奖励。

第二，规范相关媒体行为，将资本市场健康发展和资本市场的涨跌区分开来，媒体不应为牛市背书，资产价格波动的风险要由投资者自己来承担。

第三，加强投资者教育。在居民收入提高，投资渠道日益多元的情况下，可以将更多关于股票投资的知识纳入中学、大学教育，特别是引导大家认识长期投资以及通过基金等专业机构投资的好处，从投资者教育入手改变我国市场换手率偏高、散户比例偏大的问题。

第四，严打内幕交易和股价操纵。证券期货监管部门加强事中监管，同时利用大数据等监管手段遏制内幕交易和股价操纵，通过定期公开相关案例对违法的投机炒作行为形成震慑。

（北京大学 王 征）

建议加快组建"国家公共管理信息网络系统"

　　当前，信息技术已经十分发达，而各国的公共管理信息化程度还依然落后，我国也是这样。参与国家公共管理的各级政府和各行业部门，大多已建立了具有行业特色的管理网络系统，然而这些信息资源却相互封闭，互不联通，既不能实行统一管理，也不能实现资源共享。很多国家公共事务依然采用传统的手工纸张传递的方式，差错率很高且效率低下，大量的管理信息资源被浪费在局部环节，政府管理部门和用户不得不长期承受着大量的经费负担，这无疑是国家经济资源的巨大浪费。

　　举一个简单的例子，"社会保险管理信息系统"是社保机关使用的基本信息工具，它管理着一个统筹区域的参保单位和参保人员的账户信息，以及社保费缴纳、管理、调整和使用的相关信息。一个人退休后，社保机关可以利用该系统平台为其按月支付养老金。然而，这个人退休后可能在异地生活，如果这个人在他乡去世了，原属地社保机关却不知道，也无法查询。过去有的部门曾经派专人进行过异地调查，但成本相当高，也有很多社保机关都要求在异地生活的退休人员定期提供健在的证明材料，以防止个别人虚报冒领，搞得十分混乱。将来实现社保全国统筹，退休人员可异地领取养老金，但若仅仅依靠个人办理的方式，社保机关依然面临无法及时了解个人的具体情况的问题。如果社保信息系统能够和公安户籍信息系统、卫生医疗信息系统、民政殡葬信息系统及实现实名制后的交通管理等信息系统进行智能化联网的话，这一问题便可迎刃而解。

这就是公共管理信息网络系统的局部互联应形成的共享功能。目前已经运行的所有管理类系统中有两个核心要素是共有的，即自然人的身份编号和组织机构的机构编码，这就为系统间联网实现信息共享和集成化管理提供了可能。全国范围内的公共管理机构划分为很多个行业和行政级别，各种管理系统成千上万，把这些系统加以整合形成一个相互联通的统一的网络系统，在技术上是可行的，但需要各行业各部门之间形成稳定的合作关系。

为此，建议国家成立一个专门机构，筹备协调和推进这项工作。首先应当启动国家公共管理信息网络集成化发展模式的基础和应用研究，着重从统一系统平台建设的可行性、公共管理信息数据库系统、系统安全运行与操作技术、公共管理信息专用网建设、国家公共管理信息中心、地方各级公共管理信息中心建设等几个方面进行前期论证。

建立国家统一的公共管理信息网络系统，使各级各行业的公共管理信息网实现全面互联，可以使国家的公共管理成本大幅度降低，提高管理效率和管理质量，数据利用率高处理速度快，而且无传送差错，使政府的行政审批效率和各类公共管理事业发展实现质的飞越，真正实现管理现代化和信息化。以当前国家的"互联网+"行动为基础，如果我国能够在这方面及时起步，下力气投入人力和财力，开发建设一个具有中国特色的国家公共管理信息网络系统，我国的公共管理水平将有极大提升。

（黑龙江省煤田地质勘察院　苑立清）

以供给体制改革为突破口
加强公共服务体系建设

高效的公共服务供给体系是政府能力建设的题中应有之义。公共服务包括教育、医疗、社保、住房、就业、文化等各个方面，与居民的生存和发展质量密切相关，也关系到我国社会的大局稳定。随着我国第一部国家级公共服务专项规划的颁布实施，创新基本公共服务供给方式、实现提供主体和提供方式多元化成为供给体制改革的重要内容。

从目前发展来看，我国公共服务供给体系还存在以下问题：一方面，政府供给居于主导地位，供给效率亟待提高。以医疗服务为例，2014年我国公立医疗机构数占总量的55.3%，但床位数占总量的86.7%。由于卫生资源分布与公立医院级别和规模呈正比，因此多年来赴三级医院"看病难"的问题愈演愈烈。加之我国现行的医疗服务定价机制和补偿机制的扭曲，"看病贵"成为百姓就医的心头病。另一方面，社会供给发展程度不高，且面临外部环境的不确定性。从目前情况来看，社会资本参与举办的公共服务机构还存在规模较小、短期逐利、服务成本过高等问题。从政策环境来看，鼓励社会资本参与公共服务供给存在政策设计和执行脱节问题，中央层面出台的相关政策并没有落到实处，非公立机构仍然面临资金、土地、税收、人才等要素限制。此外，非公立机构的社会认可度亟须提升。

"十三五"时期，要继续深化供给体制改革，完善配套政策制定和实施，鼓励扩大社会资本参与，以政府和市场力量相结合引导公共服务供给体制改革向更加多元、健康、有序的方向发展。一是以"公平和普遍服务"为价值理念处理政府和市场关系。政府是公共服务的责任主体，要提高服务的可及性。要在公共服务供给体系中同时体现公平和效率，因此那些具有稳定服务人群、合理利润空间的公共服务可由社会力量提供；而那些具有地域偏远性、针对弱势人群的公共服务必须由各级政府托底。二是以提高政府能力为重要手段，确保多元化改革成效。有研究表明，在社会资本通过契约方式进入公共服务供给领域后，政府的资本运作能力、合同管理能力、信任关系的维系能力等关系到多元化改革的具体成效。这涉及政府能力建设方面的改革，要从传统的微观操作向宏观的整体把握转换。三是以发挥市场机制为动力带动公共服务供给水平的整体提高。市场机制的优势在于明晰的产权结构、严格的成本管理、清晰的绩效评估、有效的激励机制等。在公共服务供给中引入社会力量的同时就是将市场机制的优势导入，减少行政干预、控制服务成本、提高服务质量。

（清华大学公共管理学院　丁　姿）

关于建设全国扶贫（捐赠）信息
共享平台的建议

由于信息不对称，四川攀枝花某镇学校出现"爱心过剩"的现象，爱心人士捐赠的东西越来越多，早已经饱和，爱心捐赠却成了甜蜜负担，而其他贫困地区却仍然缺少必要的物资。针对这种情况，建议建设全国扶贫（捐赠）信息共享平台，开发网站或者APP，汇集各地捐赠物资的数据，求助方也可以发布需求信息，全国统一调配物资，最终达到资源利用价值最大化。扶贫工作任重道远，通过这个平台，可以有的放矢地开展扶贫相关工作，同时也可以监督扶贫项目实施进展效果。总之，我们要充分利用"互联网+"，运用大数据技术来开展扶贫工作，最大限度地集中资源，真正实现习近平总书记提出的"精准扶贫、精准脱贫"的目标。

（中国科学院计算技术研究所　杨月辉）

大数据如何提升国家治理现代化

——以贵州省为例

党的十八届三中全会将"完善和发展中国特色社会主义制度，推进国家治理体系和治理能力现代化"作为全面深化改革的总目标。《中共中央关于制定国民经济和社会发展第十三个五年规划的建议》，在创新发展部分将制度创新和技术创新作为很重要的任务目标。作为一种新兴的治理资源，大数据在推进国家技术创新和制度创新上前景广阔，利用大数据可以完善国家现代化治理体系，提升国家现代化治理能力。

2015 年习近平总书记、李克强总理先后专门考察贵州大数据发展，为贵州发展大数据产业点赞，贵州省大数据发展在全国范围内走在前列，取得一系列可喜成绩。大数据实现国家治理现代化不只是数据的简单罗列和堆积，而是要对各种如政府数据、社会信息、网络图片、视频音频等结构化、半结构化类型的碎片化、多样化、价值度低的数据进行整合和提取。然后通过大数据技术的数据分析和数据解释，为政府机构、研究机构及企业、公众提供信息参考和决策支持。

笔者通过参与式观察、问卷访谈与半结构化访谈、文献调研等研究方法，调研了贵州省大数据的发展状况，发现贵州将大数据应用于政府管理、智慧交通、智慧旅游、健康医疗、公共教育等方面，从政府、市场、社会三个领域，充分发挥了推动国家治理体系现代化和国家治理能力现代化的作用。

第一，在政府方面，贵州省利用大数据做了以下几个方面的事情：行政管理方式方面，省政府办公厅通过大数据技术建立全省公务员考评体系，录入全省公务员信息，通过设定具体标准对全省公务员绩效进行考核，有效创新了行政管理方式。在深化行政体制改革方面，贵州省通过设定数据统计标准，打破全省各厅局机构的数据孤岛，建设跨部门性数据平台——云上贵州。同时将政府基础数据分成内部公开、半公开和公众开放等形式，切实转变政府职能，为社会发展提供更多数据信息。

第二，在市场方面，为使利用大数据提升政府治理能力与大数据产业发展之间形成良性的互动，贵州省积极发展大数据产业。将大数据产业划分为核心业态、关联业态和衍生业态，大力发展大数据存储、智慧交通、智慧旅游、大健康、大医疗等相关产业。此外，贵州省还率先举办大数据商业模式大赛和草根创业大赛。打造大数据创业硬件环境，营造良好大数据创业氛围。总体来讲，贵州始终坚持正确处理大数据发展中的政府与市场的关系，特别重视以大数据解决社会问题。

第三，在社会方面，贵州省主要在医疗健康、交通、旅游、教育公平等领域中，积极推动大数据技术助力解决发展过程中存在的社会问题。如：将远程数据化教育拓展到全省偏远县区，合理配置教育资源，实现教育公平；利用互联网医院和健康大数据信息解决健康医疗问题，有效提升了居民获得健康医疗服务的效率。

借鉴贵州省的实践和经验，对利用大数据提升国家治理能力方面提出几点建议：一是进一步优化政府机构设置、职能配置、工作流程，加快政府数据公开，打破部门间的数据孤岛；二是坚持使市场力量在推动大数据产业发展、配置大数据市场资源中发挥决定性作用，同时加强政府对市场的监管，维护市场秩序，完善相关法规制度；三是支持大数据市场资源和技术要素投入社会公共服务领域，创新社会治理方式，健全基层综合服务平台，充分利用信息化手段，实现公共服务资源的均等化。

（清华大学地学中心　聂耀昱）

健全城市应急管理体系的建议

近年来，城市的内涝灾害、踩踏事故、群体性事件等时有发生，相关部门应急迟缓，教训十分惨痛。只有建立健全科学的城市应急管理体系，才能有效保障和改善民生、维护公共安全、提升突发事件应对能力。

一、存在的问题

缺乏先进的城市突发公共事件应急响应系统。我国应急系统的建设工作起步较晚，大多数城市应急系统的建设仍处在规划中，在用的一些系统的应用功能也不够完善，尤其是各类应急信息资源尚未有效整合及协同优化，导致各部门在救援时"各自为战"，造成隐患预警滞后、灾情控制失当、救援行动缓慢。

缺乏对应急预案的个性化设计。城市突发事件发生后，合理、完备的应急预案会帮助政府快速作出及时准确的响应，从而降低人民群众的伤亡率、减少国家与个人的财产损失。然而，不少城市在设计应急预案时，机械地照搬国外大城市或国内其他城市的预案，并没有考虑到本城市的实际情况。另外，近年来非常规突发事件频发并呈加剧趋势，其前兆不充分，具有明显复杂性特征和潜在次生衍生危害，破坏性严重，采用传统的"预测—应对"决策模式难以有效应对。

公众应急管理知识和能力缺乏。首先,人在紧急情况下,由于受到危险环境的影响,行为会与日常不同,如在建筑内逃生时会有"溯源"和"从众"等特殊行为,但当前的应急教育对应急行为的规律把握不够。其次,对于新技术和新理念的宣传不到位,近年来,城市内很多区域设置了应急避难场所、不少超高层建筑也设置了避难层,但群众却对此类应急场所知之甚少。再次,目前对群众的应急自救教育大多停留于理论宣传,群众的应急实战能力不强。

市场力量未能充分发挥作用。突发事件应急响应应当动员多方主体的力量,既包括政府部门,也包括社会组织、企事业单位以及公民个人等,然而在我国目前的应急管理体系中,社会参与度不高,应急产业、商业保险等市场力量和市场工具作为有效转移风险、提高应急管理效率的手段,未能充分发挥作用。

二、有关建议

整合跨部门、跨区域信息,建立城市应急响应协同优化系统。建立跨部门、跨区域应急管理数据库共享机制,实现各地各级各类应急管理数据动态管理,形成扁平化、即时、多元的信息沟通渠道。加强大数据在应急管理中的应用,提高数据采集、信息传递、集成处理、公共预警、信息发布、舆情引导的能力和水平。整合各方信息、联合各方力量、考虑各方利益,基于多目标规划理论,将应急响应问题进行建模,并对该问题进行协同优化。

基于"情景—应对"理论,利用计算机仿真技术对应急预案进行个性化设计。根据非常规突发事件所具有的较强情景依赖性的特点,基于"情景—应对"理论,界定、计算和判断未来可能出现的"情景"。然后，基于应急系统协同优化的结果，结合情景中的各类信息，利用计算机微观仿真反映公共安全事件的共性特点。而在对具体事件进行模拟推演时，经过多次"模拟—反馈—修改—模拟"的循环后，设计出优化后的个性化应急预案。

利用"虚拟现实"和"体感游戏"等新兴技术，针对人群应急行为特点，开展应急培训教育。首先，在公共安全事件中，应注意采集数据，并开展相应的演习与实验，进一步了解人员群体行为。其次，结合人群应急行为，将应急响应中的新技术纳入到宣传教育体系中，利用手机 APP 和微信公众号等方式进行传播。再次，利用现下蓬勃发展中的"虚拟现实"和"体感游戏"等技术搭建突发事件的环境，令群众在虚拟场景下进行应急训练，寓教于乐，提高应急实战经验。

鼓励和引导市场力量参与应急管理体系建设。探索通过政府购买等方式，鼓励和引导自主创新能力强、处于行业领先地位的应急产品生产企业参与突发事件应急处置，支持防护产品、救援装备、预警设备、应急培训服务等产业发展；推动建立覆盖广泛的巨灾保险制度，建立健全多层次巨灾风险分散机制，支持保险机构丰富产品类型，公众投保相应的灾害保险，提高全社会抗风险能力。

（中国人民公安大学侦查学院　丁　宁；

中国人民银行金融研究所　高　宏）

关于鼓励社会组织参与
城镇防灾减灾的建议

第一，建立防灾减灾类公共组织的审批与管理制度。政府可采用分类监管、行为控制的新型管理方式，对于承担了公共服务功能的防灾减灾公共组织，制定符合其特点的制度框架和监管政策，并通过评估、监管来密切监督公共组织所开展的活动。

第二，探索与建立服务型公共物品的政府采购机制。将从前由政府提供的公共安全服务，部分转移由社会组织提供，以政府采购、社会组织竞标的方式来提供公共安全服务。

第三，建立防灾减灾类公共组织管理人才培养体系。规范和完善在职人员培训与考评体系，通过理论学习、志愿公益、互动交流、参观实践、考核激励等环节，从理论水平和业务能力上提升该类组织从业者的能力。

（清华大学工物系　蹇丛徽　倪晓勇　陈安滢
　　　　　　　　　王　佳　陆文卓　王首智）

从供给侧改革角度看青少年社会
公共教育的补充

随着社会发展水平提升，尤其在经济发达地区，青少年教育在学校教育、家庭教育之外，有了更多社会公共教育方面的需求。作为提供青少年社会公共教育资源一方的博物馆、美术馆、图书馆等现阶段的情况是，诸多掌握青少年社会公共教育资源的单位和组织，没能从供给侧的角度来思考人才开发、产品创新等问题，内容重复、形式单一，并不能真正在市场中聚集起与之匹配的关注。比如，很多设施先进的展馆利用度并不高，青少年在其中的参与度并不高，以及新兴的文化教育企业，要思考如何充分发掘自身优势，着眼于创新，形成具有内涵、有特色、有影响的产品。

(北京忆空间文化发展有限公司创始人　张　鹏)

全面构建标准化、义务化的学前教育体系

　　学前教育是基础教育的起始阶段，是最基础的教育。但由于历史欠账太多，仍然存在优质普惠资源相对不足、农村教师队伍综合素质有待提高、城乡发展不均衡等问题。随着城镇化进程加快、单独二孩政策出台以及人民群众学前教育需求的不断提高，给学前教育发展提出新的挑战和更高的要求。加快发展学前教育要由政府主导，加大财力物力人力投入，依法加强指导监管，并合理借鉴国内外的先进经验。逐步推进学前教育普惠化、优质化、规范化和义务化。学前教育的公平是整个教育公平的起点，因此学前教育的公平性也显得格外重要。但是我国的学前教育普遍存在一定问题：部分地区公办幼儿园少，难以满足区域内适龄儿童入园的要求；民办幼儿园在办园条件、师资力量、教育管理等方面与公办幼儿园差距较大；部分民办幼儿园收费高，甚至有的高过大学的收费标准，让许多家庭望而却步；幼儿教师的出入口不畅，造成教师素质参差不齐。

　　"十三五"时期是我国全面放开二孩政策的初始阶段，我们必须未雨绸缪，完善学前教育的标准化、义务化体系建设。建议强化政府的主导责任，加大财政投入，依法加强指导监管，逐步推进学前教育义务化。实施学前教育场所标准管理体系，大力推进幼儿园标准化建设，积极培育学前教育全国连锁品牌，保证学前儿童每天有充足的室外活动时间和标准的活动场地，促进学龄前儿童身心的健康成长。

（沈阳市　石　宁）

关注农村教师生活
巩固义务教育成果

近几年来，各级政府为加快普及义务教育都投入了大量物力、财力、人力，但所有关于教育的投入，多集中在关注学生学习条件的改善方面。对农村教师生活水平改善的关注度还有待提高。当前，农村教师面临的生活问题比较突出，如果不能加快解决，将在相当长的时期内制约着农村教育事业的发展，甚至会影响义务教育成果的巩固。具体表现为以下几个方面：

第一，住房问题。住房非常紧张，有的教师三口之家还住在一室带一厨的 20 平方米左右的房子里，未婚的青年教师则三四个人住一间集体宿舍。

第二，吃饭问题。体现在两个方面：一是伙食的费用比较贵。现在农村青壮年几乎都在外打工，农村没人侍弄菜地和饲养牲畜，导致农村有的地方"菜篮子"几近空白，而小贩从城里贩运来的菜价又要比城里还贵。二是开伙比较困难。受居住条件限制，农村教师缺乏居家下厨条件。平时在学校，还能到食堂就餐，双休和节假日就没有办法了。

第三，出行问题。农村教师出行费用高、出行不便利。

第四，婚姻问题。农村教师找对象难，城里姑娘不愿"下乡"，如果娶农村的姑娘，女方就业难度大，婚后家庭经济来源极为有限。

为此，建议：一是盖一些公共住房，如周转房，供未婚教师集体居住。有条件的地方，可新建教师公寓，解决教师住房问题。二是提高农村教师经济待遇。可考虑给农村教师增加一项生活补助，用以弥补饮食、出行等方面的较高开支，或是提高农村教师的教龄津贴。当前的教龄津贴仅 10 元钱封顶，已经太低。

（江苏淮安韩桥中学　朱昌儒）

强化职业教育　培养高素质职业人才

国家提出职业教育很多年，也取得了不错的成绩，但也还有明显的不足之处：首先，职业教育在大众的概念中没有形成一个和高等教育相对等的地位，反而认为职业教育是低等教育；其次，大多数职业学院片面追求毕业生就业率，忽视了给学生一个怎样的职业教育平台，很多职业学校的学生知识水平薄弱，思想上存在自暴自弃的倾向。为此，建议：

第一，提高职业教育的含金量，布局从中等职业教育到高等职业教育到研究生级职业教育的发展体系。让职业教育和高等教育一样有一个良好的自我提升体系，让职业教育更加深入人心。

第二，教育部门应建立一套职业教育考核体系，不仅以毕业生就业率为导向，更多地以毕业生就业后的发展前景为导向，考核职业院校的教学水平。严格把关职业教育资金的流向，使每一笔投入都能够用到刀刃上。

第三，更好、更广泛地宣传职业教育，将一些职业教育的典型性院校和人才的事迹在社会和职业院校中传播。建立职业教育宽进严出的制度，强化职业教育的教学水平，提升职业学校学生的学习热情。

（中国电子系统工程第二建设有限公司　陈　兴）

打造新型职业技术教育体系

我国现行职业教育存在如下两大难题：一是职业教育的社会地位不高，学生报考意愿低；二是职业学校普遍缺少经费，难以吸引优秀教师，难以开展实操训练。所以总体上职业教育实力不强，社会知名度不高。为此建议坚定、持续推进以下几项工作：

第一，提升职业教育的社会地位。目前，职业教育还没有形成与其重要性相对等的地位，学生报考意愿较低。建议加大对一流职业院校和优秀技术人才的宣传力度，建立国家级、省市级工程技术人员的表彰与奖励制度，从社会荣誉、经济激励、舆论宣传等方面打造尊重技术人才的社会氛围，增强职业教育对社会、对广大青年的吸引力。

第二，构建更为完善的教育体系。规范职业教育考核体系，对院校的考核不以毕业生就业率为唯一导向，更多地以毕业生就业后的发展前景为标准考核教学水平；高度重视职业教育教材编写工作，解决目前教材杂乱、内容陈旧、互相抄袭以及中职与高职专业教材内容高度重复的问题。构建从中等职业教育到高等职业教育、研究生级职业教育的学位体系，让职业教育和高等教育一样，有一个良好的自我提升体系，搭建人人皆可成才的"立交桥"。

第三，拓宽人才晋升通道。对学生的考核，要建立宽进严出的招生及毕业制度，把工作经验特别是工作中的发明创造作为获得工程学位的必要条件，改变工程硕士制度脱离工作实践、只需利用业余时间进修部分课程就可获得学位的现状。保留社会化的工程技术职称制度，改变单凭工作年限、资料审查就可获得职称的评选办法，注重考核技术人才的工程技术背景和实际工作成果，推动职称全国、全社会通用。

第四，适当增加办学经费。职业教育和技术类专业是动手型的实训教育，需要支付设备设施、材料成本、运行费用、技术专家指导费等多项费用，教育成本比普通高等教育高很多。针对目前职业院校普遍缺少经费、难以吸引优秀教师、难以开展实操训练等问题，建议增加经费，由国家、学生和企业三方共担：国家提供现行职业教育的基本经费并设立工程技术教育低息长期贷款，补充职业技术教育经费的不足，每年生均1万元以上，由银行代管发放，学生自愿申请；鼓励企业建立职教奖学金制度，对品学兼优的学生，凡是有意愿与企业签订长期就业协议的，企业可为学生提供奖学金。

（无锡诚锐科技有限公司　陈华生）

关于发展职业教育的建议

第一，发展职业教育的瓶颈在于教师，政府应该出台相关政策，鼓励教师成为会讲能做的"双师型"教师，有条件的大专院校应该开设培养职业教育教师的课程。

第二，开展能工巧匠进职校活动，并制作成为相关的影视资料。

第三，要高度重视职业教育的教材编写工作，解决目前职业学校的教材杂乱、内容陈旧、互相抄袭以及中职与高职相同专业教材高度重复的问题。

第四，鼓励学生们广泛参与技能大赛。把央视的《大国工匠》制成光盘，发放到各个职业学校，使学生们有学习榜样，有奋斗目标。

第五，认真清理把职业中学办成普通高中的现象。

（乐山市轻纺化工业供销公司　李晓佳）

推进高等职业教育跨越发展的建议

建议以党和国家关于职业教育可持续发展的战略决策为导向,打破制约高等职业教育发展的障碍,提升高职院校的法人地位,创新办学体制、开放教育资源、摸着石头过河,以此推进高等职业教育市场化运行,探索适应我国国情的高等职业教育发展道路。

第一,创新办学体制。应开放高等职业教育市场、确立高等职业教育法人的主体地位,建立由不同主体(高职院校、技师学院、应用型本科高校、行业企业、科研院所、社会培训机构、民间投资者)共同参与并提供优质教育资源(课程、能工巧匠、实训设施、设备、资金或其他资本)的办学机制。解决高等职业教育法人地位缺失的体制改革、机制创新和制度体系建设滞后,校、企合作两层皮,"双师"型教师队伍建设和教育创新动力不足,学生听不懂教学内容、看不到工作过程、摸不着实训机器(设备)等问题。

第二,优化课程体系。推进占有优质教育资源的高等职业教育主体(主要包括高职院校、技师学院、应用型本科高校、行业企业、科研院所、社会培训机构)共同开发高等职业教育学分课程,实现教、学、做一体化,实现高等职业教育与社会化生产和服务的有序对接。

第三,整合、开放优势教育资源。在我国,教育资源供求失衡、教育资源闲置问题较为突出。大多数存量教育资源存在于高职院校的实习、实训基地,一些国家示范项目投入的实训设备、设施在高等职业教育改革和创新中不但没有发挥很好的作用，反而成为高等职业教育资源浪费的代名词。开放教育资源不仅要盘活存量教育资源，而且应通过市场化机制配置教育资源。实现稀缺的教育资源（主要指教师资源、教学实训仿真设施、设备）的优化配置。不解决这个问题，高等职业教育就难以呈现出良好的发展态势。

（吉林工业职业技术学院　李生京）

研究生教育应坚持以提高质量
为中心不动摇

　　"十二五"期间，学位与研究生教育以"服务需求、提高质量"为主线，深化研究生教育综合改革，加快发展方式转变，向重点领域改革迈出坚实步伐，质量保障和投入支持体系更加完善，国际影响不断提升，为经济社会发展提供了有力支撑。

　　但是，研究生教育提高质量、内涵式发展这一核心任务依然没有完成。内涵发展理念还没有完全成为培养单位、导师和研究生的自觉意识，在实际工作中，依然存在习惯于规模扩张，把增设学位授权点和增加招生指标作为工作重点，导师育人和研究生学习的积极性不高，经费投入不足，创新能力培养重视不够，质量控制意识不强，保障和监督体系执行不到位，出口把关不严等问题。这就要求国家在未来五年甚至更长一段时期继续强调质量意识，并将提高质量贯穿至研究生培养的各个环节。基于此，应重点抓好以下几方面工作：

　　第一，建立符合各省省情的教育考试招生制度。推动高校建立博士研究生招生"申请—审核"机制和博士研究生中期分流名额补充机制、特殊人才选拔机制，支持研究生培养单位在国家下达招生总规模下，自主调整各学科研究生招生数量。

　　第二，开展研究生教育综合改革试点，完善以提高创新能力为目标的学术学位研究生培养模式和以提升职业能力为导向的专业学位研究生培养模式，分类推进研究生培养模式和机制改革。

第三，实行研究生优秀生源支援制度，助力解决推免政策的大幅调整所导致的中西部研究生优秀生源流失问题，破解生源数量和质量瓶颈问题。

第四，健全内部质量评估和监督保障体系，提高研究生社会责任感、创新能力和实践能力。下大力气推进科研诚信和学术道德教育，健全学术不端惩戒机制，将学术造假行为与就业、升职等研究生的个人发展紧密联系起来，加大学术造假成本，构建良好的学术生态环境。

第五，继续加大对提高教育质量各环节的投入。引导各级政府和培养单位把教育向研究生教学环节和提高研究生培养质量重点倾斜。

第六，进一步强化导师负责制。建立健全导师管理评价模式和研究生与导师互选机制，严格导师选拔，强化导师责任，形成招生与培养质量相挂钩的约束调节机制，引导导师把更多精力投入到研究生培养中。对连续出现研究生培养质量问题的培养单位与导师，要有实质性的惩罚措施。

总之，制定科学的研究生教育发展"十三五"规划，需立足推动研究生教育发展转型，统筹推进世界一流大学和一流学科建设，努力建设一流的研究生教育体系，坚持全面提高研究生教育质量这一中心不动摇。

（西安科技大学　南涛涛）

关于教育改革的建议

围绕教育方面提几个建议：

第一，将"在有条件的地区，或者是大多数地区普及学前三年教育"写进规划。就我们调研的情况来看，很多教育界人士支持普及学前三年教育，在很多地方也有这个呼声。普及学前三年教育，对劳务输出大省、对解决留守儿童问题非常关键。主要有几个方面的好处：一是有利于完善刺激二胎的配套政策，习近平总书记曾作出批示，要完善人口从出生一直到养老方面的政策；二是符合教育的规律，中国人讲三岁看老，如果基础没打好，可能影响后来的发展；三是成本相对更低，普及学前三年教育比把高中普及或者是纳入义务教育阶段要低得多。

第二，对早期教育市场要加强监管和扶持并重。现在早期教育消费是新的教育消费热点，市场巨大，但是没有人来管，这对婴幼儿的成长危害很大。建议既要把它作为一个市场来扶持，另外也要加强规范。

第三，关于高等教育改革的方向问题。一是《中共中央关于制定国民经济和社会发展第十三个五年规划的建议》当中提出要鼓励具备条件的普通本科高校向应用型转变。其实现在已经有大量的应用型学校，所以光鼓励转型是有问题的。建议鼓励现在一部分应用型院校向应用科技型院校转型，或者是鼓励所有的应用型学校发展。二是要依法落实和扩大高校的办学自主权的问题。对这个问题，现在高等教育界反映特别强烈。如：医学教育问题，医学院校一家单位在很大程度上控制了话语主动权，对专业市场的进入形成了约束，是导致我们国家医学人才不足的原因之一。所以对于学校办学自主权的问题我们要系统研究，尤其是本科阶段教育很关键。

第四，鼓励混合所有制和民办学校的发展。这对激活教育体制的改革和增加教育供给是非常重要的。

（北京城市学院党委书记　刘　林）

对教师职业发展和学校建设的建议

作为教育工作者，我们希望随着社会的进一步发展，教育能够逐渐远离功利，回归本质。

第一，希望学校能够更加关注教师的成长和发展。当下的问题是普通学校的优质教师资源比较缺乏。所以，希望在"十三五"的规划中，就如何打造优秀教师群体，能够给予更多的关注和重视，而且普通学校的老师更加渴望提升的平台和机会。随着二胎的放开，在生育高峰来临之前，我们要做好充分的准备，而其中师资的准备比新学校、新幼儿园的准备更加重要。因为教师的培养是需要时间的，因此在"十三五"规划中幼儿园教师和小学教师的需求应是重中之重。要让教师成为令人向往的职业。希望未来教师的职业尊严、社会地位和生活水平得到提升，教师职业在社会上得到更大的尊重和认可，吸引到更多的人才加入到教师队伍。孩子在每一个成长阶段都有优秀的教师引领，他们的成长会更加快乐。

第二，学校应该成为全面建成小康社会最具代表性的符号。2015年大家非常关注北京雾霾停课的话题。其实学校应该是最安全的地方，学校的空气应是最好的。学校不需要多么的奢华、奢侈，但是处处应该体现高品质，建筑是最牢固的、校车是最安全的、风景是最美丽的、空气是最洁净的。如果这样，我想我们离办人民满意的教育就不远了。

（北京四十四中党委书记　杨凌波）

支持民办教育发展

规划提到"十三五"时期我国的教育将进入提高质量的阶段，提高质量意味着什么？如何提高？我感觉目前的教育特别浮躁，教育应该是多元化的，要建成有不同目标的学校，让教师更有教育的情怀和理想。

第一，希望多支持民办教育。我认为公办教育更多地追求公平化，而社会的需求是多种多样的，支持民办教育也是很重要的一部分。民办教育应该是补充公办教育很重要的力量。对民办教育的支持，有两个方面的要求：一是人才流动方面，国际学校面临一个很大的困惑是中国的教师往往不愿意从公办体制中走出来。所以需要一些政策，来加强教育的流动性。二是希望在用地政策上多给一些支持，目前我们青苗国际学校主要是采取租地的方式，但这很难激励长期、品牌化的办学理想。国家应在这方面给一些政策，这样可以更好地保护民办教育的办学理想。

第二，要保护教育的情怀。有时候资本进入教育领域后，出于营利的目的去宣传、炒作，两岁孩子一个小时的培训要花三百块钱，我觉得不能接受。应该加强规范和管理，同时要在全社会建立一种保护和培养教育情怀的氛围。

（北京青苗国际双语学校校长　施　华）

探索实施乡镇（社区）健康治理责任制

党的十八届五中全会发布的《中共中央关于制定国民经济和社会发展第十三个五年规划的建议》提出"推进健康中国建设"，引起社会大众的广泛关注与深切期待。推进健康中国建设，根基在于建设健康社区、健康农村。因此，认真总结我国近年来的基层医改经验，创新设计基层健康治理体制机制与模式，探索实施乡镇（社区）健康治理责任制，不仅对于实现健康中国的建设目标，而且对促进经济发展方式转变、构建基层服务型政府、促进社会和谐稳定，都具有重要意义。

近年来，资源集中取向的医改实践已使基层卫生管理职能相对集中到县级，虽一定程度上保证了基层卫生经费供给、减轻了居民看病负担，但也造成基层医疗卫生服务的"悬浮"，与国家实现基本医疗卫生服务均等化的初衷相悖，一定程度上反而加剧了"全国人民上协和"的现象。

因此，在医改过程中，适度的集权和监管虽是必不可少的，但在集权和监管方式上，县域卫生资源既需要集约化管理，更需要分散化治理。县乡政府不但要善于抓管理，更要善于促治理，在推进县域卫生资源集约化管理的同时，应探索实行乡镇（社区）健康治理责任制。县一级将乡镇（社区）健康治理责任分派给各乡镇卫生院或社区卫生服务中心，由后者负责辖区居民健康治理责任，同时将基层卫生的部分决策权、监督权赋予由居民代表等组成的乡村（社区）卫生治理委员会，开展基层居民对医疗服务的满意度测评，以实现对医疗公共服务水平的共同治理。县级根据季度或月度考核结果和当地居民满意度，定期给予拨款和奖惩。

第一，推动乡镇（社区）积极承担健康治理责任。"小康不小康，关键看健康"。乡镇（社区）对居民健康治理责任的承担，既是地方政府医改过程的延续，又是乡镇社区主动争取医改项目、主动完成医改任务的过程，同时也是提高乡镇（社区）公共治理能力的过程。在乡镇（社区）健康治理责任制框架下，上下级之间更多地表现为对立又互补、竞争又合作的关系，从而赋予基层以充分的健康自主治理权，使其注重社区治理创新、机制建设与卫生工作实际成效，注重基层居民的实质性参与及其满意度，并逐步建立适合本地实际的健康治理长效机制。

第二，结牢村级卫生网底，夯实全民健康基础。李克强总理指出，小诊所可以解决大问题。实行乡镇健康治理责任制，乡镇卫生院应将拥有执业资格的合格村医纳入卫生院统一调配使用，与卫生院人员享有同样待遇。对那些被安排到各村卫生室工作的村医，如果其工作获得村民广泛认同，给予其更多物质和精神奖励；村民若不认可卫生院派驻的村医，卫生院要及时将其调整；确实不能胜任的，经有关程序予以辞退。由此，乡镇卫生院就可以实质性地担负起全乡镇居民健康治理的主体责任。

县级医改部门不但要善于唱"主角"，更要学会当"导演"，甚至在一些环节和事务上甘当"配角"，构建起政府"搭台"、医务人员"唱戏"、基层群众"看戏、评戏"的基层卫生治理结构，促进乡镇医疗机构履行好乡村（社区）居民健康治理的责任。

（安徽医科大学　杨善发　桂　成　崔汪汪　朱　健）

关于改善医疗服务的建议

第一，重点关注儿童和老年人的就医问题。建议把儿童医疗作为"十三五"规划的一个重点。最近二胎政策已经明确，这个背景下，医生特别是儿科医生缺口很大。2015 年，千名儿童只有 0.43 名儿科医生，以儿童和妇女儿童专科注册的医院全国只有 93 家，医生缺口为 20 万。因此，未来三五年非常关键，如果"十三五"期间不把这个提到国家战略高度，地方就不会自动调整。和儿童相对应的是老年人问题，这个问题更为严重，需要多部门综合协调。

第二，将地方疾病和地方传染病作为改善医疗服务的指标。例如，玉树的乙肝、结核等地方疾病已经到了触目惊心的程度。"十三五"时期，在推进扶贫开发的同时，要把减少地方传染病作为重要指标。如果国家在民族地区，或在严重影响人民身体健康的疾病方面没有一个控制目标，可能不仅是因病致贫、因病返贫的问题，整个民族发展都要受到影响。

第三，利用大数据，实现医保方式的改革。现在的医保制度设计不够精细，报销的内容太多。应在设立医生服务费的基础上，通过测算不同年龄段每年就医次数，实现医保的覆盖和科学支付。不是每次看病都要报销都要到三级医院，而是可以通过医保数据的测算纳入重大疾病保障，在第三方的治疗中心也可以治疗解决。通过大数据手段，还可以更精确反映重大疾病人群情况，更好地落实重大疾病保障和重大疾病保险。

（首都医科大学附属北京儿童医院副院长 葛文彤）

推进"互联网+"分级诊疗模式

针对我国医疗资源分配不均、就医人数不断增加、就医需求不断多样化、民众"看病难""看病贵"等问题，推进"互联网+"分级诊疗，实现"线上线下"相结合的分级诊疗成为解决这一系列问题的突破口。如何推进"互联网+"分级诊疗？美国旧金山总医院近年探索的转诊新模式，很值得关注和学习。

2005年，美国加利福尼亚大学连同旧金山总医院，开发了一种基于网络的电子健康档案（Electronic Health Record，以下简称 EHR）和临床记录的转诊和咨询系统。应用该系统生成一种整合基层医疗服务和专科医疗服务的新模式，即"E—转诊模式"（E—Referral model）。该模式允许转诊医生在线提交专业咨询请求，由一个指定的专科医生在48—72 小时内，对基层转诊医生的请求进行回复或为病人预约诊疗日程。这一新的"E—转诊模式"实现了"首诊在基层"，所有居民看病就医实行基层医生（Primary Care Providers，以下简称 PCPs）首诊制。PCPs 利用转诊系统为不需要专家会诊的患者提供建议和指导。

借鉴美国成功实践经验并结合我国国情，笔者认为应从以下几个方面入手，推进"互联网+"分级诊疗模式创新。

首先，建立稳定的网络信息平台。顺畅的信息沟通平台是双向转诊顺利实施的基础。应在上下级医院之间建立互通的信息平台，实现转诊请求、电子病历、相关检查结果的传递与共享。同时，使专科医生通过网络解答患者或 PCPs 的咨询问题，必要时，利用网络提供远程会诊、远程教学等服务，使上下级医院之间的双向转诊更加网络化、常态化，双向转诊通道也将随之更加有效，局部形成"基层首诊、双向转诊、分级医疗、上下联动"的医疗服务格局。

其次，健全专家导诊员制度。专家导诊员是一个全新的关键角色，发挥着"转诊评审员"的作用。转诊评审员负责基层上传病例的审阅，作出是否转诊的决定，对患者进行及时、合理分流，减少病人预约等待时间，提高专科医生的工作效率，同时也节省患者的看病费用和医疗服务成本，还为 PCPs 提供技术支持和临床案例教育，提高其医疗服务能力与水平，使上下级医院间的双向转诊通道更加便捷、顺畅、有效和稳固，使老百姓在家门口就能享受到大医院专家的优质服务。

再次，完善转诊标准，加强监督管理。规范的转诊标准，完善的监督管理机制为双向转诊提供了支撑。制定相关的法规制度来规范转诊的流程，明确分工、各司其职，建立监督机制约束各级医务工作者的行为。设立转诊管理机构，将双向转诊纳入质量控制管理体系，定期考核评估转诊的数量和质量、转诊过程的安全性、治疗的科学性，以及信息反馈的及时性。形成新的初级卫生保健——专科医疗的局面，强化以病人为中心的医疗之家，努力确保病人获得及时的医疗服务。使双向转诊更加规范地建立和有效运行。

最后，强化转诊意识，建立激励机制。强化转诊意识，建立激励机制是双向转诊顺利实施的有效保障。我们目前的国情还不适合采取强制措施，只有通过强化患者、PCPs、专科医生的转诊意识，建立一些激励机制，如晋升挂钩、累计加分、给予一定奖励等，以此提高医务人员的工作积极性，鼓励 PCPs、专科医生的转诊行为。吸引 PCPs 向上转诊患者的同时，更加需要吸引的是专科医生主动、及时向下转诊患者，只有变被动为主动，双向转诊才能有效运行。总之，只有多项举措齐头并进、各项政策相互配套，才能有望推进"互联网+"分级诊疗模式的创新，真正实现"小病在基层，大病到医院，康复回基层"的就医新格局。

（安徽医科大学　桂　成　杨善发　崔汪汪）

关于医改问题的建议

医疗卫生体制改革，必须要从本质上着手，以维护保障人的身体健康为根本出发点。在这个大方向下，根据实际情况，建立大型的以二级学科为主的总医院和以三级学科为主的专科医院。强化二级学科的领导、辐射和龙头作用，打破医疗市场各自独立的经济利益核算体制，在二级学科的框架下，促使高级人才向下流动，向基层流动，把三级学科专科医院办得更好，这样才能充分扭转大医院看病难贵问题，降低人们维护和保障身体健康的费用。同时，应充分发挥二级学科总医院的把关分流作用，把属于三级学科的专科治疗的病人转移过去，最大限度地缩短重复就诊过程，为尽早治疗提供可能，并把不需要住院治疗的病人分流到门诊治疗。

（黑龙江省佳木斯大学附属第一医院主任医师　张尧杰）

法律援助资源配置应当向军人军属倾斜

近年来，军地各级司法行政机关和法律服务组织认真履行职责，为军人军属提供了大量优质的法律援助服务，取得了明显成绩，但也存在一些需要研究和解决的问题，主要是：各地对军人军属法律援助申请条件、事项范围的规定不一致，放宽军人军属法律援助申请条件、事项范围的地方还不普遍；军队律师人员较少，难以满足军人军属法律援助需求，需要拓展地方法律援助资源，成立专门为军人军属提供法律援助服务的机构；需要放宽军人军属法律援助申请条件、事项范围，使更多的军人军属享受到法律服务上的"福利"。

2015 年 6 月 29 日，中共中央办公厅、国务院办公厅印发的《关于完善法律援助制度的意见》要求，重点做好农民工、下岗失业人员、妇女、未成年人、老年人、残疾人和军人军属等群体法律援助工作。但是，军人军属与困难群体是不同的，加强军人军属法律援助工作是服务国防和军队建设的政治任务，是对军人牺牲奉献的补偿，既体现权利与义务相一致的原则，又是拥军优属的必然要求和应有之义。因此，要与困难群体法律援助条件有所区分，实现法律援助资源配置向军人军属的倾斜，进一步扩大民事、刑事、行政法律援助覆盖面。

第一，可考虑对于初级士官、战时立功军人和军人退役一年内发生的纠纷，免予经济困难条件审查。对军属的经济困难审查标准调整到当地最低工资标准。

第二，可考虑将军人军属法律援助受理案件的种类，从民事案件扩大到刑事、行政案件，特别是对刑事受害人的法律援助。逐步将涉及劳动保障、婚姻家庭、食品药品、教育医疗等与民生紧密相关的事项，纳入军人军属法律援助补充事项范围，帮助军人军属运用法律手段解决基本生产生活方面的问题。

第三，有条件地方可考虑给予专项资金支持，并适当提高办案补贴标准，激励法律援助人员做好军人军属法律援助工作。

（荣德律师事务所主任律师 董 刚）

关于加强社区法治文化建设的建议

　　社区是社会的细胞，社区法治是社会稳定的基础，社区法治文化是社区法治建设的核心。实践证明，加强社区法治文化建设有助于保障社区和谐稳定，推进基层民主建设，改善基层治理环境。

　　建议在"十三五"期间大力推进社区法治文化建设，重点在以下几个方面着力：

　　第一，完善社区制度。建立由党委、政府统一领导，司法部门牵头协调，宣传、文化部门等单位共同参与、各司其职的领导体制和工作机制，形成权责明晰、通力协作的工作格局。把社区法治文化建设纳入地方党委政府的综合考核目标，量化考核指标，严格落实责任，推动社区法治文化建设落地生根。引入市场化机制，建立政府支持、企事业单位自筹、社会各方面赞助的经费保障机制，实现社区法治文化建设政府主导与社会参与的良性互动。

　　第二，深化社区事务公开。阳光是最好的防腐剂。在法治文化建设中，社区首先要当好法治践行者，坚持把推进党务、居务、财务"三公开"作为重中之重。规范社区公开，做到与公开内容相统一、与居民要求相统一、与事项发展时间相统一，阶段性工作按期公开、临时性工作随时公开、与财务公开相关内容同步公开。丰富公开形式，注重公开方式方法的多样化，本着居民"看得见、看得清、看得懂"的原则，针对不同内容进行公开栏公示、小区张贴公开、上门入户公开。严格公开程序，设立公开举报电话和举报信箱，坚持"三级审核、民主评议、三榜公示"程序，接受居民监督。

第三，创新社区管理。加强社区自我管理、自我监督、自我教育、自我服务，提升社区柔性管理水平。推广"中江社区管理经验"，按照"三上三下"六步工作法，进一步修订完善居民公约，让社区居民全程参与，使公约与法治同步，实现自我约束。

第四，打造法治精品。加强社区文化阵地建设、文化载体培养、文化精神传承，提炼社区精神，依托社区广场、公园等设施，打造集法治案例、传统文化等为一体的法治文化精品，让法治文化与居民健身、休闲之地有机融合、相得益彰，引导居民"明法治、懂戒惧、知敬畏"，营造"传法治文化，扬清风正气"的浓厚氛围。

第五，建设书香社区。积极培育和践行社会主义核心价值观，以道德讲堂、传诵经典为载体，弘扬主旋律，传播正能量，激励居民争做文明人。用简朴、动情的语言讲述他们帮助邻里、热心社区事务的事迹，让身边人讲身边事，用身边事教育身边人。依托社区书屋平台、周末影院，打造书香之家，营造"法治飘社区"的良好风尚。

（四川省内江市委办公室　文国云　李程鹏　杨　婷）

关于设立国有企业公众开放日的建议

现在开放、共享已经成为国家的发展理念，目前高校有公众开放日、中科院有公众科学日，部分大型国有企业也在自行尝试开展公众开放日活动，但是在国家层面还没有设立国有企业公众开放日。

国有企业作为"共和国的长子"，在关系国家安全和国民经济命脉的主要行业和关键领域占据支配地位，是国民经济的支柱。国有企业的形象某种程度上甚至反映着国家在人民群众中的形象，然而，部分人民群众却对国有企业存在一些偏见和误解，比如一些人认为国有企业垄断、效率低下、缺乏活力、创新能力不够、竞争力不强等，对国有企业的形象和发展都产生了不好的影响。

设立国有企业公众开放日，是一个共赢、多赢的方法，可以增加人民群众与国企面对面交流的机会，增信释疑，减少人民群众对国企的偏见和误解，改善国企的社会舆论环境；可以让人民群众感知企业文化、企业精神和企业历史，了解国企奋斗的艰辛，增强认同感；可以让人民群众零距离感受国企的最新成果和产品，宣传国企取得的巨大成就，扩大国企在人民群众中的影响力；对与人民生活息息相关的国企，可以帮助其提高销售业绩；也有助于吸引更多优秀的毕业生到国企工作。可以让国有企业更加自律，进取心更强，创新动力更足，发展得更好！

国家设立国有企业公众开放日后，企业可以视情况开放博物馆、展览馆、文化区、高科技产品体验区、生产车间、厂房等场所。国企确定公众开放日时间后,人民群众可以通过电话、网络预约等方式报名,由企业采取抽签等公开和民主的方式筛选后确定受邀名单。公众开放日当天,企业可以搭建相应平台,开展相关活动,可以邀请企业家、专家、企业劳模与人民群众互动交流,讲述国企故事,回应群众关切的问题;可以组织媒体采访,加强宣传报道,扩大企业影响力和公信力。

(北京青联委员 韩尚峰)

关于促进中医药发展的建议

　　首先，中医药定价一直是一个没有得到妥善解决的问题，应研究中医药医疗服务价格如何科学制定，使之既能体现中医医务人员的技术劳务价值，不致亏损，又能真正控制费用，让患者受益。其次，建议将中医药特色统计指标纳入到国家卫生统计报表体系中，如中药饮片处方数、非药物疗法诊疗人次数等，更好地为中医医院管理和行业管理决策服务。最后，加大中医在我国卫生领域的话语权，从而更好地推动中医药事业发展。

（北京中医药大学研究生会）

建议商业代孕合法化

　　人类辅助生殖技术的进步，为不孕不育夫妇带来了福音，而代孕则为因为心脏病、肾病、子宫发育异常等原因不能实现怀胎分娩的女性，实现了拥有自己孩子的可能。由于尚未合法化，目前活跃在代孕市场上的地下中介公司不下千家，由于属于地下交易，操作者的专业水平、从业经验等无法保证，加大了手术风险。再加上关于抚养权等权益纠纷，不育夫妇的权利也无法得到保障。建议商业代孕合法化，制定相关法律法规实施正规法律程序，不论是委托夫妇还是代孕母亲，均应被告知代孕过程可能出现的风险及相关责任划分，并签署协议保证接受法律的规范和监督；设立代孕管理机构，负有对代孕机构颁发执照，审核代孕母亲的健康状况，对代孕合同的签订进行审核与公证等职能。相信在法律规范下，代孕将成为更规范的、具有社会价值的行业。

（华北电力大学　龚传正　李笑笑　张若愚　李垚垚）

增强教育扶助机制

目前，我国针对农村及城镇地区的教育扶助机制仍不完善，大量的农村及乡镇地区学生前往附近城市求学，也增加了不少城市中小学的招生压力，导致教室拥挤、部分适龄儿童不能按时入学等问题。针对这一问题，应加大农村义务教育的投入，缩小城乡教育水平差距，对青年教师赴农村支教给予更多的鼓励政策，如参与农村教育工作达到一定年限可以优先购买经济适用房等，推动教师资源更多地进入农村地区。同时，也要加大对助学资金的监管力度，目前仍存在着很多冒领贫困助学金的现象。尤其是在一些中小学中，更倾向于把助学金发给成绩优异的学生，而不是真正需要它的贫困生。

（北京邮电大学人文学院、经济管理学院　杨德东　唐伟超）

鼓励和组织大学生定期进行乡镇帮扶项目

大学生可以结合自己的专业，开展一些小的乡镇帮扶项目，从细微做起，从小事做起。例如，我们中央美术学院的学生，可以在乡村城镇美观建设上完成一些工作。绘画造型专业和设计专业的学生可以相互合作、共同商议，结合村镇的实际需要进行设计。同时，美院的学生可以提供美术课程讲解。对于大学生来说，这是一种锻炼，也是个志愿活动，丰富乡镇中小学生的德智体美教育活动实践经验的累积，对于中小学生们，这更是一个不同于常规课堂的特殊学习过程。同时，还有助于形成引导、倡议、鼓励社会各界对城镇乡村建设进行积极帮扶的社会氛围。

（中央美术学院建筑学院　苏　曼）

完善大学生支教机制的有关建议

第一，提高待遇，解决大学生就业的后顾之忧。提升"大学生村师"的待遇，同时改善乡村学习生活环境，完善大学生支教的相关政策，让大学生在保研、考研、出国、工作及支教种种毕业选择之间，不会担忧支援农村后的个人发展。

第二，实现假期支教向长期支教的优化转型。应建立一个完整的机制，搭建大学生支教的官方平台，使支教从短期没有保障提升为长期优化且有保障的项目。

（北京师范大学文学院　宋　来）

科学编制国家"十三五"规划
建议实施人才强国战略

　　"十三五"时期，是全面建成小康社会的决胜阶段，全面深化改革的攻坚期、决战期、关键期。科学编制好国家"十三五"规划纲要，具有十分重大的意义。在规划编制中必须把"创新、协调、绿色、开放、共享"五大发展理念贯穿于"十三五"时期和未来更长时期发展全过程，全面、准确、深入地体现到规划纲要中，建议实施"人才强国"战略，注重人才培养与利用，推进人才发展体制改革和政策创新，形成具有国际竞争力的人才制度优势。

　　第一，推动人才结构战略性调整，突出"高精人才"，实施重大人才工程，着力发现、培养、集聚战略科学家、科技领军人才、企业家人才、高技能人才队伍。实施更开放的创新人才引进政策，更大力度引进急需紧缺人才。发挥政府投入引导作用，鼓励企业、高校、科研院所、社会组织、个人等有序参与人才资源开发和人才引进。

　　第二，优化人力资本配置，提高社会横向和纵向流动性。完善人才评价激励机制和服务保障体系，营造有利于人人皆可成才和青年人才脱颖而出的社会环境，健全有利于人才向基层、中西部地区流动的政策体系。"十三五"规划建议提出："深入实施人才优先发展战略，推进人才发展体制改革和政策创新，形成具有国际竞争力的人才制度优势。"为实现这样的制度优势，建议还提到了人才的激励和服务保障体系，建议指出："完善人才评价激励机制和服务保障体系，营造有利于人人皆可成才和青年人才脱颖而出的社会环境，健全有利于人才向基层、中西部地区流动的政策体系"。"加快形成有利于创新发展的市场环境、产权制度、投融资体制、分配制度、人才培养引进使用机制。"纲要编制要围绕培养人才、激励人才、引进人才、合理使用人才等方面科学规划、大胆创新。"适应和引领我国经济发展新常态的人才强国战略，制定更加积极的国际人才引进计划，吸引更多海外创新人才到我国工作"。

纲要编制认真贯彻实施《国家中长期人才发展规划纲要（2010—2020年)》，进一步健全人才管理体制机制，完善人才培养、吸引、使用、评价、激励办法，优化人才环境，以高层次创新人才和新兴产业、重点产业急需人才为重点，统筹推进各类人才队伍建设，为经济社会创新发展提供强有力的人才支撑。规划纲要编制，突出优化人才发展环境，建立健全政府宏观管理、市场有效配置、单位自主用人、人才自主择业的体制机制，统筹推进党政、企业经营管理、专业技术、高技能、农村实用、社会工作等各类人才队伍建设，满足经济社会发展对人才的多样化需求。要围绕产业发展方向，积极搭建引进人才的平台，创新人才引进渠道，采取公开招聘、到高校选聘等方式大力引进人才。重点引进具有开拓和创新能力的高级专业技术人才，熟悉法律、懂经营、善管理的复合型人才，以及掌握先进生产技术和工艺的高级技能人才。坚持引才和引智相结合，采取项目合作、创办企业、提供科技咨询服务、兼职、短期聘用、长期聘用等方式引进智力人才。鼓励高等院校、科研机构高层次人才到省、州、县、乡开展科技咨询、技术开发、项目合作等活动。建立留住人才的体制机制，落实人才待遇，创造良好的工作环境，使人才引进来、留得住、起作用。

完善人才服务体系，创新人才工作机制，推进人才管理工作科学化、制度化和规范化。建立人才工作目标责任制，实行领导干部联系企业制度。加强人才市场和人才信息网络建设，建立人才信息数据库，定期收集发布人才需求信息，搭建人才市场化配置平台。建立人才供需对接机制，积极为县域企业开展人才服务，及时为国内各企业提供职称评定、人事代理等社会化服务，有效解决引进人才档案管理、职称申报、社会保险等问题，为实施人才强国战略提供有力支撑。

（云南省楚雄州牟定县发展改革局　杜昌辉）

关于"十三五"期间应届大学毕业生的
就业调查及政策建议

一、大学毕业生就业过程中存在的问题

1. 大学毕业生就业过程中存在"双空"现象

高等教育对国民经济发展的推动作用，是通过培养出能够解决各个层面的生产生活实践问题的毕业生来实现的，如果所培养的毕业生只有空头理论，没有动手的能力或者解决实际问题的能力不强，那么，走上岗位之后必然面临无法胜任工作的风险，会影响我国的社会经济建设。要造就既有一定理论知识，又有实践动手能力，且能解决生产生活实践中实际问题的高级专门人才，有效途径就是高等教育同生产劳动相结合，让毕业生在接受教育期间就能熟悉所要从事的工作岗位。目前大学生就业过程中存在"双空"问题，即用人单位觉得大学生理论知识不能应用于实践的"空"和大学毕业生认为其从事的工作岗位缺乏创新性，简单枯燥，难以发挥个人的主观能动性的"空"。这双空都会对国家产业的创新力，打造"中国创造"呈现出负面影响。

2. 大学毕业生在就业的过程中存在期望值过高现象

通过对西安交通大学、西安理工大学、长安大学、西安电子科技大

学以及深圳大学 2013—2014 年应届毕业生进行跟踪调查，结果显示：71%的大学生毕业后希望到沿海开放地区和省会城市工作，42%的学生希望到国家机关工作，70%以上的毕业生工资期望在 3000 元以上，只有 5%左右的学生愿意到农村和西部偏远地区工作。大学生的就业期望值过高也成为大学生就业难的一个问题。根据课题组的延伸调查显示高校毕业生不愿到农村基层和边远地区创业就业，最大的障碍就是由户籍壁垒所导致的社会福利和社会保障问题，城乡二元结构使得城市居民是城市户籍，而农村居民是农村户籍，这种二元户籍制度也成为分割城乡的壁垒，两种不同户籍的居民享受的是完全不同的福利待遇和社会保障。城市在保险、医疗、养老、住房福利等社会保障体系方面比较完善，而农村在这些方面和城市有着明显的差距。

3. 高校应届大学毕业生的能力素质与用人单位的要求有一定差距

大学生就业难和用人单位招人难的"双难"是因为大学生的总体素质与用人单位要求不符。用人单位希望自己招聘的员工：一是有较高的政治素养，即端正的政治立场和良好的思想道德品质；二是具备一定的专业素养，即有专业知识储备和实践创新能力；三是有一定的吃苦耐劳精神和良好的心态，即能够沉下去、坐得住和踏实勤奋的工作作风；四是具有适应新的工作环境的能力，即良好的人际沟通能力和团队合作精神、待人接物的基本规范与能力；五是具有大视野和大胸怀，即了解关心国家和社会的大事并具有一定的社会责任感等。

但是从用人单位反馈近年来一些大学生就业的情况看：一是社会实践能力差，对社会的认识也不深刻；二是吃苦耐劳欠缺，聪明但不刻苦且缺乏泼辣大胆的工作力度；三是有些大学所学专业，无法运用于工作中，在工作中碰到疑难问题，只能自己查阅资料，从头学习，花费很大的精力；四是团队意识、沟通能力、所能承受工作压力等方面还需要加强，因为工作往往是从大局考虑，需要和同事团结合作，进行沟通，有时会面临各种各样的困难，需要为工作承受巨大的心理压力；五是事业心和责任感不足，所能承受工作压力等方面还需要加强，分析问题、研究问题的兴趣不高，运用专业知识和坚持长期学习的主动性不强；六是很多大学生经验不够丰富，稍显浮躁，不够沉稳，功利心表现外露，31%的应届大学毕业生在三个月至半年的实习期满后，没有与企业签订劳务合同。

4. 高等教育的学科专业设置不能与国民经济发展的岗位需求保持一致

当前国内高等院校在课程设置上不合理，通常情况下是根据院校自身的师资力量来设置课程，忽视市场需求，导致所学课程滞后于社会发展的实际需求。根本原因就在于高校课程没能够随着社会尤其是市场需求的发展而调整，教学模式、教学计划和教学的具体内容有些陈旧，未能跟上时代的步伐，培养出来的毕业生在思维方式和知识能力等方面与社会的需求有着较大差距，容易导致毕业生和职位不匹配，从而形成结构性就业矛盾。对应用性要求较高的技术岗位招聘，高校的部分专业课程设置没能跟上现实的技术发展，与我国社会经济发展和产业结构变化南辕北辙，从而出现大学毕业生毕业即失业的现象存在。硕士和博士亦存在上述现象，其毕业论文要求均为八股文格式，学生在实践中有再大的发明和创造，学位委员会依然不认可其成果，仅凭博士论文的成绩论英雄。

二、关于大学生就业的对策建议

1. 为大学生就业提供更多的岗位

产业升级和技术进步能够为大学生创造更多的就业岗位，城市化也可以创造大量的工作岗位。"十三五"时期，在城市化和工业化的同时，继续鼓励大学教师以参股的形式投身企业和产品的研发，只有创新在产业发展中发挥主导作用，大学生以及更高学历人员才会有用武之地，在促进就业的同时提升中国产业的整体竞争力和核心创造力，形成产品优、内销和出口多、内需大和劳务输出多的良性循环。

2. 积极培育大学生创新能力

高校应该进行适应性的人才培养模式改革与创新，改变大学教育的城市化取向，树立面向基层工作的就业价值观，调整专业结构，实践中的高等教育过于强调理论知识教学，对于学生的操作技能、实践经验、创业意识缺乏充分的关照；积极倡导在高职院校实施"创业工程"，其目标是以创业带动就业，实现优质就业，让学生从"就业的一代"转变为"创业的一代"。需要实行人性化的招生、灵活的专业设置、培养目标制度多样性、柔性的教学计划、人性化的教学机制才能真正实现人才的多样化培养。把"国家大学生创新性实验计划"的实施作为载体，引导大学进行人才培养模式改革和教学管理改革。创新本科生学习方法，使得本科生的大部分课程评价以其独立完成该领域的相关任务和创新度为评价标准。

3. 培养大学生面向基层的意愿

大学生要树立远大理想，知行合一，才能从根本上面向基层就业，为社会的发展贡献自己的聪明才智。国家要出台政策激发大学生创业热情，鼓励其积极创业，投身于我国西部大开发、东北老工业基地振兴、环渤海经济区发展以及新农村建设这一系列国家战略举措，充分利用"十三五"的战略机遇期和国家对大学生创业的各种优惠政策。在高考和大学自主招生的过程中，对于那些愿意投身基层，把青春和热血奉献给祖国边疆和农村建设的学生们要适度降分录取；高校在德育教育的过程中，要把毕业后面向基层作为德育教育的重要价值取向。

4. 提升大学生综合素质

目前的高等教育过于强调理论知识教学，对于学生的操作技能、实践经验、创业意识缺乏教育，要根据大学生的自身特长实行分层、分流、分段培养。我国在"十三五"时期应该创新自主招生制度，改革学分制，创造出以创新为龙头带动学生心理素质、身体素质等综合素质全面提升的教学管理制度；建立针对本科生科研活动的学术竞争、导师选聘制度、学术交流制度和激励制度，营造学术自由、宽容失败的创新文化环境。

5. 创新高等教育学科专业设置

深化高等教育改革和专业设置，建立与社会经济发展协调一致的教育格局，把教育制度与社会、经济、劳动制度结合起来，形成高等教育与社会经济发展同步发展、相互促进的良性循环机制，放宽高校办学门槛，实现学校学科专业设置市场化，努力形成人尽其才、物尽其用的良好局面；重视大学生的就业能力培养，从政策上来协调企业和高校间的双向选择，搭建更多的"大学生就业平台"；把大学生在企业的实践锻炼作为必修课，给予政策支持和精神鼓励，营造良好的就业氛围；完善大学生就业信息支持，构建传授知识、培养能力、开发智力与提高素质为一体的教育模式，培养学生各种能力，引导其参与社会实践，鼓励高等院校实施学科专业实时调整。

（深圳海关　王　可）

关于农村留守儿童成长问题的建议

第一，落实基层政府部门在留守儿童成长上的责任。增强各级党政部门在解决留守儿童问题上的主导作用，县级政府设立以县委书记、县长为组长，各单位负责人为成员，县教育局负责日常工作的"关爱农村留守儿童健康成长工作领导小组"，落实县—部门—乡镇—学校四级责任体系；为了弥补家庭陪伴与教育的缺失，应增加农村基层网络基础设施建设，使留守儿童能够有条件利用互联网时代发达的通信渠道，通过远程视频、语音交流等方式，增加与外出务工家长的信息、情感沟通。

第二，建设更符合留守儿童成长需要的农村学校。推进学校对在校留守儿童档案进行专门管理，并细化档案信息内容，对留守儿童家长的姓名、务工去向、返家次数（年）、目前监护人情况、联系电话都进行详细记录；实行教师负责制，加强农村教师心理健康培训，使教师具备良好的心理素质，能正确理解留守儿童的学习态度、行为问题，增加与留守儿童监护人及家长的沟通；完善学校德育教育，推动德育与心理健康教育的有机融合，使德育课程内容融入更多心理健康的知识，唤起学生的道德认同感；推动有条件的学校实行留守儿童寄宿制。

第三，净化留守儿童成长的农村社区环境。应以农村社区为依托，为留守儿童健康成长营造良好的成长环境。规范游戏厅、网吧等娱乐场所经营行为，加强阅览室、文体活动室、农民剧团、农民乐团等优良文化载体建设，多举办各类文体活动，倡导科学、健康、文明向上的社会风气。在农村社区中建立留守儿童服务机构，向留守儿童家长或监护人宣传普及科学的家庭教育观念与方法。构建社区互助网络，通过帮扶、结对等形式将留守儿童家庭引入农村社区互助工作，倡导邻里互助。

第四，构建广泛的社会支持体系。各级政府应充分整合各类社会资源，通过代理家长制、志愿者服务制以及城乡结对互动制，大力倡导社会公众、媒体、社会组织关爱留守儿童成长，对留守儿童自身在教育中存在的问题进行有效干预与引导；鼓励公众、媒体多发起"陪伴"类公益活动，让留守儿童感受到社会中周围环境的温暖和对于自己的关怀；多开展树立正确人生观、世界观和价值观的引导性讲座；组织各类志愿者参与农村留守儿童教育、城乡儿童结对互动、留守儿童维权等活动。

（清华大学水利系　杨志超　石云磊）

关于实施脱贫攻坚工程的建议

贫困人口脱贫是全面建成小康社会最艰巨的任务。党的十八届五中全会明确提出,实施精准扶贫、精准脱贫,因人因地施策,提高扶贫实效,到 2020 年,我国现行标准下农村贫困人口实现脱贫,贫困县全部摘帽,解决区域性整体贫困。为此,建议:

第一,把握三个环节。精准识别是前提,按照精准识别、公开透明、分级负责的原则,通过科学有效的程序把贫困村、贫困人口精准识别出来,并逐村逐户建档立卡。精准帮扶是关键,要按照"一村一计一部门""一户一策一责任人"的要求,确定帮扶责任人、制定帮扶规划、落实帮扶措施,做到"一户一本台账、一户一个脱贫计划、一户一套帮扶措施"。精准管理是保证,建立贫困村、贫困户帮扶信息档案,加强精准扶贫监测,跟踪贫困村、贫困户帮扶情况,确保贫困村、贫困户得到有效扶持,在规定时间内达到稳定脱贫目标。

第二,抓好三个层面。构建政府、市场、社会协同推进的大扶贫格局。在政府层面,要强化扶贫开发工作领导责任制,把中央统筹、省负总责、市(地)县抓落实的管理体制,片为重点、工作到村、扶贫到户的工作机制,党政一把手负总责的扶贫开发工作责任制,真正落到实处。在市场层面,要融开发于扶贫之中,融扶志于扶贫之中,激发贫困地区发展内生动力,使扶贫工作从"输血式扶贫"走向"造血式扶贫",切断贫困的代际传递。在社会层面,要动员和凝聚全社会力量广泛参与扶贫，更好地把"帮"和"促"结合起来，形成多维联动的社会扶贫新格局，增强社会力量参与扶贫的精准性、有效性。

第三，坚持六级联动。坚持中央省市县乡村六级联动。中央统筹，发挥政策性金融和商业性金融的互补作用，整合各类扶贫资源，开辟扶贫开发新的资金渠道；省级负起总责，做好确定目标、制定规划、出台政策、下达项目、投放资金、组织动员、检查指导等工作；地级市要承担起本市扶贫开发的主体责任和结对帮扶责任，加强统筹谋划、重点攻坚和督促落实；县级要抓好落实，做好进度安排、项目落地、资金使用、人力调配、推进实施等工作；乡级要实行包村包户，建立包户数、包项目、包脱贫的帮扶机制，使每个贫困户都有一个帮扶责任人；村级要摸清底数，建档立卡，找准"贫根"，建好支部和村委会班子，当好"领头雁"，带领群众脱贫致富。

第四，实施五大工程。推进基础扶贫工程，科学规划和建设贫困地区的交通、水利、电力、通信等基础设施，构建骨干网络、改善区域发展条件，完善末端建设；推进产业扶贫工程，制定特色产业增收、乡村旅游开发等扶贫行动计划，积极培育贫困地区特色支柱产业；推进新村扶贫工程，以扶贫新村建设为载体，加快推进危房改造，同步提升公共服务和社会管理等综合配套服务水平；推进能力扶贫工程，通过基础教育、能力培训等多种途径，全面提高贫困人口素质，增强就业创业能力，打牢脱贫致富的根基，阻断贫困代际传递链条；推进生态扶贫工程，制定生态环境保护工作实施计划，深入实施天然林保护、退耕还林、水资源保护和生物多样性保护等生态工程建设，大力发展生态农业、生态旅游和绿色产业，使贫困群众得以分享生态经济红利。

第五，突出三大重点。一是突出发展特色产业。立足资源禀赋和产业基础，坚持绿色发展、特色发展、集聚发展、创新发展，因地制宜选择一批产品有特色、市场前景好的产业给予重点培养和扶持，走产业支撑的开发式扶贫路子，重点发展特色现代农业，加大第二产业比重，加快第三产业发展。要根据主体功能区和区域发展规划，优先向贫困地区安排各类项目、布局特色产业，对纳入扶贫规划的项目，优先予以倾斜支持。二是突出完善基础设施。要坚持向面上覆盖、向基层延伸，扩大贫困地区基础设施覆盖面，因地制宜解决通路、通水、通电、通网络等问题。对在贫困地区开发水电、矿产资源占用集体土地的，试行给原住居民集体股权方式进行补偿，探索对贫困人口实行资产收益扶持制度。重点推进国省干道和乡村公路改造、水利设施和饮水安全工程、农村"三网合一"改造、农村用电和沼气建设、农村危房改造和环境综合整治等基础设施升级改造和建设，有效解决贫困地区出行难、饮水难、用电难、通信难等突出问题。三是突出推进基本公共服务均等化。加大社会事业投入力度，基本建成与人民群众需求相适应的公共服务体系和社会保障体系。要推动义务教育均衡发展，确保贫困家庭子女都能平等接受教育。要按照保基本、全覆盖、均等化要求，着力推进社会保障体系建设，实施全民参保计划，基本实现法定人员全覆盖。建立健全农村留守儿童和妇女、老人关爱服务体系。要构建覆盖城乡的公共卫生服务体系，促进城乡居民享有均等化的基本公共卫生服务，推进健康中国建设。

（福建省社会科学院　吴肇光）

树立创新理念　打好扶贫攻坚战
切实推进云南全面建成小康社会

　　解决贫困问题是世界性难题，作为一个集边疆、山区、多民族等特征于一体的欠发达省份，云南有 93 个贫困县、570 多万贫困人口。这些贫困人口不仅量大、面广，而且大多居住在交通不便的山区，脱贫工作难度极大。在全面建成小康社会的进程中，扶贫攻坚问题仍然是云南省工作的"重中之重"。在制定云南省国民经济和社会发展的第十三个五年规划中，我们要树立创新发展的理念，打好扶贫攻坚战，切实推进云南全面建成小康社会。

　　20 世纪 80 年代初，为了调动农民的生产积极性，解决农民的温饱问题，我国普遍实行了农村家庭联产承包责任制，此举不仅解放了农村生产力，解决了当时的农业困境，而且也奠定了改革开放后我国农村的基本经济制度。然而，随着人民公社解体、免除公余粮征购和农业税等政策的变化，农村家庭联产承包责任制的形式和内容都发生了极大地改变，联产承包制徒有形式，家庭经营成为其实质内容。在我国市场经济条件下，农村家庭面临着农业效益比较低、经营规模小、难以掌握市场信息和缺乏科技知识等经营难题，一家一户的小农种着几亩或十多亩耕地，养着一两头猪和十多只鸡，过着只能填饱肚子而不能发家致富的生活。全国 7000 多万贫困人口，其中云南 570 多万贫困人口绝大多数为农村人口，为了摆脱贫困，多挣几个钱，也为了看看外面的精彩世界，云南农村的青壮年，尤其是青年男劳力纷纷外出打工，困居农村、坚守着农业生产的普遍是老人、妇女和儿童，俗称九九三八六一部队，农村成了留守处和栖息地，许多土地处于抛荒和半抛荒状态，农民对土地的感情逐渐淡漠，特别是90后新生代农民更是难以建立对土地的感情。虽然，近年来云南省农业经济连年发展，但其后劲明显不足，农业生产仍没有进入一个良性循环的发展轨道。

基于以上分析，摆脱云南农业发展困境，打好扶贫攻坚战，使农业进入良性发展轨道，其根本措施是：树立创新发展理念，逐步优化农业政策，壮大农业经营规模，使产业扶贫成为农村人口脱贫的有效途径。纵观人类历史和文明进程，农业家庭经营既是中国几千年的传统，也是发达国家农业生产的主要形式，不仅适应于手工劳动为主的传统农业，也适应于采用先进科学技术和生产手段的现代农业。但是，目前我国分散弱小的农户经营确实不利于农业的健康发展，我们需要采取诸多措施逐步优化农业政策，壮大农业经营规模，建立产业扶贫模式：

第一，实行农村土地制度创新。在确立农村土地集体所有的基础上，农村土地的所有权、承包权、经营权"三权分立"的制度边界要明晰，尤其要提高其实施的可操作性。只有解决这些问题，创新农村土地制度，才能有效地推进土地的承包权和经营权向农业经营大户转移，才能使紧缺的土地资源得到有效的利用，才能提高农业的规模经营，才能建立现代农业制度，使农业生产进入良性循环的发展轨道。

第二，建立一县一乡一村一品的规模种植和规模养殖，形成各地的"拳头产品"，把众多分散的小农生产纳入大规模的商品生产中，建立起产、供、销一条龙的产业生产链条，提高商品生产效率和规模，使千家万户的农户真正融入市场经济大潮中。这种产业扶贫模式也是集中连片的农村贫困人口摆脱贫困的有效途径。

第三，因地制宜地扶持农业专业公司、农业大户和农业合作社，将分散的农户通过农业专业公司、农业大户和农业合作社组织起来，构建新型的农业经营主体和经营体系，克服小农生产的盲目性、分散性和低效性。

第四，积极鼓励具有一定条件的农民进城打工，并积极探索已在城市安居的农民工有偿转让或退出农村的承包地和宅基地，提高土地使用效率，创造条件（主要是解决农民工在城市的教育、住房、医疗、养老、失业等问题）使农民工市民化，成为新一代市民，共享城市化、工业化、信息化、现代化成果，彻底改变农民身份，最大限度地转移农村富余劳动力，尽可能地减少农民人数。

第五，精准扶贫要在精准数据、精准原因、精准政策、精准措施上下工夫。目前，云南省570多万贫困人口绝大多数生活在边远交通不便的山区，其贫困原因错综复杂。精准扶贫的实施首先要落实贫困人口数据是否准确。从村、乡、县、州市要层层核实数据，重点是核准村的贫困人口数据，既不能掺水，更不能缩小。其次，致贫原因是否精确。是公路、水电不通导致贫困，还是居住环境太差，不适宜人居住。或是缺资金、缺技术、缺项目、缺劳力。这些致贫原因需要仔细分析研究，不能大而化之，一概而论。再次，脱贫对策是否科学有效。脱贫对策要一户一策、一村一策，不能吃"大锅饭"，或是搞"一刀切"。最后，扶贫措施是否到位。要检查各个单位的扶贫措施是否到位，不能停留在写在纸上，说在口头上。有关部门一定要采取各种有效措施，切实把精准扶贫工作真正做好，防止"歪嘴和尚念错经"或是走过场，简单地给每户捐点钱了事，或是搞数字脱贫把戏。

（云南教育出版社常务副社长、云南出版传媒技工学校校长　杨云宝）

让"土生人才"驱散贫困的阴云

党的十八届五中全会从实现全面建成小康社会奋斗目标出发，明确提出到 2020 年我国现行标准下的农村贫困人口实现脱贫，贫困县全部摘帽，解决区域性整体贫困的脱贫攻坚任务。综合专家学者和贫困地区干部群众的意见，笔者认为，打赢脱贫攻坚战，必须多措并举，一方面，通过劳动力素质培训，把贫困人口负担及早转化为市场需要的人力资源，释放人口红利；另一方面，积极搭建共赢平台，集聚人才人气，创造扶贫的人才红利，让更多"土生人才"驱散贫困的阴云。具体从以下几个方面进行。

一、建立长效机制，打造扶贫的战斗堡垒

打赢脱贫攻坚战首先要从提高村干部待遇，加大对致富带头人的培养支持，以及完善驻村干部体制机制等多方面着手，建立解决贫困地区人才短缺的长效机制。要把扶贫开发同基层组织建设有机结合起来，抓好以村党组织为核心的村级组织配套建设，鼓励和选派思想好、作风正、能力强、愿意为群众服务的优秀年轻干部、退伍军人、高校毕业生到贫困村工作，真正把基层党组织建设成带领群众脱贫致富的坚强战斗堡垒。具体要坚持以下几点。

1. 稳步提高村干部报酬待遇

中央和地方各级政府要分级落实离任村干部生活补贴，完善村干部养老保险制度和医疗保险制度，切实解除村干部后顾之忧。

2. 对村干部进行定期培训

要建立村干部的定期培训制度，每年分期分批组织村干部到各级党校参加业务轮训，发挥现代远程教育平台的作用，积极帮助村干部掌握实用技能、及时了解各方面信息，组织村干部"走出去"，开阔眼界。

3. 着力提高村干部收入水平

要通过试点坐班制、绩效考核等办法实现村干部专职化，为村干部收入建立动态增长机制，提高村干部的工作积极性。

4. 改进驻村干部的驻村方式

对于贫困村驻村干部的驻村方式，建议建立由省级财政为驻村干部的选派村提供一定专项资金，市县财政为驻村干部提供相应办公经费的驻村方式。同时，要健全与落实驻村工作的保障政策，制定驻村干部与所属帮扶部门的帮扶工作一同考核的考核制度。

二、用市场力量培育农村各类实用人才

培育农村各类实用人才必须注重挖掘市场潜力，释放人口红利，创造人才红利，把培养好新型实用人才与构建共赢格局有效结合起来。

1. 统一整合管理培训资源，提高培训效果

要将近年来出现的新型经营主体的内部培训、专业社会服务的组织培训、农业企业的员工培训等进行整合，确定由一个部门管理其他部门配合，对培训项目中的阳光工程、绿色证书、雨露计划、新型农民科技等资源分散、项目单一、规模偏小的培训合并进行，提高培训效果。

2. 坚持精准培训，满足农民个性化需要

要利用农业企业、专业合作组织为了推广、销售新品种、新技术，愿意主动为农民提供服务的现实需求，"撮合"与农民双方结成利益共同体，将企业的用工需求与群众的脱贫需求有效对接起来。

3. 强化监管，打击坑农害农现象

要强化监管，打击那些利用农民对新技术、新知识的渴求，通过"假培训"坑农害农的现象。

三、做好顶层设计

"十三五"期间，中央和帮扶省市要针对被帮扶西部贫困地区的人才建设，做好顶层设计。从大学生村官、对口帮扶、农民培训等多方面着力，为贫困地区建设一支留得下的人才队伍，确保贫困地区在 2020 年同步建成全面小康社会。

1. 在扶贫资金支持政策上要重视对人才的激励

国家对帮扶西部贫困地区的资金支持一部分应明确投向人才建设方面，改变工资"越到基层越低"的现状，加强财政保障，切实提高基层干部、大学生村官，尤其是村干部的收入水平。

2. 制定培养计划

国家要出台针对西部贫困地区实用人才、新型农民的培养计划，进一步提升贫困人口的能力素质。要继续提高对农村基础教育的扶持力度，尤其要提高农村中小学教师的收入水平。要从对口帮扶、挂职下派等工作领域，加大对贫困地区的人才"滴灌"，坚持缺什么就培养什么、输送什么。

（山东省北墅监狱六监区　牟效升）

完善集体劳动法律构建
共享经济发展成果

　　党的十八届五中全会提出共享发展理念，注重解决社会公平正义问题，将改善民生作为推动发展的基石，充分彰显着发展人民民主、增进人民福祉、以人为本的价值取向。劳动者是经济生产和经济发展的创造者和推动者，是人民群众的重要组成部分，更是改革成果的共享者。然而，劳动关系是一种劳动个体隶属于雇佣组织的从属性社会关系，该从属性使劳动者很难凭借一己之力与雇佣组织通过平等对话进行利益表达和权利维护，阻碍了其参与共享经济发展红利的个体实现路径。只有构建和谐的集体劳动法律关系，才能赋予个体与雇佣组织平等协商的权利。

　　现阶段我国集体劳动关系法律规制尚未形成体系，造成劳动者利益表达渠道不畅，我国进入了以劳资矛盾为起点的自发性集体行动和群体争议的多发期，并呈现规模增大、频率增高的特点。《中共中央关于全面推进依法治国若干重大问题的决定》明确要求努力凸显法律在维护广大人民群众权益、化解社会冲突与矛盾中的权威地位，引导和支持人民理性地表达诉求、依法维护合法权利。《中国共产党第十八届中央委员会第五次全体会议公报》再次强调"全面依法治国"，并提出"运用法治思维和法治方式推动发展"，为我国在"十三五"规划期间正确认识和妥善处理劳动关系指明了方向。

　　运用法治思维和法治方式推动发展，要求我们完善集体劳动法律关系的构建，健全依法维权和化解纠纷的机制。我国劳动关系的市场化构建正处于由个别向集体转变的关键时期。劳动关系的集体化转型，是市场化劳动关系形成的重要标志，需要以集体劳动关系的构建和调整为核心完善劳动法律体系，建立健全以利益表达机制、集体协商机制、救济救助机制为架构的集体劳动法律关系；进行以集体合同的实施与保障、工会作用的明确与发挥、企业人力资源管理的改善与创新为内容的法律调整。其中完善集体协商机制尤为重要。完善集体协商制度的体系设计、制度流程，明确主体的权利和义务，是保障劳动者基本权利、改善劳动者工作环境、提高劳动者生活质量、确保劳动者共享社会发展成果的必然要求，是维护社会和谐稳定、消解社会矛盾的治本之策。

　　只有坚持发展为了人民、发展依靠人民、发展成果由人民共享的基本理念，加快集体劳动关系的法律构建，逐步在法治框架内、在法治轨道上实现劳动者的诉求表达，防范和化解群体性的集体劳动争议，建立充分市场化的和谐劳动关系，才是构建和谐社会的应有之义，更是实现劳动者共享成果、体面生存的基本保障。

（吉林大学法学院教师　艾　琳）

建设民政智库
提升社会治理能力现代化水平

建议"十三五"时期快速建设民政智库，迅速提升社会治理能力现代化水平，为全面建成小康社会提供多样化支持。具体意见如下：

第一，把建设民政智库列入"十三五"规划，明确目标和行动。编制专项规划，全面体现迅速建设民政智库的目标、方法、支持政策。

第二，通过整合现有民政智库资源，到"十三五"时期期末，在全国建成若干家进行民政专项事务的民政智库，做到民政的各个领域都有智库去研究，特别是在社会救助、社会组织发展、公益慈善、基层政权、优抚安置等方面率先建成，率先发挥作用。

第三，发挥高校作用建设民政智库。发挥民政类高职院校和全国民政系统中专院校作用，推动本科以上高校建设民政智库，会同教育部专家建设民政研究方向的高校硕士研究生、博士研究生、博士后专业，专门培育民政智库人才。

第四，引导社会力量建设民政智库。通过政策引导、资金支持，政府采购服务、社会组织培育、文化宣传等方式积极引导社会力量投资创办民政智库。创造良好的外部环境，让社会力量建设的智库异军突起，达到数量充足、质量优越、优势突出、影响卓越的效果。

第五，构建考核评估机制。构建民政智库考核评估及信息公开机制，对民政智库进行 360 度的考核，全面公开，建设统一的信息管理系统，积极引导民政智库扎实工作创新工作，迅速推动民政事业发展，提升社会治理现代化水平。

（湖南世郓物流有限公司　张新圆）

助推精准扶贫工作上台阶

习近平总书记强调，"扶贫要实事求是、因地制宜、分类指导、精准扶贫"。"十三五"是全面建成小康社会的关键时期，面临着全面完成贫困人口到 2020 年如期脱贫的重要历史任务。随着扶贫工作的深入开展，扶贫到了最艰难的时期，面临着更大的考验，需要各级党委政府和全社会共同努力，用精准扶贫这剂良药除掉贫困这个顽疾，让全社会共享改革发展的成果。一项重大任务到了后期，往往都面临着思想、方法及方方面面的困难，需要继续提高认识、提振士气、提升质量来确保如期完成扶贫工作任务。一是要全面、真实摸清贫困人口和情况，精确识别是基础。用扶贫标准和劳动能力来鉴别，并实时对扶贫对象进行更新，确保基础牢固。采取科学、高效的方法，做好信息的登记和更新工作，为科学决策提供依据。二是精确制定帮扶规划方案，让帮扶政策真正帮助贫困人口早日脱贫。在做好信息搜集基础上，经过充分调研，吸收各方意见建议，做好帮扶规划。同时在信息供给、生态环境、产业发展、教育培训、基础设施、公共服务等方面做好沟通和交流，与地区规划相互衔接，一定要确保帮扶措施科学、有效、可行。三是要加强管理，建立帮扶长效机制，确保脱贫的基础上不返贫。既要加大人、财、物、智的支持力度，又要随时关注政策的实施情况，对政策进行微调和完善，确保帮扶工作发挥出更大的效果。各级党委政府部门领导同志和参加扶贫工作的党员领导干部，特别是在扶贫一线的干部一定要切实提高思想认识，真正与贫困群众心相连、智互通、力合众，早日完成扶贫工作任务；同时要加强培训教育，让贫困群众和包扶干部及时学习新的理念和方法，并付诸实践。包扶干部和贫困群众及村干部一定要摒弃落后思想观念，随时保持高昂的斗志和信心，全身心地投入工作。提升工作质量，需要建立科学完善的工作机制，需要各级党委政府的高度重视，也需要包扶干部、村干部的积极工作，更需要贫困群众的全力参与和全社会的共同努力，让更多人、财、物和智都凝聚到精准扶贫工作上来，不断提升工作的效率和质量，早日全面建成小康社会，让全社会共享改革发展成果。

（商洛调查队　倪卫校）

为健康中国而献计

我是一名接近退休的三级甲等医院的主任医师、教授。新一届党中央在习近平总书记的领导下，提出了实现中华民族伟大复兴的"中国梦"，目标明确、内容具体、措施有力、实现有望。全国人民应该凝心聚力，为实现这个梦想而人人有责、人人出彩！我作为七七级的医学生，年富力强、身体力行的知识分子，有责任、有信心、有能力为此而作出自己的努力。

在三十多年的改革开放中，我国在经济、社会各个方面都发生了巨变，人民生活水平得到了普遍提高。随之而来的是人们对于精神生活的追求以及对于健康长寿的渴望，这是实实在在的民生问题。国家在此方面也投入了极大的关注与巨大的财力，希望人民享受更好的医疗，提出了"建立具有中国特色的医疗卫生体制"，为健康中国的梦想而努力。但是，从我们的临床实践看，医疗领域的改革仍面临很多问题。当我看到国家发展改革委"十三五"规划问计求策的信息后，萌生了为国家献计的想法。这里，请允许我对医改的理想与实践谈一些想法。

一、医改的现状

有人讲在中国看病贵、看病难，其实在一些发达国家才是如此。在他们的医疗体系中，公立大医院主要负责大病、疑难病的医疗工作，但是需转诊，而且排队时间很长，很多病需几个月才能排到。有些旅居国外的人患病后要回国内来医治，真正体会到看病难。他们的私立大医院、诊所主要为特殊人群医疗，比如在国内无痛胃镜检查需 600 元人民币，而在国外则需 4000 美元，真正体会什么叫看病贵。但在公立社区诊所看病是既不贵又不难的。因此，在国外，普通人一般不去公立大医院及私立医院看病，首先在社区就诊，必要时才去公立大医院。这不是政府干预而产生的分流，而是公民面对市场形成的自觉，即市场在资源配置中起了重要作用。

近年来，我们从大医院到社区、由本地到外地的讲学中获得了如下感受：大城市及区域性省会城市的大医院及省级医院人满为患，一般省会城市的省级大医院、专科医院及非省会城市的主要地市级医院不堪重负，而省会城市的市级大医院及社区、乡镇医院病患减少、生存困难。这种现象导致如下结果：我国现在一个地级市医院的床位数就达 4000 张，省级大医院达 10000 张，甚至西部人口密度较小的省级医院床位数也达 3500 张，哪里来的那么多病人？究竟是病人需要医院，还是医院需要病人？人民担心疾病，医院担心空床。国家投入加大，人们却不堪重负，同时医生底线滑坡，职业受到质疑，人民健康受到危害，这难道是医改的目的吗？我要问几个数字：自实行医保以来病人增加了多少？住院病人增加了多少？医院床位增加了多少？药品产量增加了多少？对此，我认为："医疗的四化将使医疗变相"。那么，什么是医疗的"四化"，它又是如何使医疗变相的呢？

首先讲医疗的市场化。我们在医疗全面放开中，缺乏对行业本身运行规律及特点的认识，尤其是我们的市场不完善，缺乏正确的健康管理知识，加之媒体的利益性引导，导致政策有误、监管不力、资源浪费、损害健康。其次讲医疗的医保化。医保是解决医疗的极好措施，同时，也是在医疗市场化中解决医疗工作不确定性难题的最好办法。但是，目前医保类型太多，省医保、市医保、城镇居民医保及新农合等，政出多门让医院实施，给医院工作带来了极大的难度，管理者纵使有三头六臂也难以应对。由于有医保，很多人不仅医疗要靠医保，保健也要靠医保。而在检查中，由于医疗环境的问题、医院生存的问题，又必然会造成过度诊断、过度治疗的问题。不仅浪费医疗资源，而且给病人带来的心理因素又成为一种严重的病因，造成医源性疾病增加，过度治疗的伤害成为或将进一步成为严重的社会问题。再次是医院专业的细化和再细化问题。专业化和亚专业化的诊疗模式确实给人带来了一些好处，比如近年来一些年轻的高学历海归学者，在国外经过一段时间学习，很快掌握了某一技术，给一些疾病的治疗带来了希望。但是，人是一个整体，某一疾病不是单独存在，在治疗中只见树木不见森林的思维方式给临床带来的问题比解决的问题多。

更为无奈的是现在的医学生是教育系统产业化培养，卫生系统无可奈何使用。为什么呢？因为大学产业化教育模式重考试，轻应用，见习、实习走过场。毕业后高分低能，对医疗一线工作带来极大隐患。虽说国家和社会已经认识到问题的严重性，但由于各部门不能协调发展与沟通，只能通过住院医师规范化培养。但是，这时的孩子们忙于找工作、结婚、生子和处理各种家庭关系，已经错过了学习的极好时机，只能老大徒伤悲了。最后也是最重要的一化，就是单纯的生物医学模式化。

生物医学模式的称谓是基于"生物—心理"医学模式而产生的。近几十年来，随着医学科学技术的发展，人们越来越认为人不仅有生物属性，而且有心理属性，而心理属性对生物属性的影响特别重要，几乎在临床工作中无处不在。于是，1977年美国学者恩格尔提出了"生物—心理"医学模式。这是对传统生物医学模式的挑战，同时也对医学的进一步完善起到了理论推动作用。但是，目前国内外对此认识明确的人却极少。综上所述，医疗的"四化"必将带来的是医疗的产业化、过度诊断治疗化、健康人病人化、门诊病人住院化和城市建设医院化。这就是"医疗的四化必将使医疗变相"。

二、对医改的建议

1. 确立市场在医疗资源配置中的决定性地位

在社会主义市场经济前提下，任何社会活动都离不开本身规律，也只有市场化才能激发活力，才能把医改搞好。但是，必须把医疗置于特殊的市场地位去关注和管理，否则将会危害人民健康。

2. 医保支付按其保金确定比例

"十三五"规划中要共享发展，那么医保就不应再分省、市、居民及新农合等，而要按其保金确定比例，确立一定经济条件下相对定型的医保制度。

3. 利用支付比例来调控病人的合理分布

单纯的分级诊疗是不符合行业属性的。因为，大病小病区别很难，医生可以作出建议，但关键是病人的选择。否则易造成纠纷，不利于操作和社会稳定。国外之所以在社区看病也是因为大医院难进、私立医院价高被迫选择社区医院的。而我国大医院不让拒收病人，收费差别不大，大医院的生存需要更多的病人，这样分级诊疗是不能实现的。

4. 加强基层医疗水平

基层医疗水平一方面靠人才，另一方面要靠有病人。人才需要通过进修来培养，而不是大医院医生下乡，这样解决不了问题。通过对病人在基层医院就诊的自觉，同时给了医生诊治的机会，这样才能很快提高基层医疗水平。

5. 管控好体检项目

定期体检是一件好事，但是由于体检的市场化和商业化导致许多不可靠的项目检测，给病人带来了严重的心理问题，不仅造成资源浪费，而且危害人们身心健康。

6. 取消各种媒体的医疗广告

医疗信息是普通群众很难甄别的，市场上的各种医疗广告欺骗性很大，建议取消。

7. 完善制度规则，辅以专业化管理

哪个人需要住院如何管理？哪个人到哪级医院治疗如何管理？哪个人吃哪种药如何管理？以上只能是在制度框架下，医生与患者沟通，最后由患者决策。

8. 医保药物的管控

只有管控好药品的准入及价格才能使医改进入良性循环，管控一定要把权利关进制度的"笼子"里。

9. 检查项目的管控

近年来，由于医疗服务逐渐市场化，医院为了生存而开展的许多检查项目是临床意义极小的，甚至是有危害的，必须通过有效的方法加以管控。

10. 分级诊疗必须用有效的制度、规则加以引导

总之，在制定具体政策时，一定要结合行业的特殊性，广开言路，让那些爱国、敬业、诚信、友善，对国家有责任感、有理性思考、没有乌纱帽的专业人士参加政策制定，才是能经得起检验的政策，才能使医改成功，惠及广大人民群众，才能让健康中国的梦想得以实现。

（山西省太原市中心医院消化科　李建生）

341

提高农村人口社会保障水平

农村社会养老保险目前现状是有政策，已实施，农民也参与，但待遇低，不疼不痒，养老保障作用太小。特别是对于超龄和即将超龄的人而言，保障作用几乎可以忽略。

"十三五"规划提到城乡养老保险全国统筹，对于农村人口社会养老保险待遇问题提个建议：一是针对农村没有务工的农民，缴费和待遇要和城镇居民、职工同步，政府可适当补贴，减轻农民负担；二是对于农村超龄和即将超龄人口社会养老待遇，应该有针对性的政策，让这部分人口老有所养、能养、养得起。这部分人口几乎没有参加社保，但他们同样为国家改革开放和经济发展作出了贡献，应该分享改革发展的成果。社会保障政策对他们来说来得太迟，近几年有政策，但是保障不足，一个月几十块钱确实保障不了什么，保障不足就加重了子女负担，如今子女养老任务艰巨，负担重的需要养活家庭中父辈和祖辈8个老人，沉重的家庭负担促使贫困人口一代传一代，一代影响一代。

如今国家的政策是越来越好，不分城镇、农村都能享受改革开放的成果。希望国家能加强农村人口社会保障，确实提高农村人口养老和医疗水平，让农村老人能养老、养得起，提高他们的生活质量，让他们活得更有尊严。

（范家亨）

加快城镇老旧楼房加装电梯
为老年人居家养老提供方便

　　当前，我国老龄化进程加快，70%的城镇老年人居住在 20 世纪八九十年代建成的 8 层以下住宅楼，上下楼很不方便。由于房价偏高、搬迁困难，换房对多数老年人来说很不现实。对于身处高楼的老年人而言，国家提倡的居家养老目标将难以实现。虽然目前国内已有很多城市已经制定或者正在实施老旧楼加装电梯的项目，但是绝大多数的大中型城镇仍在逐步讨论、制定相关政策的过程中，进展非常缓慢。审批完成后施工等后续问题也使得加装一部电梯的计划几年都无法完成。建议国家简化有关程序，加快老旧楼房新装电梯的审批、审核及安装，做好相应的登记及管理维护，更好地实现居家养老的梦想。

（东风亚普汽车部件有限公司　翟　燕）

对养老问题的建议

我所居住的山东济南是一个二线城市，生活中常常观察到很多70岁以上的老人独自居住的现象。老人们的子女工作压力比较大，照顾老人的时间精力不够，单独请保姆费用又太高了。从今后劳动力供给数量看，也不大具备1人请1个保姆的条件。建议今后新建小区，强制配套建设1—2栋老人养老公寓，围合成为一个院子。可以参照新加坡乐龄公寓的模式，30年产权、按照当地普通公寓或住宅价格出售，55岁以上有资格购买、老人去世收回、延后补交产权费、多退少补。55岁以上的子女，可以优先续住。公寓底层用于老人活动、食堂、服务用房，二层用于医疗等公共用房、3—10层就是老年公寓。这样，老人可以享受到及时的专业辅助，又能降低保姆服务成本，还能增加低学历人员就近就业，提高就业率。我们这里周围也有养老院，就是房子太旧、阴暗闭塞，设施不配套，一间房好几个床，味道很大。这种模式适合低收入、无收入、低保群体。另一种建在风景区附近，是比较高端奢侈的那种。一般城市职工家庭消费不起，对于二线城市绝大部分退休职工养老，建议最好还是以房地产模式，强制配套老年公寓，既有一定档次、设施干净、离子女近，同时还能拉动消费、扩大内需、带动就业，帮助在职人员减轻后顾之忧。

（山东济南市民 谢 静）

关于"十三五"卫生事业发展的两点建议

　　我从一名公民的义务和责任出发，希望为我们国家卫生事业"十三五"规划的编制提出两点建议：

　　第一，在"十三五"卫生事业编制规划中，希望我们国家把遗体器官捐献纳入立法规划，使这项功在当代，利在千秋的光荣事业做到有法可依。本人愿意做遗体器官捐献的志愿者，并且死后不留骨灰，为国家留下更多的土地而尽一点绵薄之力。

　　第二，为弘扬社会主义核心价值观的正能量，为鼓励更多的人加入到遗体器官捐献的行列中来，希望国家考虑为捐献遗体器官的直系子女，在将来报考医学专业时，适当进行高考加分政策（只报名捐献遗体器官不加分，必须遗体器官捐献实施的才行）。

　　世界的前行与国家的进步，要靠我们大家凝聚力量，虽然我只是一个最普通的老百姓，但是我更愿意为祖国的教育和医学事业做一支蜡烛，燃烧自己，发出一份热，发出一份光，为国家全面深化改革，为国家的发展与未来而贡献自己微薄的力量。

（邢台钢铁公司储运中心仓储工区　白金跃）

建议高度重视农村婴幼儿的
营养健康和教育

科学研究表明，0—3岁是婴幼儿成长和发育的重要时期，这一阶段婴幼儿的营养健康和教育状况对其一生的健康和智商的发展影响极大。我国农村人口占总人口的一半以上，农村人口的出生率远大于城市出生率，现在出生的农村婴幼儿将是二三十年后我国劳动力的重要供给源，他们现在的健康和教育水平将很大程度上决定我国未来劳动者的质量和竞争力。而由于农村客观环境和育龄青年的经济文化条件的制约，在广大农村特别是一些贫困地区，婴幼儿的营养健康和教育条件还很差，其健康成长和智商开发必然会受到影响。

因此，我们必须从国家长远发展的高度对农村婴幼儿的营养健康和教育引起重视，并制定切实可行的改进办法。建议：一是建立新生婴幼儿营养补助标准，保障婴幼儿成长、发育必需的营养条件。二是努力把幼儿教育纳入义务教育，建立科学的幼儿教育体系。三是大力宣传和普及婴幼儿哺养和教育知识，提高育龄青年和全社会抚育小孩的能力。四是建立婴幼儿健康和教育档案，加强监督和检查，完善婴幼儿健康成长的保障制度和体系。

（长江大学　马敬桂）

关于建设公共图书馆的建议

　　"十三五"时期，公共图书馆应将文献资源建设和保存作为重点，规划和建设中注重以下几个方面：一是以传承与弘扬中华优秀文化为目标，加强中华古籍与地方特色资源的收集、保护与整理。二是建设从国家图书馆、地方图书馆到乡镇图书馆的文献信息资源保障体系；以用户的需求为落脚点，加强不同类别文献资源的收集与共享；强化本地资源与特藏资源的深度开发。三是逐步完善资源共享平台，广泛推进多区域、多类型的文献资源互补与共享；完善与创新印本管理机制。

（北京科技大学土木与环境工程学院　刘尚宇）

关于推进医养结合
促进养老事业发展的建议

当前，我国已经进入人口老龄化阶段。据统计，截至 2014 年年底，我国 60 岁以上的人口超过了 2 亿，65 岁及以上老年人口为 8811 万，占全国总人口的 7%，而且 80 岁以上的老人每年以 5% 的速度递增，养老问题越来越成为社会关注的重点问题。老龄化带来几个重要挑战，一方面，即将步入老龄化社会的人群主要是五六十年代生人，由于这一代人实行的是独生子女政策，家庭面临的养老压力突出。另一方面，老年人的医疗卫生服务需求增加，老龄人口面临的突出问题就是医疗护理和照顾。如何应对人口老龄化，解决老年人的晚年照护问题，成为政府目前面临的急迫问题。随着老龄化的快速推进，一方面养老机构数量难以满足人口老龄化的需求，另一方面养老机构仅以老年人的日常照顾为主，医疗护理明显缺乏。为此，建议依托大型医院、利用社区服务中心的优势，大力发展医养结合的养老服务模式。具体建议如下：

一、依托大医院，建立医养结合的养老模式

医养结合就是依托医院资源优势，实现医疗、护理、康复、养老的全过程无缝衔接，除了生活服务，老年人还可以享受到医疗、护理、康

复的一站式服务。以北京丰台区为例，丰台区社区服务中心的发展在全国处于领先地位，家庭医生模式深入人心。这为丰台区建立医养结合模式的养老机构奠定了基础。将丰台区三级医院和社区服务中心联系在一起，共同举办医养结合模式的养老服务社区。这种结合可以分成两组类型：

1. 紧密型

养老社区和大医院在一个区域，形成联合体。或者新建的养老院与大医院的改造统一规划，实现资源共享。

2. 分散型

养老机构与医疗机构不在一个区域，但是与大医院之间签署服务协议，明确服务模式与内容，并与信息化服务相结合。

二、医养结合模式的服务内容

医养服务模式可以分成三部分：

1. 身体基本健康的老年人医疗服务

主要包括疾病的预防、保健、康复等工作，与社区服务中的六位一体功能相类似。

2. 亚健康老年人

医院和社区服务中心做好分工协作，针对亚健康老人，开展健康评估、慢性病预防、精神服务、预防保健等服务模式，提高生活质量。

3. 失能、半失能老年人的照护工作

建立医生上门服务的助医机制，开展日常医疗、生活护理、临终关怀、心理护理等专业性医疗护理保健服务。

将现有的二级医院进行转型改造，由医院托管或者延伸举办养老机构。目前，二级医院在医疗服务市场发展比较艰难，在技术上无法与三级医院竞争，在价格方面，没有一级社区医院的优势，一直在夹缝中生存。因此，可以选择部分经营困难的二级医院或者企业医院，直接转型为老年康复医院、老年护理院、老年医院等医养结合的服务机构，并与社区服务机构一起，为老年人提供养老服务。

三、养老机构的资金投入问题

1. 养老人自交费用为主，政府补助为辅

采用政府、企业、个人共同分担的德国模式解决社会化养老问题，政府财政给予少量补贴，入住养老机构的人员缴纳一定的费用。为吸引医院的支持，养老机构的服务经费结余的一部分应该返回医院，作为服务成本的适当补充。同时将医养结合的养老机构纳入医保定点机构中。

2. 推动照护保险的发展

借鉴美国模式，养老人可以购买商业养老保险，即照护保险，以弥补经费的不足。可以尝试开展老年人长期照护保险的试点工作，以推进医养结合的发展。

3. 政府加强对养老机构的监管

为了保障养老机构的服务质量，避免出现医疗纠纷，卫计委医疗卫生部门应与社保部门协作，加强对医养结合的养老机构的监管，定期进行检查，建立养老机构的进入和退出机制，对于优质的养老机构实行不同收费等级。建立奖励机制，在经费投入上根据评审结果进行奖励。

总之，医养结合的养老模式是今后的发展方向，尽管不能一蹴而就，但建议逐步探索、不断完善，从而造福于不断增加的老年人群。

（北京工业大学计算机学院　刘鸿铭）

关于建立"基本养老金合理调整机制"的建议

有别于以往关于建立基本养老金"正常"调整机制的提法和文件规定，党的十八届五中全会关于"十三五"规划的建议，首次提出了建立"基本养老金合理调整机制"的要求。在这里，从"正常调整机制"到"合理调整机制"的变化，强调了"合理"是调整的宗旨。十八届五中全会"建议"明确要求"十三五"期间建立"基本养老金合理调整机制"，反映了以习近平主席为首的党中央顺应民意，决心解决已退休职工（以下简称"老人"）中企业职工基本养老金水平与机关事业单位职工退休费（现已转化为等量的"基本养老金"）水平差距（以下简称"待遇差"）过大问题，这也是由十八届五中全会"共享发展"理念所决定的。

要改变二十余年"待遇差"过大的非常态，任务艰巨，难度很大。本文对现状进行评估并提出相关调整建议。

一、"待遇差"总体现状评估

主要依据国务院国发〔2015〕2号《国务院关于机关事业单位工作人员养老保险制度改革的决定》关于"公平与效率相结合"的基本原则，并参考国办发〔2015〕3号《国务院办公厅转发人力资源社会保障部财政部关于调整机关事业单位工作人员基本工资标准和增加机关事业单位离退休人员离退休费三个实施方案的通知》转发的三个"方案"所体现的相关规则，对"待遇差"总体现状进行评估。

1. 本群体内不同岗位"老人"之间，即纵向基本养老金水平的最大差距（体现"效率"）的现状

一是企业呈现"公平"有余而"效率"偏低。企业职工养老金平均替代率在40%—50%左右。由于企业"老人"在职时的工资分配市场化改革相对滞后，加上补贴、企业年金缺位，以及历年基本上执行同比例的"正常普调"等因素，该项纵向水平的最大差距目前一般在0.5—1倍左右，基本上延续了计划经济平均化分配的格局，体现了"效率"偏低。其中各级工程技术和管理岗位"老人"的养老金待遇水平明显偏低。

二是机关事业单位呈局部"效率"偏高，导致整体虚假"公平"。机关事业单位员工养老金平均替代率在90%左右。原退休费基本上由一定比例的工资和补贴组成。由于计划经济平均化分配方式的影响，加上增发调整时，参考《中华人民共和国公务员法》第七十五条"定期进行公务员和企业相当人员工资水平的调查比较，并将工资调查比较结果作为调整公务员工资水平的依据"的法定要求，导致调整不全面不充分，没有适当拉开差距，所以目前纵向退休费水平最大差距一般也在0.5—1倍左右；其中工勤类岗位的退休费水平相对内部和外部均明显偏高。

2. 企业"老人"和机关事业单位"老人"两大群体之间的横向比较

一是职工"老人"养老保险"收入再分配"总体的公平性明显不足。由于两大"老人"群体基本养老金/退休费的平均替代率相差一倍左右，同类同等岗位"老人"之间平行比较结果显示，企业"老人"养老金待遇水平仅为机关事业单位"老人"待遇水平的40%—50%左右。

二是待遇高低两端岗位"老人"之间的交叉比较结果显示：局部合理与局部严重不公共存。机关事业单位干部和专业技术岗位"老人"与

企业工人岗位"老人"的退休费/基本养老金水平差距一般在3—4倍左右，相对处于相对合理的状态。但机关事业单位工勤类岗位"老人"与企业工程技术和管理岗位"老人"的退休费/基本养老金水平比较结果差距一般在2—3倍左右，呈现"2.3个企退高工不及一个机关勤杂工"的严重不公现象，应是调整的主攻方向。

二、关于"合理调整"基本养老金的建议

遵循国务院国发〔2015〕2号《国务院关于机关事业单位工作人员养老保险制度改革的决定》关于"统筹安排机关事业单位和企业退休人员的基本养老金调整""兼顾各类人员的养老保险待遇正常调整机制"的指示，根据上述分析，建议在全方位统筹兼顾的同时，加大力度重点突破，推进两大类群体养老金水平从纵向上提低、限高，在横向上双向平衡联动。

一是确立合理的养老金差距区间。据先行相关政策，首先，职工工资初次分配，按国办发〔2015〕3号文件转发的机关和事业单位工作人员"基本工资标准调整实施方案"规定的标准，工作人员工资初次分配水平的最大差距分别为7.2倍和7.3倍，与企业职工该项的平均最大差距7倍左右相当；其次，职工养老保险"收入再分配"，按国发〔2015〕2号文件规定的"基本养老金计发办法"估算，职工基本养老金水平的最大差距在3—4倍左右，与根据国办发〔2015〕3号文件转发的"关于增加机关事业单位离退休人员离退休费的实施方案"增发标准计算的增发水平最大差距（厅局级）2.8倍和（省部级）4.2倍正好相当，是上述职工工资初次分配水平最大差距（7倍左右）的50%左右。这些数字表明，当前我国职工养老保险"收入再分配"在遵循"公平与效率相结合的"基本原则时，基本上遵循了养老保险差距在3—

4 倍之间的原则。因此，在审视评估"待遇差"，以及合理调整基本养老金时，也可将这个标准作为把握公平性与效率性的参考指标或规则。建议有关部门对此进一步开展调查研究。

二是逐步纠正企业养老保险收入再分配"效率"偏低的状况。按年龄和级别，合理提升企业各级工程技术和管理岗位"老人"的基本养老金水平，争取使他们达到 70 岁时，都有希望提升到与机关事业单位同类同级"老人"相当的养老金待遇水平。

建议在现行高龄"倾斜"政策的基础上，再对高龄"老人"按类按级适度拉开差距，以最终达到合理程度，这部分"老人"在企业"老人"中占少数，因而所需资金相对不多，因此上述措施有相当的可行性；对属于高级专家的"老人"，建议以"专家津贴"方式由财政支持发放，以改变"脑体倒挂"现象。

三是逐步纠正机关事业单位养老保险"收入再分配"的虚假"公平"。针对机关事业单位工勤类岗位退休费水平明显偏高情况，采取专门措施，力争突破"利益藩篱"。

建立年度各类各级岗位"水平"限高标准；其中对工勤类岗位"水平"加大限高力度，以实现适度降高，同时发挥党组织及党员先进作用，做好思想工作；在制定限高标准时，要兼顾企业相当岗位"水平"调整的节奏，以做到两大群体之间双向平衡联动，争取在 5—10 年内，将工勤类岗位明显偏高的退休费水平调整到与企业相当岗位水平相当的程度。

四是合理调整两大群体其余岗位的基本养老金。企业工人岗位"老人"数量占全国职工"老人"数量的绝大多数，其整体基本养老金水平基本上代表了全体职工整体基本养老金的水平，因此基本上按常规的调整办法，即依据经济发展、工资水平、物价等情况进行调整是适宜的，并作为调整两大类群体其余岗位基本养老金的基线；技术工人岗位与普通工人岗位的基本养老金水平，可参考 3—4 倍差异的规则，适当拉开距离。

机关事业单位各岗位的退休费水平相对企业相当岗位的基本养老金

水平均已处高位，因此，除工勤类岗位水平应作上述限高／降高重点突破外，其余岗位水平一般以小幅调整或保持相对稳定为宜。

按此方案，通过5—10年的逐步调整，有望以较小的改革成本和较稳定的步骤，理顺各方面的利益关系，取得我国职工养老保险收入再分配"纵向合理，横向平衡"的整体效果，实现广大民众"待遇并轨"的愿望，并为进一步推进"延迟退休"等系列社会保障制度的深化改革创造有利条件。

三、依法推进"合理调整机制"的保障措施

第一，鉴于"待遇差"积重的时间跨度达二十余年，涉及的利益面广而关系错综复杂，同时基本养老金的合理调整事关"缩小收入差距""加大再分配调节力度"和"建立更加公平更可持续的社会保障制度"等全面深化改革大局，故建议国务院成立专项工作小组，在中央全面深化改革领导小组的直接领导下开展工作。

第二，公开信息，加强监督。在公布全国及各省市企业基本养老金水平的同时，相应公布全国及各省市机关事业单位基本养老金的水平；借助相关媒体开辟相关专栏，以确保公众充分参与决策，并公开决策过程及结果，以利决策的科学合理；确保落实党的十八届五中全会建议关于"划转部分国有资本充实社保基金"的要求，公布相关的预算和决算；各省市每年调整职工基本养老金时，按中央统一部署，增设并公布年度缩小"待遇差"的目标及计划以及落实情况，接受社会监督。

第三，同步建立和完善包括《社会保险法》在内的相关法律法规体系，以进一步规范养老保险收入再分配调整的行政行为。

（苏州电加工机床研究所有限公司　朱家璈）

关于改革收入分配制度的建议

我们在讨论收入分配问题的时候，常常忽略了最具活力的城市中产工薪阶层的收入和消费问题。笔者的朋友在医院工作，中级职称，一个月的工资收入在 3000—4000 元之间，但是每月拿到工资单，却只有 1000 元左右，因为各种福利扣缴特别多，比如公积金、养老金等各种各样费用。如果不是因为有几千块奖金，连度日都困难。虽然个人账户上有一笔不小的福利，但是却不能随时消费，对于个人日常生活和社会消费都是不利的。第一，限制了社会群体的消费热情。平时获得的现金收入少，消费热情就小，看似高薪，其实生活水平并不高。第二，这种补贴费用占用了社会公共资源和资金。很多单位就此变相伸手向财政要钱，加重了政府的财政负担。第三，管理这部分庞大的资金需要大量的人力物力财力，也容易催生腐败。建议：

第一，国家降低各种"福利金"的额度和比例，只要具备基本的备患功能即可。

第二，进一步提高个人所得税的起征点，建议 8000 元以下免征个人所得税。

第三，严格规范体制内单位的各种福利发放。

（浙江省杭州市西湖区转塘街道　孙剑锋）

总结经验改革创新
开创群团工作新局面

　　包括全国总工会、全国妇联、共青团中央、宋庆龄基金会等在内，由党中央领导的人民群众团体共有 21 家，编制、工资、待遇和党政机关相同。它们在我国政治生活中占有重要的地位，是党联系群众的桥梁和纽带，在团结、代表、教育各自的成员，为完成民主革命、社会主义革命和建设的各项任务方面，发挥了重要作用。在党的领导下，各群团组织积极发挥作用，组织动员广大人民群众坚定不移跟党走，为党和人民事业发展作出了重大贡献。

　　近年来，群团组织工作存在一些突出问题，主要是一些群团组织不同程度存在"机关化、行政化、贵族化、娱乐化"现象，其实质是脱离了广大群众。出现这些问题，原因是多方面的。既有体制机制上的僵化保守，也有群团自身能力建设方面的不足，还有所联系的群众受世情、国情、民情复杂变化影响而产生的多样化、多元化、多面化。

　　群团组织脱离广大群众问题，影响和制约着党的群团工作健康发展，必须下决心加以纠正。《中共中央关于加强和改进党的群团工作的意见》明确：新形势下，党的群团工作只能加强，不能削弱；只能改进提高，不能停滞不前。

　　"十三五"期间，建议从体制机制创新和加强自身能力建设的角度，破解群团组织存在的问题和发展瓶颈。

第一，整合群团组织。21家人民群众团体，规模大小差异较大，部分业务交叉重叠，受联系的群众与群团松紧深浅程度也不一致，有必要进行科学盘整，横向上重组合并，纵向上归类归位。

第二，推进体制机制改革。从目前的参照公务员管理的事业体制，向纯粹的事业单位体制过渡，从根本上解决机关化的问题。在机关机构设置上，要眼光向下，重心下移，着力于服务基层和群众。中央在对群团组织的年度绩效考核上，要有针对性，组织群众打分投票。

第三，苦练内功。打铁还需自身硬，群团组织要想服务好群众，首先得练就一身本领，夯实基础性工作，全面了解服务对象的思想、现状、需求，主动贴近群众，懂得如何服务，学好服务的本领，去服务、会服务、服好务，绝不能风风火火搞形式，也不能好心热心帮倒忙。

第四，加大人才队伍建设。干好任何工作的关键要素在人，要调结构、提质量、强专业，充实新鲜血液，把那些政治素质好、专业能力高、执行效率强的好干部用起来，形成老中青三结合的干部结构，发扬传帮带的优良传统，以良好的作风树立新形象，不断增强群团组织的政治性、先进性、群众性。

（中国宋庆龄基金会　任海峰）

把增强国民幸福感纳入"十三五"规划的必要性与可行性

让人民拥有幸福的生活，是社会发展和政府工作的最终目标。改革开放以来，我国经济发展成就巨大，但公众的幸福感却没有明显改善，成为国家发展的一大缺憾。在"十三五"期间，为了更好地巩固我国改革开放取得的成就，推动经济社会健康、和谐、稳定发展，国家规划编制部门应当把"增强国民幸福感"纳入国家"十三五"规划《纲要》的社会发展目标体系，并对增强国民幸福感的政策手段和途径作出具体部署，使维护和提升国民幸福感成为我国各级政府的自觉意识和重要任务。

一、幸福感的内涵、政策意义与科学性

幸福感是个人对自己理想生活实现程度的主观度量，一个人的实际生活越接近其想要的理想生活，幸福感就越高。国民幸福感是一个国家或地区全体居民幸福感的总量性指标，在统计上常以一个国家或地区居民幸福感的平均值来度量。国民幸福感的重要性在于该指标反映了社会发展现状与公众意愿的偏离程度；这种统计信息对党和国家全面评估社会发展状况、作出科学决策具有重大意义，同时不是任何其他统计指标（如人均 GDP、失业率、污染指数等）所能提供的，因此具有不可忽

视、不可替代的政策价值。

不能把幸福感指标和国内外一些学者所提出的幸福指数或幸福指标体系等同起来。幸福感虽然提供了关于人民生活和社会发展状况的特定信息，但其本身并不是对生活质量或社会发展状况的综合性度量。而国内外部分学者所提出的幸福指数或指标体系则通常由一整套覆盖了社会发展不同领域的指标所构成，其目的在于对社会发展进行全面、综合的评价。两者密切相关，但相互区别。

二、把增强国民幸福感纳入"十三五"规划的必要性

1. 国民幸福感低迷对人民生活和社会发展产生了不利影响

改革开放以来，我国在经济建设方面取得了瞩目成就，但与此同时，也面临国民幸福感不高的问题。世界幸福数据库资料显示，1997—2012 年间我国人均 GDP 增长了近 6 倍，而国民幸福感却始终在 5 分上下波动（满分为 10 分），处于全球较低水平。而据世界价值观调查（WVS）结果显示，1990—2000 年间，中国居民的平均幸福感由 1990 年的 7.3 下降到了 2000 年的 6.5，自我感觉"非常幸福"的居民比例也由 28% 下降到了 12%（Brockmann et al., 2008），出现了幸福感下滑的趋势。盖洛普世界民意调查（Gallup World Poll Data）结果也表明，2005 年和 2011 年我国人均 GDP 的全球排名分别为 61.2% 和 49.2%，但相同年份我国人均幸福感的世界排名分别为 45.5% 和 70% 左右，出现了人均 GDP 排名上升而幸福感排名下降的现象。

国民幸福感在较低水平停滞，对全面建成小康社会带来了不利影响。首先，幸福感对个人精神健康和关于自我生命存在价值的判断具有重要影响，过低的幸福感会严重损害人们的精神生活质量，提高人们在面对生活和社会压力时采取极端行为的可能性。其次，幸福感会对人们

的经济决策、生理健康、事业成就等产生重要影响，较低的国民幸福感会损害公众的物质生活质量，抵消经济发展所带来的成果。最后，幸福感是公众判断社会发展状况的重要依据，幸福感低下容易使公众对社会环境状况和政府工作产生比较负面的、情绪化的判断，对社会稳定带来不利影响。这些情况表明，将国民幸福感指标纳入"十三五"规划，是进一步提高我国公众生活质量、全面建成小康社会、确保社会稳定团结大局的重要前提。

2. 国民幸福感提升是展示国家治理现代化成果的重要途径

五年规划制定的社会发展目标，必须能够比较准确、全面地反映一个阶段内国家经济社会发展的主要特征和成果。"十三五"阶段，我国经济发展进入"新常态"，国家治理现代化成为社会发展的主题。而国民幸福感与国家治理之间存在紧密的联系，因此，把增强国民幸福感纳入社会发展目标，是确保规划目标设定能够准确反映国家治理现代化成果、把握未来我国经济社会发展重要特征的必然要求。国际数据显示，国家治理质量与国民幸福感高度相关，国家治理质量最高的国家，其收入水平未必是最高的，但幸福感一定是最高的。因此，公众享有较高幸福感体现了国家善治的基本特征，是国家治理现代化的重要标志。而同时，国家治理质量的改善也将是未来我国国民幸福感提升的最重要的源泉。随着国家治理现代化的不断推进，我国国民幸福感发生较大幅度的提升是可以预见的。因此，把增强国民幸福感纳入"十三五"规划，抓住了下一阶段我国社会发展的重要趋势。

3. 增强国民幸福感是推进全面深化改革的必然要求

五年规划制定的发展目标，必须能够较好地引导各级政府科学、全面地认识发展、推动发展和配置发展成果。我国历次五年发展规划所制定的发展目标对于指导各级地方政府推进发展都发挥了重要的、不可替代的作用。然而，由于多方面体制机制原因，在过去数十年间，一些地方政府推动社会发展的目标导向和方式方法，仍然与公众的意愿产生了一定程度的偏离。这种偏离是 GDP 崇拜、环境污染、产能过剩、产业结构失衡、民生投入不足、社会矛盾加剧等诸多问题的共同根源。而缩小这种偏离，使"政府实际推动的发展"与"公众想要的发展"保持一致，是全面深化改革肩负的重要使命。国民幸福感指标直接显示各地区社会实际发展状况与公众意愿的符合程度。把增强国民幸福感纳入我国经济社会的发展目标，相当于给政府施加了一种新的约束，可以促使政府在"什么是发展""如何推动发展"以及"如何分配发展成果"等问题上更多地听取公众意见和诉求，尊重民情、民意，减少"任性""不计后果"的发展行为，对于进一步强化五年规划引导各级政府实现善政善治的政策功能，提高社会发展与公众的意愿的吻合程度，落实贯彻党的十八届三中全会所提出的全面深化改革的战略部署，维护社会稳定团结的良好局面，进而加快实现中华民族伟大复兴的"中国梦"，具有深远的意义。

三、把增强国民幸福感纳入"十三五"规划的可行性

1. 幸福感数据是科学可靠的

有一种观点认为，幸福感数据具有较强的主观性，因而其统计结果并不科学可靠，不能作为社会发展和政策决策的依据。这种观点对幸福感指标科学性的认识是不准确的。经合组织统计署（OECD Statistics Directorate）曾组织专家学者对幸福感指标的统计特征进行过系统总结，在全面梳理了相关领域的研究成果后发现："尽管主观幸福指标两次试验法（test and retest）测试得分通常低于诸如教育和收入等常见的统计数据，但是却高于诸如家庭消费支出等经济变量……且从各国的人均数据来看，幸福感指标的可靠性通常超出了人们对数据可靠性的基本要求。""大量证据表明，关于幸福感和情感体验的度量指标包含着有效的统计信息。虽然有不少问题限制了幸福主观度量的有效性，但多数问题

的影响是微弱的，或者可以被恰当的调查设计及仔细的数据分析和解读所处理"。这些结论表明，幸福感指标虽然具有主观性，但其主观性并没有过多地损害数据的可靠性与有效性，因此，将这一指标应用于政府决策和社会发展评价在技术上是可行的。

2. 幸福感的调查方法已经成熟

有的观点认为，幸福感的调查方法尚未成熟，缺乏统一性，因此，开展幸福感的官方调查并不现实。这种观点对幸福感度量方法的了解并不充分。关于幸福感调查方法的研究开始于20世纪五六十年代，经过半个多世纪的发展，人们已经对如何开展相关的数据搜集和统计形成了比较丰富、成熟的认识。2008年，Stigliz，Sen，Arrow，Kahneman等多位诺贝尔经济学奖得主联合全球数十位顶级科学家共同发表研究报告，明确指出"幸福感调查和统计的方法已经成熟"，认为把国民幸福感指标纳入社会发展评价官方系统的时机已经到来。经合组织（OECD）也于2013年正式编制出版了《主观幸福度量指导手册》一书，围绕开展幸福感官方统计的实际需要，制定了一套标准化的主观幸福类指标的数据调查和统计方法。这些情况充分表明，以调查方法不成熟为理由拒绝幸福感指标进入政府统计业务是不成立的。

3. 幸福感的重要性已经深入人心

有观点认为，幸福感指标的重要性还未得到普遍认可，因此，将之应用于我国政策实践为时尚早。这种观点与事实并不相符。二战之后，各国政府的确曾普遍把人均GDP（1994年前为人均GNP）视为社会发展的核心目标。但这只是国民经济核算体系（SNA）盛行所导致的一种阶段性认识。近年来，随着公共管理实践和相关领域研究的发展，越来越多的学者和政策决策者发现：人民幸福才是社会发展和一切政府工作的最终目标；而幸福感是人民生活幸福的重要构成要素，任何其他指标，包括人均GDP，都不能取代幸福感指标在衡量和保障人民幸福方面的政策价值。在评价社会发展时重视幸福感指标的价值和意义，已经成为国际和国内社会共识。把"增强国民幸福感"纳入"十三五"规划，符合这一共识，顺应了时代发展的潮流。

四、措施与建议

1. 确定国民幸福感进入"十三五"规划《纲要》文本的具体形式

一是要把"增强国民幸福感"纳入《纲要》的社会发展目标体系；二是要在《纲要》相关章节对增强国民幸福感的手段和途径作出具体部署。可以由规划编制部门组织或委托专家学者，就我国国民幸福感指标规划目标的设定（例如每年提高多少个百分点，或五年累计改善比例）、增强国民幸福感的政策手段和途径以及该指标的评估和考核方法等问题开展专题研究，并提出具体建议。

2. 确定国民幸福感度量方法的官方标准

规划编制部门可以委托或组织专家学者对幸福感度量方法的国际研究成果进行总结，借鉴世界其他国家和国际组织所制定的方法标准（例如《主观幸福度量指导手册》），就如何在我国开展全国性的国民幸福感数据采集、监测与统计工作提出具体建议，制定全国统一的调查和统计方法。

3. 确定幸福感调查和统计的责任单位

规划编制部门可以将所研发的幸福感标准化度量方法交付国家统计部门，并委托其开展相应的调查和统计工作，也可以委托大学或其他科研机构，开展相应的调查和统计工作。

4. 确定国民幸福感指标的基期数据

尽早确定幸福感调查和统计的责任单位，进行一次全国性的国民幸福感官方调查，为"十三五"规划《纲要》科学设定国民幸福感的规划目标提供必要的基期数据。

（江西财经大学幸福经济学与公共政策研究中心　周海欧）

网友建言十三条

1. 近几年社会福利的确比以前提高了不少，但老百姓还是感觉国家在每年的财政预算中"社会福利"比例占得少，尤其是基层的老百姓感觉最深。如果能在养老、看病就医、入托、上学、住房等方面，制定出一些长期有效的政策，进一步提高社会福利水平，会能让老百姓更加实实在在地感觉到国家造福于民。

（中国政府网网友　嘻嘻哈哈）

2."十三五"《建议》中对于残疾人的发展没有过多的安排，这对8500多万残疾人来说是一种遗憾。希望在出台"十三五"规划时，能够更加重视残疾人，将残疾人与改善民生更好地结合起来统筹谋划。第一，国家提出2020年全面消除农村贫困人口，其实在城镇还有为数不少的重度残疾人没有收入来源，生活需要照顾。希望政府在"十三五"出台相关政策，将无论是农村还是城市里的重度残疾人均纳入低保范围予以保障。第二，加快建设无障碍设施，为残疾人出行提供便利环境。无障碍不单单指盲道，还应包括通信网络的无障碍，城市公共服务的无障碍。第三，加大对中青年残疾人扫盲力度。近年随着政府不断重视残疾人教育，有很多残疾人实现脱盲，但中西部特别是农村地区仍有些目不识丁的残疾人，希望政府予以关注。第四，除实施普惠外，应加快推进残疾人特惠制度的建立健全。政府应在居民水电气、通信、供暖补贴等方面给予特殊照顾。

（中国政府网网友　天天向上）

3. 对于促进教育公平，李克强总理曾明确指出，教育公平具有起点公平的意义，是社会公平的重要基础，可以使人们通过自身努力，提升参与平等竞争的能力，这有助于促进社会纵向流动。建议将推动教育事业公平发展、优先发展写入"十三五"规划纲要。提高中西部地区和人口大省高考录取率，扩大农村贫困地区定向招生专项计划，增加重点高校面向集中连片特殊困难地区招生规模，让更多农家子弟有升学机会。改善寄宿制学校和薄弱学校基本办学条件，继续实施农村义务教育阶段学生营养改善计划，落实农民工随迁子女在流入地接受义务教育政策，逐步放开特大城市高考户籍限制。均衡城乡区域义务教育资源，坚持公共教育资源配置重点向中西部、农村、贫困、边远等地区倾斜。完善国家助学制度，落实高等教育阶段在校生助学贷款财政全额贴息政策，延长助学贷款申请期限和还本宽限期限，建立还款救助机制，让每名学生不因家庭经济困难而失学。

（中国政府网网友　歌唱祖国）

4. 明明是一个单位的同事，工作上做到互帮互助，有多大力发多大光，却因为编内编外的分别，导致劳动报酬福利待遇差别逐步变大。恳请政策上对劳动者做到同工同酬，一视同仁，限高提低，做到按劳取酬。

（中国政府网网友　如何共享）

5. 关于对精神分裂症患者出台相关政策的建议：目前全国有1亿左右的精神疾病患者，其中重性精神病患者1600万！第一，精神分裂症患者大多在青壮年时发病，缺乏行为能力不能主动申请低保、廉租房等，最后疾病复发丧失自制力容易造成自杀、杀人、放火等恶性案件。建议政府成立精神分裂症服务指导中心（委员会），协调民政、残联、公安、医院、住房、社保、法院、财政等部门，主要来代为精神分裂症患者行使监护权，为其一站式办理低保、廉租房、托养、免费服药、住院等救助申请、及时办理养老院入住，维护患者各项权益，达到社会和谐稳定。第二，精神分裂症患者因服药和疾病导致发病往往 10 年左右进入衰退期，而现行退休年限很难让患者领到养老金救命，建议精神分裂症患者可以提前退休，比如个人自费连续缴纳养老保险 15 年即可退休，相关办理流程也要便民化。

（中国政府网网友　蓝精灵）

6. 共享发展是社会主义的本质要求，也是中国共产党成立之始的出发点和奋斗的目标！中国发展到现阶段，在效率与公平方面，理应将公平提到更重要的位置。贪污腐化是万恶之首，也是共享发展的巨大障碍，因此要持续以钢铁般意志打击腐败！

（中国政府网网友　共享发展）

7. 建议国有企业的招聘，无论是校招、内招、专场招，还是社招，都要参照国家公务员招录的形式，通过"招聘信息发布—网上报名—笔试—面试—体检—政审—录用—公布结果"的形式进行。招聘信息应发布在国企官网和其他社会知名度高的权威网站，而不是仅仅面向一小部分特定人群发布；笔试、面试环节的题目应当参照公务员招录，由当地人事考试中心组织命题小组进行命题，题目也要作为国家机密文件进行密封，而不是由拟招聘企业自己出题自己判卷；面试环节中，面试人员的构成起码有一半人员为第三方专业人力资源机构、人社部门、国资部门、行业协会部门和国企监管部门的人员组成，或者统一由当地人事考试中心组织人员进行面试，而且面试全过程也要进行录音录像留存证据，使过程更加公平、公开、透明，彻底切断国有企业徇私舞弊、暗箱操作、招聘腐败的根源。只有真正公平、公正、公开，国企才能招到能促进企业发展的新鲜血液和高技术人才。

（中国政府网网友　深改拥护者）

8."十三五"期间，希望国家能进一步促进全社会的教育公平，对九年义务教育阶段的教学资源重新进行优化配置，取消小学、初中重点与非重点的评判认定，全面实行就近入学制度，教师队伍合理配置，促使每所小学、初中学校在教育资源的配备方面基本达到同一水平，从源头上杜绝小学、初中的择校现象。合理规划新校舍的选址和教室的布局、容量，以避免有的中小学学校教室拥挤不堪，而有的中小学学校却空空如也，使每个受义务教育的孩子在义务教育阶段能充分享受教育的公平正义。

（中国政府网网友　百年大计教育为本）

9. 关于国家加大"银发经济"投入建设的建议：中国 65 岁及以上人口已达 1.32 亿，占全国总人口的 9.7%，且每年以 1000 万人的速度增加。预计到 2053 年，中国的老龄人口将达到 4.87 亿，约占全国总人口的 35%，这意味着每三个中国人中就有一位老年人。中国人口基数大，老人们有养老生活需求，可以产生很大的"银发经济"市场。建议国家敦促各级政府大力建设健康服务业，使健康服务业成为现代服务业中的支柱产业。有数据显示，美国相关产业占 GDP 比重超过 17%，其他发达国家一般比重在 10% 左右，而中国只有 5%。请国家在"十三五"规划编制时，将"银发经济"投入提一下，多为老人们提供养老生活设施与政策，迎接"老人潮"的到来。

（中国政府网网友　青岛爱国者）

10. 我国成人教育存在空缺，社会上各式各样的培训班以及大专对成人的技术教育帮助有限。我觉得国家应该鼓励已在单位参加工作的职工或合同工参与进修，并提供途径帮助其完成学习。时下许多年轻人因为各种原因辍学在外打工，有一部分由于文凭较低，生存技能不够，造成日复一日的迷惘，更有甚者走上犯罪的道路，给社会造成负担。全面建成小康社会不是口讲，其根本是让每一个人都能有生存的能力。授之以鱼，不如授之以渔。

（中国政府网网友　Carlos）

11. 在农村和城市生活着为数不少的老人，他们这一代人，可以说与共和国共命运，经历了共和国所有的苦难、坎坷。人到暮年，工作没有了气力，城市中的部分老人由于种种原因领不到养老金，农村的部分老人因为分得的土地不足以维持生计，如果再没有积蓄，或者运气不好没有孝顺子女，生活则相当艰难。反观我们改革开放三十多年来取得的最大成就，也有他们的付出和汗水，在我们人人大谈发展的时候不要忘了他们。老人们来日无多，应该让他们分享到改革发展的红利，建议适当地增加养老保障金额，给他们温暖，让他们感觉到党、政府、社会没有忘记他们，让他们有尊严地活着。

（中国政府网网友　小说苏子河水向西流）

12. 现在广东省内社保还是碎片化，各地市都不统一。其他省市情况也基本如此。我很担心退休后，领取养老金会很麻烦。强烈呼吁政府：应尽快实现全国统筹统领，退休后不管在哪里养老，都能在当地领取养老金、支付医疗费等。这可是全国几亿普通劳动者望眼欲穿的事情啊！

（中国政府网网友　卢文革）

13."空巢"老人越来越多，建议政府和企业关心这类群体，就近设置"老年食堂"和"老年诊所"，解决他们的实际困难，让他们实实在在感受到党和政府的关爱。

（中国政府网网友　过往幸福）

附录：中国欧盟商会建言"十三五"报告

中国欧盟商会（以下简称"欧盟商会"）很高兴有机会参加国家发展和改革委员会"共建共想 同心同得"的问计求策活动。欧盟商会向全体会员征求意见之后，收到了会员的积极反馈。根据会员广泛的协商和讨论，现提出下述建议供贵委参考。

一、关于创新发展

（一）营造创新环境

创新是最重要的增长驱动力之一。中国要成功营造适合创新的条件，首先并且最重要的是，要确保一个充分竞争且对所有企业开放的市场，而不考虑是哪个国家的企业。同时，还需要鼓励私营经济进行研发；确保知识产权保护，包括确保自愿进行技术转让；向所有公司提供研发资金和补贴，而不考虑是哪个国家的企业；确保人才的流动性；利用互联网促进未来经济增长；放弃政府主导创新的方式。

（二）鼓励私营经济研发

中国目前的研发记录已经很令人注目。2012 年，中国在衡量创新的主要指标——国内研发总支出占国内生产总值的比重（一般称为研发强度），首次超过了欧洲。中国的研发强度在过去 20 年中翻了 3 倍，预计 2020 年国内研发总支出将超过美国。欧盟商会一直支持中国政府鼓励欧洲企业对华投入更多研发力量、设立地区总部，并对其目前稳健项目追加投资的做法。目前，25% 的欧洲公司在中国设有研发中心，其中 85% 的公司近期会提高在华研发支出或运营，这反映了中国对已经在华运营的欧洲公司的长期战略的重要性。不过，更大的潜力尚未得到发掘——超过三分之二可以在中国设立研发机构的欧洲公司目前尚未采取行动。

（三）知识产权保护

欧盟商会的会员公司普遍认为中国的知识产权成文法律取得了不错的成果，其中认为知识产权法律"足够"和"出色"的分别占 53% 和 8%。但是，大多数欧盟企业对中国知识产权法律的"执行情况"表示担忧，其中认为监管执法"不足"的达 56%。

经常通过行政渠道申请著作权保护（包括音乐、软件和电影行业的版权）的人士都深知，监管部门主要关注非法/无证媒体和文化活动（主要由国家新闻出版广播电影电视总局和文化部监管），而忽视了"单纯"版权执法问题。这表现在若干方面，包括对著作权保护投诉通常缺少正式的受理或者拒绝的回复，致使相关投诉"石沉大海"，或为了避免正式判决或判决相关的处罚和罚款，过度依赖于调解形式的解决方案。在北京、上海和广州设立专门的知识产权法院，显示了中国加强知识产权执法的决心，欧盟商会对此备受鼓舞。如果证明上述举措取得了成功，欧盟商会建议向全国推广，从而提高对中国整体知识产权格局的信心。

（四）加快金融体系改革

金融体系改革对实体经济几乎所有其他改革都有补充作用，因而应当作为政府改革举措的核心。如果中国经济要实现更可持续的增长，中国的金融体系需要提高资本配置的效率。这需要采取实质性改革以保证，以其长期资金投资回报率的健全的金融评估为基础，而不仅仅依赖给定年度对国内生产总值的一次性贡献。中国仍需解决的部分关键金融改革包括：利率市场化；推进基于市场的借贷；进一步开放银行、保险和消费金融业。

（五）利率市场化

完全的利率市场化对于中国向"新常态"转变是一项重要举措。2015年3月，中国人民银行行长周小川称中国"很可能"会在年内完成利率市场化——这样将提高中国金融体系的效率、降低权益成本，以便真正需要资金的公司能够及时得到资金。

2015年11月30日，国际货币基金组织确定从2016年10月起正式将人民币纳入特别提款权货币篮子。这一决定也让外界更加期待中国将会在人民币汇率方面让市场力量起到更多的作用。欧盟商会相信实质性的行动和持续的改革会有助于完全的利率市场化的实现。

（六）推进基于市场的借贷

2015年6月25日，中国政府宣布将取消存贷比上限，欧盟商会对此表示欢迎。存贷比推升了银行的融资成本，而且在某种程度上加剧了影子银行的发展。取消存贷比上限能立即放开中国的银行融资的额外来源，尤其是银行间市场。欧盟商会认为，这一政策将降低中国经济的杠杆率，有助于国内银行系统的长期健康发展。

（七）银行业开放

进一步开放国内银行业，包括服务和地域覆盖的开放，能够使个人和企业都从中受益。许多外资银行仍然对中国市场充满兴趣并准备追加投资以扩大经营。不过，对分支行扩展的限制制约了其追加投资。

（八）对外资银行扩展的限制

目前有许多限制制约了外资银行扩展和为中国的发展作出贡献。受限于外资银行收购本地银行不得超过20%的股权的要求，因而它们被局限在只能依赖自然增长中。然而，即便像在华扩展分支行网络的自然增长模式，也因为过于复杂的报批制度受到阻碍，且对审批制度的规则有多种不同的解释。

建议允许在华合资银行向监管机构提出年度分支行扩展计划，或提供更清楚的法规说明每个在华合资银行能够申请多少家分行以及并行申请如何处理，以便外资银行就其业务扩展作出更好的战略决策。相比之下，在没有类似所有权限制的欧洲以及其他地区，中国五大商业银行不断收购或投资外资银行，而且它们在欧盟范围内开设分行网络也很简便。

（九）保险业市场化

通过在不同参与者之间转移风险，保险业的开放和发展对中国经济和社会发展都大有裨益。通过将一个参与者承担的风险交由多个参与者分摊并消化，这种确定性将允许决策者作出更勇敢也更具创造性的决定，从而提升创业和创新能力。同样的，保险业市场化能够调动更多储蓄参与投资，从而提高许多资产类别的流动性。由于中国的保险业仍然不够发达，因而需要加大外资参与力度，这样该行业才能发挥其真正的作用。但是，外资保险公司进入中国市场仍然受到限制。由于牌照申请程序耗时冗长且不透明，因而相对于国内保险公司，外资保险公司的全国性分公司网络仍然较小。这导致外资保险公司相对于本土主体处于严重的不利地位。

尽管没有正式的法规限制保险公司能够开设的新分支机构的数量，或就此对外资保险公司采取差别待遇，但在实践中，新增多个分支机构必须依次得到批准，而两次批准之间需要一年左右的时间。外资保险公司因此缺少分支机构，限制了其与本土对手竞争的能力，而本土保险公司在过去却被允许迅速设立多个分支机构。

（十）消费金融业开放

中国提高消费在经济中所占比重的驱动力有多个来源，包括收入增长、融资渠道多样化从而使融资更便利，以及流动性的增强、城镇化的快速发展及中国消费者意愿变化等宏观趋势。目前尚处于发展初期的消费金融业的发展，是驱动中国消费增长的独特机遇。不过，国内市场上消费金融公司的总数有限，而外资公司参与仍受到严重限制。

（十一）限制政府干预经济

在过去的数十年中，国家是中国经济中的主导力量。国有企业占支配地位，而政府也根据明确制定的产业政策将居民储蓄投向了国有企业以便开发大型项目。国有企业还得到了直接或以低于市场价格的方式提供的补贴支持。这种方式成本高、效率低。要让市场在经济中发挥决定性作用，中国政府必须让市场决定价格，降低对补贴的依赖性，进行国有企业改革。

实体经济是社会生存和发展的基础，创造良好的管理环境包括审批、税收和法规环境等以促进实体经济的繁荣发展。建议清理和规范涉企行政事业性收费，减少涉企税收项目和降低税收比例，减轻企业负担，完善公平竞争。

（十二）生产要素定价

为了帮助国有企业降低成本，中国历来抑制能源和原材料等生产要素的价格。尽管程度大幅降低，但这种做法一直持续至今。然而让企业和个人为此类要素支付市场价格，能够倒逼公司提高效率，减轻环境压力并鼓励中国向服务型经济转变。

（十三）补贴政策

长期以来，国有企业始终是补贴的受益者，尤其是旨在将其发展成为强大的出口商的补贴。然而，接受大量国家补贴并未强化其基于市场进行决策的能力，反而导致许多领域形成大规模的产能过剩，而这些产业恰恰被中国政府认定为"支柱产业"。

（十四）国有企业改革

欧洲企业认可国有企业在经济中发挥的明显的特定作用。其中包括长期以来都是在国有企业领导下提供的社会服务等重要的社会职能。然而，尽管中国一方面强调市场力量必须发挥的重要作用，但也突出了公有制的主导地位。

欧盟商会认为，国有企业改革应当重点关注：

1. 改革激励制度，加强管理人员和员工的薪酬福利与企业利润和股票表现的联系；

2. 加快价格改革，撤销对以前受到限制的能源、公用工程及服务业的管制，从而提高民营力量的参与度；

3. 确保国有企业与非国有企业公平竞争的环境，从而改善经营环境。鉴于地方政府的地方债务清偿负担日益膨胀，导致撤资意愿的加强，地方国有企业改革进程可能相对较快。

中国政府在2014年7月启动了国有企业改革试点，旨在评估改革的可行性。由于体现了指导国有企业实现基于市场的效率的政治意愿，因而欧洲企业对此感到鼓舞。然而，在实践中，中国政府在改组后的国有企业中仍然保持了主要控制权。因此，之后的任何改革试点都未能形成提供基于市场的激励和公司治理的国际标准所需要的私有化。这意味着目前的公司治理标准很难成为有效提高国有企业效率的因素。欧盟商会继续支持中国的国有企业改革，但希望看到改革的诚意和对《决定》总体原则的遵守。

针对《中共中央关于制定国民经济和社会发展第十三个五年规划的建议》中提到的"深化国有企业改革，增强国有经济活力、控制力、影响力、抗风险能力"，在非关系国家安全和经济命脉的行业中存在许多国有企业，这些国有企业应当按照市场规则运行，增强它们的控制力和影响力会进一步加强这些国有企业对相应行业的垄断。建议改为"深化国有企业改革，增强国有经济活力和抗风险能力"。

二、关于资源环境

修订后的《环境保护法》已于 2015 年 1 月 1 日生效，是迄今为止颁布的最重要的一部环保立法。该法规对环境违法行为的处罚不设上限，还规定了污染治理和提高公众意识的条款，被认为是中国环境保护历史上最进步、最严格的立法。新法赋予地方政府更多责任和义务，设定的行业标准也更高。

在中国的绿色发展方面，欧盟商会提出以下建议：

1. 改善中国的固体废物管理实践；

2. 加大力度推广利用非常规水资源，建设海绵城市，以便解决中国的水资源短缺问题并预防洪涝灾害；

3. 加强污泥处理处置技术的研发和创新，更好地满足中国市场的需求；

4. 制定针对污染土地管理的全面监管框架；

5. 改善中国的可持续林业管理实践。

结合标准化工作改革方案的实施，整合现行各类实质性强制性产品认证，形成规则一致的 3C 认证（China Compulsory Certification，简称 CCC），如包括现有 CCC，特种设备，工业许可证，矿用产品安全，等等，有利于进一步简政放权，履行 WTO/TBT 承诺，激发市场活力，落实企业质量安全主体责任。

1. 统一的强制性产品认证是标准化改革的有力支撑；

2. 有利于政府履行 WTO/TBT 承诺，有利于进一步开放发展；

3. 有利于简政放权，统一市场规则，提升市场效率。

在《对我国矿用产品安全标准和认证管理的比较分析》的基础上，建议把矿山设备安全管理纳入 CCC 管理，作为中国强制性认证体系整体的一部分，实现统一的"一个强制性认证体系，一个第三方机构认可体系"，而政府可以节约更多行政资源以致力于矿山安全监察和市场准入的事中事后监督。

三、关于对外开放

（一）放宽对包括外资企业在内的私营经济的市场准入限制

与许多发达经济体的政府不同，中国政府目前仍然有一个最有利的政策工具，即允许私营经济在经济中充分发挥作用，并从其带来的实质收益中获益。中国的私营企业可以说是世界上部分最具创业精神和创造性的企业。然而，私营企业需要开放的市场经济才能繁荣发展，对外资企业来说也是如此。《中共中央关于全面深化改革若干重大问题的决定》中明确了建设开放的市场经济是实现政府关于高效配置资源的目标的先决条件。然而，许多外资企业在华经营仍然面临市场准入障碍，从而导致中国经济无法得到这一重要的力量。

根据经济合作与发展组织的认定，中国仍是二十国集团中对外资投资限制最多的国家。中国仍然区别对待内外资企业，这种做法在欧盟并不存在。尽管中国向外资企业开放了许多行业，但许多行业有严格的附加条件，例如根据明确规定的产业政策，强制要求向合资企业中的合作伙伴进行技术转让或生产本土化。尽管外资企业认可中国确实正在进行部分改革，但持续的市场准入障碍使一些外资企业顾虑中国的改革议程是否是真正针对所有领域。

轨道交通行业：中国铁路制造行业中的外资企业仅享有部分市场准入权利，并且通常只有在向本土合作伙伴转让技术的条件下才能进入这个市场。外资企业被禁止直接竞标轨道交通车辆或信号领域的项目。这对中国在这一领域的活力和制造实力产生了负面影响，并降低了这一领域吸引的投资。

欧盟商会相信，中国政府可以通过本土民营企业以及外资公司的参与，推动中国经济发展，取消以下间接及隐性市场准入限制，从而实现其政策目标。

建筑行业：外国建筑服务供应商无法使用其国际业绩记录申请工程和设计资质。他们只能先申请乙级资质，这妨碍了其向中国建筑服务供应商分享其世界一流的专业知识和先进的技术。

环境行业：由于可提供的许可证有限，且多数流向了中国公司，外国专业公司无法投资开发适当的基础设施。近期中国部分城市的固体废物焚烧发电厂招标设定了资格预审标准，限制了只有全球业绩记录的外国废物处理公司进入中国市场。

公共采购：尽管过去几年中，中国就加强公共采购框架做了大量工作，但是中国国内的采购法规与世贸组织的《政府采购协议》之间仍存有很大差异。现行监管框架很大一部分与《政府采购协议》在竞争、透明度、完整性和有效补救方面的总体原则不相符。此外，一些地方法规和行业特定法规也削弱或违背了《招标投标法》所倡导的公开招投标和公平竞争原则。

（二）取消《外商投资产业指导目录》，并在全国推行"负面清单"

继续延用《外商投资产业指导目录》不能实现中国政府所期望的让市场充分发挥作用的目标。"负面清单"概念在中国（上海）自由贸易试验区首次引入，被视为开放中国市场、为内外资企业营造公平竞争环境的一大进步。

欧洲企业对"负面清单"的方式表示欢迎，现有的投资限制法规将会与建议清单紧密结合，并且大多数的投资将会被归入备案体系。同时，推行过程也会接受监督，允许公开征求意见，变得更为清晰和透明。中国已经表现出其想成为全球最具吸引力的外商投资地的雄心壮志，但是制定不同的清单将外资企业和本土企业从根本上区别开，所传递出的信号与其目标背道而驰。并且，出于安全考虑而设置出的许多超过清单以外的投资限制会再次削弱外国投资者的法律确定性。

欧盟和中国于 2014 年 1 月启动中欧双边投资协定谈判，欧洲企业高兴地看到谈判正稳步进行。谈判的成功被给予很高的期望，因为协定的成功签署可能会给中国带来继加入世界贸易组织之后又一轮经济增长。欧盟商会对 2015 年 6 月峰会期间中欧重申的承诺表示赞赏，双方将中欧双边投资协定称为"中欧双边经贸关系中最重要的议题之一"。

四、关于医疗卫生

中国医疗体系的改革于近几年快速推进，包括监管制度、医院财政拨款以及一项着重于推动中国医疗产业发展的产业政策。医疗体系改革是一项艰巨的任务，这一进程将在未来几年持续进行。基于不同欧洲国家过去几十年内进行的医疗改革经验，欧盟商会很高兴能够在中国的医疗卫生发展方面提出有价值的意见和建议。

1. 推动医疗器械注册法规的完善；

2. 助力医疗器械经营质量管理规范以及有效的在用医疗器械监督管理相关体系的建立；

3. 推动立法和标准化工作，使现代化的体外诊断产品顺利进入市场；

4. 推动省级高值医用耗材集中采购和招标的改革；

5. 认可在中国生产的国际品牌产品为国产产品；

6. 公开透明地讨论卫生信息技术法规和标准，允许和鼓励各方对卫生信息技术的有益使用。

　　针对"坚持共享发展，着力增进人民福祉"条目下有关医疗保健的内容，建议各省市医院在采购药品时，应当参考制药行业的整体发展，而非仅仅考虑药品的单价。此外，医疗、医保、医药三者是医疗卫生体系的三大基石，互相联动又互相制约。在建立覆盖城乡的基本医疗卫生制度和现代医院管理制度的基础之上，还应当建立科学合理的医疗保险支付制度，促进医药行业的健康有序发展。

责任编辑：孟　雪

封面设计：林芝玉

责任校对：吕　飞

图书在版编目（CIP）数据

共建共想　同心同得："十三五"规划问计求策优秀建言选编／国家发展和改革
　委员会发展规划司 编 . — 北京：人民出版社，2016.7
ISBN 978 - 7 - 01 - 016385 - 7

I.①共… 　II.①国… 　III.①国民经济计划 - 五年计划 - 中国 - 2016—2020 - 文集
　IV.① F123.3-53

中国版本图书馆 CIP 数据核字（2016）第 142069 号

共建共想　同心同得
GONGJIAN GONGXIANG TONGXIN TONGDE
——"十三五"规划问计求策优秀建言选编

国家发展和改革委员会发展规划司 编

人 民 出 版 社 出版发行
（100706　北京市东城区隆福寺街 99 号）

北京中科印刷有限公司印刷　新华书店经销

2016 年 7 月第 1 版　2016 年 7 月北京第 1 次印刷
开本：710 毫米 ×1000 毫米 1/16　印张：25.75
字数：345 千字

ISBN 978 - 7 - 01 - 016385 - 7　定价：75.00 元

邮购地址 100706　北京市东城区隆福寺街 99 号
人民东方图书销售中心　电话：（010）65250042　65289539